Franz Tuczek

Klinische und anatomische Studien über die Pellagra

Franz Tuczek

Klinische und anatomische Studien über die Pellagra

ISBN/EAN: 9783743356603

Hergestellt in Europa, USA, Kanada, Australien, Japan

Cover: Foto ©ninafisch / pixelio.de

Manufactured and distributed by brebook publishing software (www.brebook.com)

Franz Tuczek

Klinische und anatomische Studien über die Pellagra

Klinische und anatomische

Studien

über die

PELLAGRA

. von

Dr. Franz Tuczek,

Med.-Rath und ausserordentl. Professor an der Universität zu Marburg i/H.

Mit einer Karte und 9 Tafeln.

BERLIN NW.
FISCHER's MEDIC. BUCHHANDLUNG
H. Kornfeld.
1893.

Die vorliegende Arbeit ist das Ergebniss einer Studienreise durch die Pellagragebiete Oberitaliens. Sie will und kann auf Vollständigkeit keinen Anspruch machen; ihr Zweck ist, das Interesse der deutschen Collegen, zumal der Neuropathologen, für die merkwürdige und wichtige Krankheit zu gewinnen und zur pathologischen Anatomie der letzteren etwas beizutragen. Ueber die Wirkungsweise des Pellagragiftes und über dessen Beschaffenheit vermochte eine, im Vergleich zu den umfassenden Studien italienischer Forscher immerhin flüchtige Beschäftigung mit dem Gegenstande nichts Neues beizubringen. Die Lückenhaftigkeit der klinischen und anatomischen Beobachtungen, wie sie die äusseren Umstände mit sich brachten, empfinde ich selbst am schmerzlichsten.

Der hohen medicinischen Facultät zu Marburg, welche mir die Mittel zu meiner Studienreise zur Verfügung stellte, statte ich hiermit meinen wärmsten Dank ab.

Marburg, Ostern 1893.

Der Verfasser.

Inhalt.

In der Aetiologie der Krankheiten des Nervensystems nehmen die Intoxicationen einen immer breiteren Raum ein in dem Maasse, als unsere Kenntnisse von Giften sich erweitern, welche, vielfach unter Mitwirkung von Mikroorganismen, bei Infectionskrankheiten und Zuständen allgemeiner Kachexie zu einer Gefahr für den Organismus werden. Dass die einzelnen Gifte bestimmte Abschnitte des Nervensystems vorzugsweise afficiren, dass gewisse Gruppen von Nervenfasern und -zellen, Systeme, deren einzelne Elemente alle in gleicher Weise in den Gesammtmechanismus des Nervensystems eingefügt sind, eine besondere Vulnerabilität gegenüber einzelnen Giften oder gegenüber giftigen Substanzen und anderen Schädlichkeiten überhaupt bekunden, das verleiht dieser Gruppe ein noch höheres Interesse.

Derartigen electiven Giftwirkungen begegnen wir schon bei den toxischen Krankheiten des peripherischen Nervensystems. Den mehr atypischen multiplen Neuritiden nach Infectionskrankheiten steht die saturnine Extensorenlähmung der Oberextremitäten und die alcoholische Paraplegie mit Sensibilitätsstörungen der Unterextremitäten gegenüber. Bestätigt sich die toxische Natur der Beri-Beri-Krankheit und ihre polyneuritische Grundlage, so würde hier die vorwiegende Betheiligung der Zwerchfellsnerven zu registriren sein, welche für die, bei dieser noch nicht genügend aufgeklärten Krankheit so oft beobachtete Parese des Zwerchfells mit Hochstand desselben, Athembeschwerden und consecutiver Angst verantwortlich zu machen wäre.

Das Gehirn pflegt auf Gifte verschiedenster Art gleichartiger und mehr mit Allgemeinerscheinungen zu reagiren. Hier ist der epileptische Insult an erster Stelle zu nennen; wir begegnen ihm bei Vergiftungen durch die verschiedensten Metalle, durch Alcohol, Absynth, Mutterkorn, Antipyrin, Cocaïn u. a. m.

Die Grosshirnrinde, welche, wie gegen jede Veränderung des Stoffwechsels. so auch gegen die chemischen Wirkungen der Gifte so überaus empfindlich ist, wird in ihren psychischen Leistungen durch verschiedene Stoffe schon verschiedener beeinflusst. Neben Giften, welche den zeitlichen Ablauf der Vorstellungen verändern. Gemüthsbewegungen veranlassen, giebt es solche. welche die Vorstellungsbildung beeinflussen und andere, welche durch Ausschaltung von Vorstellungen das Bewusstsein einengen. Zudem lehren die pharmacopsychologischen Untersuchungen Kräpelin's[1]), dass die einzelnen Acte psychomotorischen Geschehens: die Sinneswahrnehmung. deren geistige Verarbeitung zur Bewegungsvorstellung und die Auslösung der Bewegung durch verschiedene Stoffe in verschiedener, aber für jeden in gesetzmässiger, Weise zeitlich beeinflusst werden.

Die Intoxicationspsychosen bieten. bei aller Verschiedenheit der Gifte, oft bestimmte gemeinsame Züge dar: geringe Neigung zu progressivem Verlauf, vorhandene Krankheitseinsicht, mehr oder weniger auffällige Einengung des Bewusstseins. Sollten die Vertreter der Syphilis-Paralyse-Theorie Recht behalten, so bedeutete der regelmässige Schwund der markhaltigen Nervenfasern in der Rinde zumal der vorderen Abschnitte des Grosshirns[2]) bei der progressiven Paralyse eine anatomisch localisirte Giftwirkung, welcher sich der Cramer'sche[3]) Fall von Faserschwund in der Grosshirnrinde infolge von Kohlenoxydvergiftung an die Seite stellen liesse. Doch kommen auch deutlichere Herderscheinungen auf toxischer Grundlage zur Beobachtung: ich erinnere an die alcoholische und saturnine cerebrale Hemianästhesie, sowie an die passageren umschriebenen Lähmungen nach dem urämischen (epileptischen) Anfall.

Ausgesprochene Localwirkungen üben die Gifte auf das Rückenmark aus, auf dessen leicht zu überblickendem Querschnitt überdies eine selbst wenig umfangreiche anatomische Läsion der Beobachtung kaum entgeht. Es handelt sich hier (Leyden) entweder um interstitielle Processe oder um primäre Erkrankung der nervösen Elemente. Jene nehmen ihren Ausgang vom Bindegewebe

---

[1]) Kräpelin, Ueber die Beeinflussung einfacher psychischer Vorgänge durch einige Arzneimittel. Jena, Fischer. 1892.

[2]) Tuczek. Beiträge zur Pathologie und pathol. Anatomie der Dementia paralytica. Berlin, Hirschwald. 1884.

[3]) A. Cramer. Anat. Befund im Gehirn bei Kohlenoxydgasvergiftung. Centralbl. f. allg. Pathol. etc. 1891, Juli.

und zwar — da nach dem heutigen Stand unseres Wissens das
Rückenmark nur dasjenige Bindegewebe enthält, welches die Gefässe mit sich führen — von den Gefässen. Hierher gehören die
fleckförmigen und multiplen (disseminirten) myelitischen sklerotischen Herde und die diffuse, sich in der Continuität, unbekümmert
um die Grenzen von Gebieten systematischen Characters, aus-
breitende Sklerose. In diese Gruppe liefern Beiträge 1. die verschiedensten metallischen und gasförmigen Gifte; 2. die Infectionskrankheiten; hierunter solche, die, wie die Cerebrospinal-
meningitis, die acute Poliomyelitis, die Gonorrhoë, vielleicht auch die
Syphilis, directe parasitäre Erkrankungen im Rückenmark setzen
dürften, und Andere, welche — durch Vermittelung von Toxinen —
myelitische Processe als Nachkrankheiten im Gefolge haben; hierher
gehören u. A. die disseminirten Myelitiden nach Typhus, Variola,
Diphtherie, Malaria; 3. die Kachexien. Hier sind an erster Stelle
zu nennen die von Lichtheim zuerst beschriebenen, später von
Minnich ausführlich publicirten Fälle von Hinterstrangerkrankung
bei perniciöser Anämie[1]; ferner gewisse Befunde beim Morbus
Addisonii und Diabetes.

Die primären Erkrankungen der Nervenelemente geben sämmtlich ein sehr gleichartiges Bild: Atrophie der Fasern (resp. Zellen),
secundäre „compensirende" Zunahme der Neuroglia; all diese Processe laufen bei längerem Bestehen in dem anatomischen Bild der
„Sklerose" zusammen; die Gefässe können lange oder dauernd intact bleiben. Seit wir Nervenzellen, -fasern und die Elemente
der Neuroglia auf dieselbe Matrix, das Ektoderm, zurück zu führen
wissen, hat die Unterscheidung zwischen parenchymatösen und
interstitiellen Processen, unabhängig von den Gefässen, keine
wesentliche Berechtigung mehr.

Diese grosse Gruppe von toxischen Erkrankungen hält sich
an die Stränge, soweit ihre Bestandtheile gleichen Ursprungs und
gleicher Bestimmung sind. Der Typus dafür wäre die Tabes, soweit sie wirklich eine postsyphilitische Erkrankung darstellt, im
Rückenmark an die Hinterstränge geknüpft ist und in diesen wie-
derum bestimmte Regionen vorzugsweise befällt. Wir kennen einzelne Fälle von isolirter primärer Erkrankung der sonst nur
secundär degenerirenden Goll'schen Stränge durch Alcohol

---

[1] Minnich, Zur Kenntniss der im Verlaufe der perniciösen Anämie beobachteten Spinalerkrankungen. Zeitschr. f. klin. Medicin Bd. XXI u. XXII.

(O. Vierordt) und durch Arsen (Minor). Auch bei der Lepra giebt es Befunde von strangförmiger Erkrankung der Hinterstränge. Degeneration der Hinterseitenstränge im Gebiet der Pyramidenseitenstrangbahn ist beim Lathyrismus nachgewiesen, dessen klinisches Bild der spastischen Lateralsklerose entspricht. Ein ähnliches Krankheitsbild ist im Gefolge der Influenza beschrieben (Herzog).

Die Dementia paralytica endlich wäre nach der Theorie von ihrer syphilitischen Grundlage eine Krankheit des Nervensystems, die im Rückenmark bald in den Hintersträngen, bald in den Hinterseitensträngen, bald — und zwar am gewöhnlichsten — in Hinter- und Hinterseitensträngen combinirt sich localisirt.

Meine hierhergehörigen eigenen, früher publicirten Beobachtungen von Hinterstrangerkrankung bei Ergotismus[1]) sind inzwischen um eine weitere vermehrt worden, die Dr. Walker mittheilen wird. Inzwischen konnte ich auf Grund wiederholter, über einen Zeitraum von 12 Jahren sich erstreckender Untersuchungen mich überzeugen, dass Hinterstrangaffectionen sehr allgemein den Ergotismus spasmodicus begleiten, aber auch, dass sie nicht eigentlich progressiv sind. Ob, wie es für den Alcoholismus feststeht, für den Saturnismus, den Mercurialismus und die alsbald zu besprechende Pellagra wahrscheinlich ist, auch beim Ergotismus eine erworbene Minderwerthigkeit des Nervensystems auf die Descendenz in Form einer grösseren Disposition des Nervensystems, auf Schädlichkeiten verschiedener Art zu erkranken, übergeht, muss die weitere Beobachtung lehren.

Im Folgenden möchte ich zu dem Kapitel über die Intoxicationskrankheiten des Nervensystems meine klinischen und anatomischen Befunde bei einer über ein weites Gebiet endemisch verbreiteten toxischen Krankheit, der Pellagra, mittheilen, welche ich im Jahre 1887 in den Monaten April und Mai in Oberitalien studirte.

Ueber meine Rückenmarks-Befunde bei Pellagra habe ich einen vorläufigen Bericht der Neurologischen Section der Naturforscher-Versammlung in Wiesbaden 1887 erstattet.[2]) Es ist vielleicht nicht unerwünscht, wenn ich der Mittheilung meiner einzelnen Beobachtungen einen Abriss des Krankheitsbildes der Pellagra, ihres Verlaufs, ihrer Ausgänge, ihrer Aetiologie, vorausschicke,

[1]) Arch. f. Psychiatrie XIII u. XVII.
[2]) S. Tagebl. derselben und „Ueber die nervösen Störungen bei der Pellagra" (Deutsche med. Wochenschrift 1888. No. 12).

wobei ich die Symptomatologie vorzugsweise nach eigener An-
schauung wiederzugeben gedenke. Ein kurzer Auszug aus diesem
Abriss ist in Dr. Hack Tuke's „Dictionary of Psychological
Medicine" im Artikel „Pellagra" zum Druck gelangt.

Wer sich weiter in den Stoff zu vertiefen wünscht, den es
mir nicht beifallen kann, auf Grund doch nur sehr lückenhafter
eigener Beobachtungen erschöpfend zu bearbeiten, den möchte
ich auf das Werk Cesare Lombroso's verweisen (Trattato pro-
filattico e clinico della Pellagra, Torino 1892), in welchem dieser
ausgezeichnete und unermüdliche Forscher die Früchte einer nahezu 30jährigen Arbeit niederlegt; ferner auf den Artikel „Pellagra"
von Verga in der Enciclopedia medica Italiana (Milano 1887),
welcher, gleichwie das amtliche Werk von Salveraglio „Biblio-
grafia della Pellagra" (Milano 1887) ein ausführliches Verzeichniss
der ungeheuer umfangreichen Pellagraliteratur bis zum Jahr 1887
enthält.

Die Pellagra („Maïdismus", „Psychoneurosis maïdica" und
viele andere Synonyme), die ihren Namen einer sie begleitenden
Hautaffection („pellis agra" = „rauhe Haut") verdankt, ist eine
Krankheit der neueren Zeit und durch ihre endemische Verbreitung
unter der ländlichen Bevölkerung für einige Länder von grosser
Bedeutung, zumal für Italien, wo sie geradezu eine nationale Ca-
lamität darstellt. Durch die regelmässigen und schweren nervösen
Störungen, welche sie ganz vorwiegend constituiren, fordert sie
das volle Interesse des Neuropathologen und Psychiaters heraus.

Die Krankheit ist zuerst im Anfang des 18. Jahrhunderts bekannt geworden. Die ersten Nachrichten kamen aus Spanien, wo
sie (1735) unter dem Namen „Mal de la rosa" in einem District
der Provinz Asturien endemisch auftrat, von wo sie sich in die
nördlichen Provinzen Spaniens weiter verbreitete.

Wenig später erschien sie in Italien, wo sie schon vor 1750
in der Umgebung des Lago maggiore zuerst beobachtet, 1771 zuerst
beschrieben wurde. Sie überzog die Lombardei und Venetien, dann
die Emilia und im letzten Decennium des 18. Jahrhunderts Piemont
und Ligurien, später auch Mittelitalien.

Im Anfang dieses Jahrhunderts (1829) erschien sie im Süd-
westen Frankreichs, 1846 in Rumänien, 1856 in Corfu.

Die Gegenden, in denen sie heimisch wurde, hat sie nicht
wieder verlassen. Ihr jetziger Verbreitungsbezirk in Europa liegt
ungefähr innerhalb des 42. und 48. Grades nördl. Breite und des

11. Grades westlicher und 26. Grades östlicher Länge von Paris und umfasst: Nord-Spanien, Südwest-Frankreich, Nord- und Mittel-Italien, Rumänien, das österreichische Friaul, Banat und Bukowina, vielleicht auch Bessarabien. Südlich von der genannten Zone ist ihr endemisches Vorkommen nur in Corfu bekannt (zwischen 39° und 40° n. Br.). In aussereuropäischen Ländern ist die Pellagra bisher nicht endemisch beobachtet, und auch die sporadischen Fälle aus Mexico und Algier sind durchaus nicht genügend verbürgt.

Ihr Hauptsitz in Spanien (bis zu 2% der ländlichen Bevölkerung) sind die Landschaften Asturien, Niederaragonien, die Provinzen Burgos und Guadalajara; ferner die Landschaften Navarra, Galicia, die Provinzen Zaragoza, Cuenca, Zamora, Frabalos, Granata. In anderen Districten Spaniens kommt sie nur sporadisch vor.

In Frankreich ist sie in den Departements Gironde, Landes, Hautes et Basses Pyrénées, Haute Garonne, Aude heimisch.

Ihre Hauptherde in Italien sind die Provinzen Venetien, Lombardei, Emilia; weniger verbreitet ist die Krankheit in Piemont, Toscana und den Marken; in Umbrien und Latium kommen nur vereinzelte Fälle vor. Das beigegebene Kärtchen[1]) soll die Verbreitung der Pellagra in Italien illustriren.

Nach der amtlichen Statistik gab es im Jahre 1881 in Italien 104 067 Pellagröse = 0,36% der Gesammtbevölkerung; davon entfielen auf Venetien 55 881 Fälle (= 2%), die Lombardei 36 630 (= 1% der Gesammtbevölkerung). In den Provinzen Brescia, Padova, Ferrara wurden mehr als 5% der ländlichen Bevölkerung an Pellagra leidend befunden.

Im Jahre 1884 wurden gegen 10 000 Pellagröse in italienischen Hospitälern und Irrenanstalten behandelt.

Etwa 10% der Pellagrösen sind geisteskrank; in den italienischen Irrenanstalten rechnet man auf 100 Kranke durchschnittlich 10 Pellagröse, in Venetien dagegen deren 35, in der Lombardei 15.

In den Jahren 1882—1884 erlagen durchschnittlich jährlich 2500 Kranke (= 2,5% der Fälle) der Pellagra. In den Irrenanstalten, welche die schwersten Formen von Pellagra aufzunehmen haben, beträgt die Mortalität weit über 5% der Fälle.

Die Zahl der Pellagrösen in Rumänien wird auf 1 pro mille der Bevölkerung geschätzt.

Die Pellagra befällt fast nur die Landbevölkerung, Männer

---

[1]) Aus: Annali di Agricoltura No. 18. La Pellagra in Italia 1879. Roma, 1880.

und Frauen in ungefähr gleichem Verhältniss, und jedes Alter; nur die Säuglinge bleiben verschont. Die individuelle Disposition zur Erkrankung ist eine sehr verschiedene. Keineswegs erkranken alle diejenigen, die unter den gleichen Lebensbedingungen — Ernährung, Wohnort, sonstige hygienische Verhältnisse — stehen.

Dass das Leiden mit dem Genusse des Mais in ursächlichem Zusammenhang steht, darüber herrscht heute eine nahezu vollständige Uebereinstimmung. Ihr erstes Auftreten fällt in eine Zeit, wo der Maisbau im Grossen begonnen hatte, und ihre räumliche Verbreitung in eine Zone, innerhalb welcher der Mais das fast ausschliessliche Nahrungsmittel der Landbevölkerung darstellt. Der allgemeinere Anbau des Mais datirt erst seit Mitte des 17. Jahrhunderts, in Frankreich erst seit Anfang des 19. Jahrhunderts. Damit stimmt zeitlich das erste Auftreten der Volkskrankheit in der genannten Zone und ihre Zunahme mit der Verallgemeinerung der ausschliesslichen Maisnahrung.

Indessen ist nicht die einseitige und ausschliessliche Ernährung mit dem gesunden Mais die Krankheitsursache. Der Mais mit seinem hohen Proteïn- und Fettgehalt und dem hohen Ausnutzungswerth (85%) ist ein sehr werthvolles Nahrungsmittel. Wenn der Mais nur als unzureichende Nahrung schadete, könnte die Pellagra einerseits nicht auch kräftige Personen befallen, andrerseits nicht unter einem Regime, in welchem der gesunde Mais die Hauptrolle spielt, in Genesung ausgehen. Die Pellagra blieb bis heute unbekannt in den eigentlichen Heimathländern des Mais, Amerika und Vorderasien, aber auch in den südlichen Provinzen Italiens, wo das Korn infolge günstiger Verhältnisse des Klimas und des Bodens stets zu völliger Reife gelangt oder wo durch zweckmässige Behandlungsweise der Frucht ihrer Verderbnis vorgebeugt wird.

Die Materia peccans ist enthalten in dem verdorbenen Mais. Die Pellagra ist eine Intoxicationskrankheit: diese Lehre, welche Lombroso aufgestellt und mit unermüdlichem Eifer verfochten hat, kann ernstlich nicht mehr angegriffen werden.

Innerhalb der Zone der grössten Verbreitung der Pellagra kommt der Mais oft nicht zu vollkommner Reife, ist deshalb der Gefahr zu verderben leicht ausgesetzt und gelangt thatsächlich sehr allgemein in verdorbenem Zustande zur Verwendung. Die Krankheit nimmt zu in Jahren der Missernte, wo das Korn nicht vollkommen reif geschnitten, feucht gesammelt, in feuchtem Zustand aufbewahrt wird und verdirbt.

Der kleine Landmann. der ein bescheidenes Stückchen Erde sein eigen nennt. vielfach nur Pächter oder gar Afterpächter ist, sucht seinen Boden nach Möglichkeit auszunutzen. Der gute. ausgereifte. trocken aufbewahrte Mais kommt in den Handel. den schlechten, nicht verkaufsfähigen verzehrt er selbst. Nach der Kornernte baut er noch einmal Mais an und wählt zur Aussaat eine geringere Sorte, welche schnell aufgeht und reift („Quarantin-" oder „Cinquantin-Mais" [Zea maïs praecox] genannt). Oft genug nöthigt ihn das Hereinbrechen der Regenzeit, die Körner bei feuchter Witterung einzubringen. ehe sie vollkommen reif sind. Fehlen nun noch — und das ist ganz allgemein der Fall — trockene luftige Lagerstätten für den Mais. so ist er dem Verderben in hohem Maasse ausgesetzt. Hierzu kommt, dass besonders der aus dem Maismehl gekochte Brei. die Polenta. welche vielfach das ausschliessliche Nahrungsmittel für die ganze Familie bildet. häufig für mehrere Tage voraus mit wenig Salz bereitet wird und leicht verdirbt.

In Corfú. wo der Mais vortrefflich gedeiht. tritt die Pellagra erst auf. seitdem der Weinbau die Maispflanzungen fast vollkommen verdrängt hat und Mais in grossen Quantitäten aus anderen Ländern eingeführt werden muss. Meist stammt er aus Rumänien und kommt. zum Theil in Folge der langen Seereise, häufig in verdorbenem Zustande. auf den Markt.

Es scheint. dass auch der aus dem verdorbenen Mais hergestellte Branntwein pellagrogene Wirkungen entfalten kann.

Prädisponirende Momente sind: Leben unter schlechten hygienischen Verhältnissen. verringerte Widerstandsfähigkeit des Organismus durch vorausgegangene Krankheiten. schlechte Ernährung. Alcoholismus. Die Bessersituirten, die neben Mais und Wasser auch etwas Fleisch und Wein geniessen. widerstehn der Krankheit länger. Selbst in den schlimmsten Pellagradistricten bleiben die Küstenstriche. wo neben Mais reichlich Fische genossen werden. verschont. Ebenso giebt es inmitten der Districte immune Inseln mit gemischter Nahrung.

Die Erblichkeit scheint insofern eine Rolle zu spielen. als die erworbene Disposition des Nervensystems. zu erkranken, vererbt werden kann.

Die Pellagra ist eine exquisit chronische Krankheit. die in Schüben unter periodischen Exacerbationen und Remissionen verläuft. wobei die Exacerbationen fast regelmässig in das Frühjahr fallen.

Der erste Anfall erscheint unter einem, an andere acute Intoxicationszustände erinnernden Symptomencomplex, der sich aus gastrointestinalen und nervösen Störungen zusammensetzt. während ein Exanthem das Bild vervollständigen kann.

Späterhin treten bei jedem neuen Nachschub die Erscheinungen von Seiten des Nervensystems sowie die einer allgemeinen Kachexie immer mehr in den Vordergrund. Dabei entwickeln die Krankheitsbilder eine solche Vielgestaltigkeit. dass der Gesammteindruck der Paralysis spastica oder flaccida. der amyotrophischen Lateralsklerose, der Tabes dorsalis. der allgemeinen progressiven Paralyse. einer einfachen Seelenstörung, der Hysterie oder der Neurasthenie entsprechen kann und man an der Krankheitseinheit der Pellagra zweifelhaft werden möchte.

Der Volksmund in Venetien spricht, wie Lombroso mittheilt. von 7 Hauptformen:

"quella che trà matt" (die toll macht),

"quella che tira all' acqua" (die ins Wasser zieht),

"quella che tira indrè" (die rückwärts zieht),

"quella che fa scavezzo" (die macht, dass man gebückt geht),

"quella che fa fare i pirli" (die Schwindelanfälle verursacht),

"quella che fa mangiare" (die heisshungrig macht',

"quella che fa pellar" (die die Haut abschält).

"Es giebt – fährt L. fort – Pellagröse ohne Affection der Haut und der Verdauungsorgane, aber mit schweren Störungen der Motilität; sie leiden nur an beständigem Schwindel und allgemeiner Schwäche.

Es giebt Andere, bei denen das ganze Krankheitsbild in schwerer Alteration der Psyche, der Motilität oder der Sensibilität besteht mit lästigen Empfindungen von Stechen und Jucken: — cerebrale. gangliäre, spinale Pellagra.

Wieder Andere magern blos rapid und enorm ab: atrophische Form der Pellagra.

Es giebt eine gastrische Pellagra mit Ekel vor dem Essen, Verdauungsstörungen, Diarrhöen oder Verstopfung oder Heisshunger; es giebt eine Hautpellagra, wobei die Haut im Ganzen die Farbe ändern kann, mit Erythem, Furunkeln oder Herpes.

Bei einer anderen Form ist ausschliesslich die sexuelle Erregbarkeit erhöht.

Die schlimmste, wenn auch glücklicherweise seltenere Form

ist jene mit floridem acutestem Verlauf: man kann sie floride oder besser tetanische Pellagra nennen."

Bei dieser Sachlage erscheint es zweckmässig, der Schilderung des Krankheitsbildes und -verlaufes die oben angedeuteten 3 Stadien zu Grunde zu legen, wenngleich eine derartige Eintheilung immerhin etwas Künstliches hat.

I. Stadium.

In irgend einem Lebensalter treten, meist im Frühjahr, und oft bei starken, bisher gesunden Leuten zuerst Magendarmerscheinungen auf. Appetitlosigkeit, Ekel vor dem Essen, seltener Heisshunger; Leibschmerzen, schmerzhafte Spannung und Gefühl von Aufgetriebensein der Magengegend, belegte Zunge, deren Epithel sich später ablöst: Verdauungsstörungen mit oder ohne Diarrhöen, seltener Verstopfung: unstillbarer Durst oder auch Abneigung gegen das Trinken. Daneben bestehen nervöse Störungen: Kopfschmerz, besonders im Hinterhaupt, Nacken- und Rückenschmerz, Globus-, Erstickungsgefühl, Schwindel, allgemeine Muskelschwäche, Unsicherheit der Bewegungen, besonders Schwäche in den Beinen. Damit sind sehr gewöhnlich verbunden erhöhte psychische Reizbarkeit, gemüthliche Verstimmung, Klagen über Eingenommensein und Druck im Kopf, erschwertes Denken, Unlust zur Arbeit, nicht selten ein höherer Grad geistiger Stumpfheit.

Gleichzeitig tritt — wenn auch keineswegs in allen Fällen — ein Erythem auf, das vorzugsweise aber nicht ausschliesslich die entblössten Körpertheile: Hand- und Fussrücken, unteres Drittel des Vorderarmes, Nasenspitze, Hals, Sternalgegend befällt. Die Haut wird roth, schwillt an und schuppt sich nach einigen Wochen in grossen Fetzen ab (,,Handschuhhand"). Auf der Höhe des Anfalls lässt sich oft eine beträchtliche Steigerung der Sehnenreflexe nachweisen.

Diese Erscheinungen lassen nach 3—4 monatlichem Bestande nach: die Haut bleibt noch längere Zeit etwas dunkler gefärbt, rauh und trocken — und damit scheint der Krankheitsprocess beendet zu sein. Allein im nächsten Frühjahr wiederholt sich die ganze Reihe der Symptome und nimmt nun, zuweilen auch erst in einem späteren Anfall, einen schwereren Character an. Derselbe Turnus kann sich mehrmals wiederholen, der einzelne Anfall immer weitere Residuen, besonders seitens des Nervensystems hinterlassen: Uebergang in das

II. Stadium.

Dasselbe ist vor Allem gekennzeichnet durch schwere cerebro-spinale Störungen.

1. Subjective Symptome.

Die Kranken werden von zahlreichen Parästhesien belästigt, unter denen namentlich Jucken am Rücken und an den Hand-rücken, nicht selten auch an den Unterextremitäten, sowie Brennen an Schultern, Epigastrium, Füssen, Händen und Armen äusserst qualvoll sind und, nach Ansicht erfahrener Pellagrologen, manche Kranken ins Wasser treiben. Daneben hört man Klagen über Formicationen, Gefühl von Kälte, besonders in den Unterextremi-täten, Globus-, Erstickungsgefühl, Kopf-, Nacken- und Rücken-schmerzen, Ziehen im Nacken, Ohrensausen, Schwindel, Sensation des herausfallenden Uterus.

Der meisten Kranken bemächtigt sich in hohem Grade das Gefühl körperlicher und geistiger Insufficienz.

2. Objective Symptome.

Psychische Störungen. Sie fehlen kaum in irgend einem vorgeschrittenen Fall ganz und tragen vorwiegend den Character der Melancholie.

In leichteren Fällen, die in der Statistik überhaupt nicht als pellagröse Geisteskranke geführt werden, besteht nur einfache Hemmung im Denken, Verlangsamung im Ablauf der Vorstellungen mit leichter gemüthlicher Depression und Abneigung gegen jede Thätigkeit. Diese Hemmung kann bis zum völligen Stillstand im Denken unter dem Bilde des Stupors fortschreiten. In schwereren Fällen besteht das Bild ausgeprägter Melancholie mit Angst und Erklärungsversuchen im Sinne des Kleinheits-, Versündigungs- oder Verfolgungswahns, besonders häufig, entsprechend dem religiösen Standpunkt der Bevölkerung, unter der Form der Dämonomanie. Auf Grund von Umdeutung der mannigfachsten Sensationen kommt es auch zu hypochondrischen Wahnideen. Nahrungsverweigerung und Selbstmordneigung spielen eine grosse Rolle. Raptusartige Angstanfälle mit selbst- oder gemeingefährlichen Tendenzen gehören nicht zu den Seltenheiten. Das Bewusstsein ist häufig etwas be-nommen; auch tiefere Bewusstseinsdefecte kommen vor, so dass das Bild des Deliriums melancholischer Färbung entsteht.

Sehr gewöhnlich haben die Patienten deutliche Krankheits-einsicht, ja ein schweres Krankheitsgefühl.

Der Eigenart der Seelenstörung entspricht der theils ängstlich erwartende, forschende, misstrauische, fast drohende, theils staunende, theils apathische Gesichtsausdruck pellagröser Geisteskranker (,,pellagröser Blick").

Viele Kranke machen lange Zeit hindurch jedes Jahr einen derartigen Anfall von Melancholie, jedesmal mit Ausgang in Genesung durch, ehe sie dauernd geisteskrank werden. Dieser Periodicität ist es wohl zuzuschreiben, dass, wenn schliesslich die Intelligenz defect wird, doch nur selten so hohe Grade des Blödsinns sich ausbilden, wie wir sie sonst als Ausgänge der Stimmungsanomalien zu sehen gewohnt sind.

Seltener tritt die Geisteskrankheit — eventuell nach einem melancholischen Vorstadium — unter dem Bilde der Manie auf: heitere Erregung, Beschleunigung im Ablauf der Vorstellungen bis zur Ideenflucht, vermehrtem Bewegungsdrang, Selbstüberschätzung bis zum Grössenwahn.

Auch der circuläre Typus: Wechsel zwischen Melancholie und Manie wird beobachtet.

Primäre Abnormitäten in der Bildung von Vorstellungen sind selten und vielleicht auf Zwangsvorstellungen beschränkt. Diese kommen entschieden vor (,,l'acqua mi tira" ,,es zieht mich ins Wasser"), gleichwie Zwangsbewegungen, Zwangsstellungen, kataleptische Erscheinungen.

Ueber Gesichtstäuschungen wird mancherlei berichtet, doch dürfte es sich meist mehr um Verification von Traumvorgängen, ekstatische und verwandte Zustände bei eingeengtem Bewusstsein oder um wahnhafte Umdeutung von Vorgängen unter dem Einfluss der Angst handeln. Gehörstäuschungen werden beschrieben; in einem Falle meiner Beobachtung hörte der Kranke Worte, die ihm aus Ohren, Nase und Auge kamen (Gedankenlautwerden?).

Ausgebildete Paranoia habe ich ebenso wenig wie Andere im Verlauf der Pellagra beobachtet.

Wenn bei schwachsinnig gewordenen pellagrösen Geisteskranken eine gewisse Euphorie Platz gegriffen hat, so kann man flüchtig an die Dementia paralytica erinnert werden, zumal wenn die spinalen Erscheinungen deutlich ausgeprägt sind. Wir werden sehen, dass auch Ausgang in wirkliche Dementia paralytica vorkommt.

Störungen auf motorischem Gebiet. Ganz gewöhnlich besteht Muskelschwäche, dynamometrisch nachweisbar und wohl zu unterscheiden von dem Gefühl der Muskelinsufficienz bei einfacher Melancholie. Diese Schwäche betrifft besonders die Unterextremitäten. Die Kranken können sich nur mit Mühe auf den Beinen halten und sind ausser Stande, ihrer Arbeit nachzugehen. Umschriebene Paresen befallen zuweilen die Extensoren, so dass in Folge des Uebergewichts der Flexoren die Extremitäten halbflectirt erscheinen.

Motorische Reizerscheinungen sind in der leichtesten Form des erhöhten Widerstandes gegen passive Bewegungen ganz gewöhnlich. in Form von Spannungen, Spasmi, schmerzhaften Crampi, besonders in der Wadenmuskulatur, übermässig starken Contractionen bei gewollten Bewegungen, nicht ungewöhnlich. Auch werden Zustände beschrieben, die an Tetanie erinnern: paroxysmusartige, von Schmerz begleitete, tonische Contracturen in den Extremitäten, spontan auftretend oder durch Druck auf die Nervenstämme ausgelöst.

In vorgeschrittenen Fällen kommt es zu Contracturen der Ober- und Unterextremitäten in halber Flexionsstellung.

Die Abnahme der Muskelkraft kann in einzelnen Fällen bis zu partieller Lähmung fortschreiten. Die Atrophie einzelner Muskelgruppen ist fast stets nur Theilerscheinung des allgemeinen Muskelschwundes; doch kommt es ausnahmsweise zu dem ausgeprägten Bilde der myatrophischen Lateralsklerose: Lähmung, Contractur. Atrophie bestimmter Muskelgruppen. Ich werde unten einen solchen Fall mit Sectionsbefund beibringen.

Der Gang ist bald einfach paralytisch, bald paralytisch-spastisch, nie — wie es scheint — atactisch, auch nicht in Fällen, wo die Sehnenphänomene der Unterextremitäten fehlen. Statische Ataxie wird gelegentlich erwähnt. Auch sonst dürfte Incoordination der Bewegungen nur ganz ausnahmsweise — und nur an den Oberextremitäten — beobachtet worden sein; das Symptom war alsdann öfters von Intentionszittern begleitet.

Tremor der oberen Extremitäten, des Kopfes und der Zunge wird in manchen Fällen registrirt.

Einseitige Ptosis kommt in schwereren Fällen zur Beobachtung.

Die mechanische Muskelerregbarkeit ist oft erhöht; idiomusculäre Contractionen und fibrilläre Muskelzuckungen auf mechanische Reize werden beschrieben.

Die electrische Muskelerregbarkeit zeigt keine constanten Abweichungen von der Norm. Wo schon an sich ein gewisser

Spannungszustand der Muskeln besteht, erscheint die faradische Erregbarkeit herabgesetzt: das gleiche gilt für die leicht paretischen Extensoren; in anderen, zumal frischeren Fällen, ist sie erhöht.

Die Anfälle. Ausgeprägte epileptische Anfälle mit Bewusstseinsverlust scheinen nur ganz ausnahmsweise zur Beobachtung zu kommen. Häufiger sind Zustände vom Character der Rindenepilepsie: Krämpfe in einzelnen Gliedern, zwangsartige Bewegungen bei erhaltenem oder nur wenig umschleiertem Bewusstsein; auch die „Vertigini", welche in den Krankengeschichten Pellagröser eine so grosse Rolle spielen, sind nicht immer eigentliche Schwindelanfälle, sondern vielmehr kurze Bewusstseinspausen.

Störungen von Seiten der Sinnesorgane. Das Verhalten der Hautsensibilität ist ein ungleichmässiges. Der Tastsinn ist in den meisten Fällen intact, höchstens die faradocutane Sensibilität etwas herabgesetzt.

Wie bei allen Sensibilitätsprüfungen ist auch hier dem Zustand des Sensoriums Rechnung zu tragen.

Selten, und meist nur in geringem Grade, findet sich Herabsetzung der tactilen und thermischen Sensibilität, ohne Betheiligung des Trigeminus. Zuweilen besteht Hyperaesthesie für die Kälteempfindung.

Die Schmerzempfindlichkeit ist viel häufiger, besonders an den Unterextremitäten, herabgesetzt, zumal in vorgeschrittenen Fällen. Besonders häufig soll die Herabsetzung der Schmerzempfindlichkeit für electrische Reize sein. Störungen des Muskelsinns sind nicht mit Sicherheit constatirt worden. Die vielfachen Parästhesien wurden schon geschildert.

Störungen im Bereich der übrigen Sinnesorgane beschränken sich auf gelegentliche Sehschwäche, Hemeralopie und Diplopie, ohne characteristischen Augenspiegel- und Augenmuskelbefund. Die Pupillen sind gewöhnlich von etwas träger Lichtreaction, weder constant verengert noch erweitert. Myosis, ohne reflectorische Pupillenstarre, kommt nicht selten zur Beobachtung. Vorzeitige Linsentrübungen sind mehrfach beschrieben worden.

Der Geschmack ist zuweilen pervers, so dass Alles „salzig" schmeckt.

Reflexerregbarkeit. Die Hautreflexe zeigen sich in der Regel normal; dagegen soll der Rachenreflex nicht selten herabgesetzt sein.

Die Sehnenreflexe zeigen sehr gewöhnlich Abweichungen von

der Norm. In manchen Fällen sind sie normal, in den meisten gesteigert bis zu intensiven clonischen Zuckungen, viel seltener sind sie abgeschwächt oder fehlen sie ganz. Nicht immer geht der Intensität des Patellarsehnenreflexes die des Achillessehnenreflexes parallel. Wo die Sehnenreflexe an den Oberextremitäten gesteigert sind, sind sie es meist — aber nicht immer — auch an den unteren, sie können sogar in solchen Fällen mitunter an den unteren fehlen. Andererseits sind sehr gewöhnlich in Fällen verstärkter Sehnenreflexe an den Unterextremitäten die Sehnenphänomen an den oberen normal. In Fällen lebhaft gesteigerter Sehnenreflexe ist häufig bei Dorsalflexion des Fusses Dorsalclonus zu erzielen; auch sah ich Clonus des Oberschenkels bei Beugung im Hüftgelenk. Manche der Fälle mit gesteigerten Sehnenreflexen sind von spastischen Erscheinungen begleitet.

Meine eigenen Untersuchungen an etwa 300 Pellagrösen ergaben in etwa der Hälfte der Fälle erhebliche Steigerung des Kniephänomens bis zu lebhaftestem Patellarclonus selbst bei leisester Percussion der Sehne. Daneben bestand bei einer grossen Zahl (30 – 40) Kranker Dorsalclonus und lebhafte Steigerung der Sehnenreflexe in den Oberextremitäten. In 8 Fällen fehlte das Kniephänomen, in den übrigen war es theils abgeschwächt, theils normal. Differenzen in der Lebhaftigkeit des Phänomens zwischen beiden Seiten waren häufig.

Meine Untersuchung betraf zum grossen Theil alte chronische Fälle; bei den frischen Fällen fand ich Abweichungen von der Norm besonders auf der Höhe des Anfalls, resp. zur Zeit einer Exacerbation.

In keinem der Fälle mit fehlendem Kniephänomen war auch nur eine Spur von Ataxie nachweisbar.

Vasomotorische und trophische Störungen. Hier steht ein allgemeiner Contractionszustand der Hautgefässe mit Blässe der Haut, subjectivem und objectivem Kältegefühl, begleitet zuweilen von Cutis anserina, obenan. Locale Ischämien. wie sie manche beschreiben, gelangten nicht zu meiner Beobachtung. In den späteren Stadien kommt es unter vasoparalytischer Erweiterung der Venen und Kapillaren nicht selten zu Oedemen: Kapillarinjection im Gesicht. besonders der Nase, wie bei Potatoren, kommt auch bei Pellagrösen vor.

Localisirte degenerative Myatrophien mit quantitativer Abnahme der faradischen und Erhöhung der mechanischen Erregbarkeit sind wiederholt beobachtet worden: am Schultergürtel. an den Handmuskeln. am Thorax und an den Unterschenkeln. Zu den trophischen Störungen wird meistens jene Hautaffection gezählt. welche der ganzen Krankheit den Namen gegeben hat. Das oben beschriebene Erythem tritt in jedem Frühjahr. gewöhnlich unter Exacerbirung der anderen Erscheinungen. von Neuem auf: nach jedem weiteren Recidiv bleiben Residuen zurück: die Haut wird dunkel. braun pigmentirt. glatt, trocken. dünn. atrophisch. Sie verliert ihre Elasticität: es entstehen weisse Flecken. die an die Striae gravidarum erinnern. In extremen Graden wird sie wie dünnes Pergament und lässt sich in hohen. stehen bleibenden Falten erheben (cf. Tafel IX)[1]. In anderen Fällen ist die Haut infiltrirt. livide gefärbt und rissig: auch Ichthyosis-ähnliche Bildungen kommen vor. Uebrigens ist die Intensität der Hautaffection keineswegs immer proportional der Schwere des Erkrankungsfalles.

Die Zunge zeigt häufig Veränderungen, die als trophische angesprochen werden: rissige, gefurchte Beschaffenheit, Entblössung von Epithel.

Auch an den Nägeln werden Ernährungsstörungen beschrieben.

Unter den trophischen Störungen eine besondere Disposition zu Decubitus und skorbut-artigen Affectionen aufzuführen. erscheint mir nicht berechtigt und als Deckmantel für Mängel in der Wartung der Kranken nicht unbedenklich.

Stoffwechsel und Allgemeinbefinden. Wenngleich die Pellagra an sich eine fieberlose Krankheit ist, soll durchschnittlich die Körpertemperatur um einige Zehntel Grade erhöht sein, doch ohne jede Regelmässigkeit. Die Blutbeschaffenheit zeigt, nach dem Ergebniss der Zählungen und der Chromocitometrie, keine characteristischen Veränderungen. Der Urin zeigt häufig alkalische Reaction und Verminderung der Phosphate.

Von Seiten anderer Organe liegen keinerlei irgendwie gesetzmässige Functionsstörungen vor.

Da mit jedem neuen Anfall mehr oder weniger schwere Magen-Darmerscheinungen einhergehen, leidet schliesslich die Ernährung. Die Kranken magern ab, werden anämisch und treten allmälig in das

---

[1] Tafel IX ist nach einer Photographie hergestellt, welche ich der Güte des Herrn Dr. Gonzales, Director der grossen Mailänder Anstalt in Mombello, verdanke.

III. Stadium,

das der Kachexie. Es ist bezeichnet durch zunehmenden Marasmus, gleichmässige Atrophie des Fettpolsters und der Muskulatur und Widerstandslosigkeit gegen intercurrente Erkrankungen. Die Schwäche fesselt den Kranken dauernd ans Bett, Blasenlähmung, unstillbare Diarrhöen stellen sich ein, und unter den Zeichen der Herzschwäche mit ihren Consequenzen — Oedeme, hydropische Ergüsse — erfolgt der Tod; oder eine Affection der Luftwege — acute Phthise ist in diesem Stadium eine nicht seltene Complication — oder Septikaemie, ausgehend von Decubitus, rafft den Kranken hinweg.

Nicht selten tritt der tödtliche Ausgang ein unter eigenartigen Erscheinungen, welche die italienischen Pellagrologen vielfach als Typhus pellagrosus beschreiben. Dieselben bestehen in einer acuten intensiven Steigerung aller Erscheinungen. Besonders steigern sich die psychischen Symptome zu einem deliriumartigen Zustand, daneben stellt sich Fieber ein, welches indessen sicherlich in vielen hierher gezählten Fällen auf Complicationen zu beziehen ist, die oftmals erst durch die Autopsie festgestellt werden (besonders lobuläre Pneumonien s. u.).

Einer der neuesten und sorgfältigsten Autoren über Pellagra, Belmondo[1]), beschreibt den Typhus pellagrosus folgendermassen:

„Er befällt fast nur solche Individuen, die schon seit mehr oder weniger langer Zeit, wenigstens seit einigen Jahren, die Symptome chronischer Pellagra darbieten. Selten setzt er plötzlich ein: meist erscheinen die gewöhnlichen, seit Jahren jeden Frühling wiederkehrenden Symptome der Pellagra, besonders die Euteritis und die nervösen Störungen (Paraparese, allgemeine Schwäche), diesmal mit ungewöhnlicher Heftigkeit. Dies gilt auch für die psychischen Störungen: Trübung des Bewusstseins, deliriumartiges Reden und Handeln, schreckhafte Sinuestäuschungen (oder vielleicht nur lebhafte Traumgebilde), angstvolle Empfindung aus schwindelnder Höhe herabzufallen, motorische Unruhe, Verbigeration, Selbstmordtendenz; dabei rapider körperlicher Verfall.

Die gesammte Muskulatur befindet sich in einem Zustande von Rigidität bis zu intensiver tonischer Contraction, die bei jedem Versuch zu passiver Bewegung zunimmt. Bei spontanen Bewe-

---

[1]) Le alterazioni anatomiche del midollo nella Pellagra e loro rapporto coi fatti clinici. Reggio-Emilia 1890.

gungen merkliches Zittern und Andeutung von Incoordination. Sprache schleppend, zittrig, häufig von nasalem Klang. Der Kopf, durch Contraction der Nackenmuskeln nach hinten gezogen und in die Kissen gebohrt, wird zuweilen erhoben und convulsivisch nach Rechts und Links hin und hergeworfen. Der Gesichtsausdruck ist gespannt, die mimische Muskulatur zuweilen von Zittern und fibrillären Contractionen bewegt.

Die Unterextremitäten befinden sich gewöhnlich in starrer Extensionsstellung, die Füsse in Plantarflexion. Die Sehnenreflexe sind immer bis zum Tode gesteigert . . in solchen Fällen kann eine einfache Percussion der Patellarsehnen einen diffusen Clonus des gesammten Gliedes, begleitet von Erschütterungen des ganzen Körpers, hervorrufen. Neben dieser enormen neuromusculären Uebererregbarkeit besteht häufig Hyperaesthesie und gesteigerte Reflexerregbarkeit auf allen Sinnesgebieten. Hyperalgesie braucht damit nicht verbunden zu sein, auch kann die reflectorische Erweiterung der Pupillen auf schmerzhafte Reize fehlen.

Das Fieber, das nur ausnahmsweise fehlt, ist atypisch, ohne regelmässige abendliche Steigerung: meist schwankt die Temperatur zwischen 38,5° und 40.0° C.; in den letzten Lebenstagen kann sie sich, zumal unter dem Einfluss von oft rapide eintretendem Decubitus, höher erheben. Der Schlaf pflegt zu fehlen. Aus dem Bewusstseinszustand der Kranken erklärt sich ihre Unfähigkeit zur Nahrungsaufnahme, ihre Incontinenz; aus der Schwierigkeit, solche Kranken zu pflegen, die trockene rissige Beschaffenheit der Zunge, der Belag auf den Zähnen und die sog. „neuroparalytische" Conjunctivitis.

Roseola fehlt.

In den meisten Fällen tritt innerhalb 1—2 Wochen der Tod ein, nicht selten an einer terminalen Bronchopneumonie."

Der Verlauf der Pellagra kann sich, unter beständigen Nachschüben, über viele, 10—15 Jahre und darüber erstrecken, ohne dass sie immer den höchsten Grad der Entwicklung zu erreichen braucht.

Genesung ist nur dann zu erwarten, wenn der Kranke nur einen oder einige leichtere Anfälle überstanden hat und danach in günstigere Lebensverhältnisse gesetzt, der pellagrogenen Schädlichkeit entzogen wird.

Wenn sich das Leiden schon zu einem höheren Grade entwickelt hat, ist die Prognose sehr trübe; selbst im günstigsten

Falle bleiben dann immer Störungen, besonders im Bereich des Nervensystems zurück. Die Kranken werden dauernd arbeitsunfähig, verfallen einem körperlichen und geistigen Siechthum und erliegen im Stadium der Kachexie, zu einem nicht geringen Procentsatz auch durch Suicidium.

Die Intensität und Gruppirung der einzelnen Symptome ist bei der Pellagra eine so wechselnde, dass die Diagnose oft nur unter Berücksichtigung der Anamnese und des gesammten bisherigen Krankheitsverlaufs möglich ist. Nicht nur die individuellen Verschiedenheiten spielen hier eine grosse Rolle, sondern auch die Verschiedenartigkeit der Krankheitsformen in den einzelnen Landstrichen.

Nicht selten treten die subjectiven Symptome so sehr in den Vordergrund, dass eine Verwechslung mit einer functionellen Neurose nahe liegt. Die richtige Deutung der gastro-intestinalen Störungen wird in Pellagragegenden, unter Berücksichtigung der Aetiologie und der eigenartigen Periodicität, auf keine Schwierigkeiten stossen.

Wo die spinalen Symptome die Aufmerksamkeit auf sich lenken, werden Aetiologie, Verlauf und begleitende Erscheinungen auf die diagnostische Spur verhelfen. Zu berücksichtigen ist dabei, dass die spinalen Symptome nicht eigentlich progressiver Natur sind und viele Jahre — unter öfteren Schwankungen in der Intensität — stabil bleiben können, so dass selbst in alten Fällen, wo die Trias: Parese, spastische Erscheinungen, Verstärkung der Sehnenreflexe, seit Jahren besteht, es nicht zur Ausbildung von vollständiger Lähmung oder von Contracturen gekommen ist.

Wo die Psychose im Vordergrund des Krankheitsbildes steht, wird neben dem Uebrigen besonders das Verhalten der Sehnenreflexe zu berücksichtigen sein; die Psychose selbst kennzeichnet sich in vielen Fällen durch die begleitende Bewusstseinstrübung, ein ausgeprägtes Krankheitsgefühl und die geringe Neigung zur Progressivität, als eine toxische.

Eine besondere Schwierigkeit kann entstehen, wenn das psychische Verhalten dem der Dementia paralytica entspricht, und gleichzeitig die Sehnenreflexe gesteigert oder abgeschwächt sind oder fehlen („Pseudoparalysis progressiva"). In solchen Fällen, wenn sie nicht einen wirklichen Ausgang in Dementia paralytica bedeuten, ist das Fehlen der Sprachstörungen und der nicht progressive Verlauf von diagnostischem Werth.

2*

Diejenigen Fälle, in denen die nervösen Erscheinungen hinter denen einer chronischen Gastroenteritis oder einer allgemeinen Kachexie zurücktreten, werden nur unter sorgfältigster Zusammenfassung von Anamnese, Verlauf und Befund zu diagnosticiren sein.

Der Typhus pellagrosus endlich, soweit es sich hierbei nicht um anderweitige organische Complicationen oder um eine blosse Steigerung der psychischen Erregung zu deliriumartiger Höhe ohne oder mit nur accidentellem Fieber handelt, wird mit Infectionskrankheiten, vielleicht auch mit Urämie und diabetischem Coma verwechselt werden können. Der atypische Fieberverlauf, der negative Befund in den inneren Organen und im Urin, das Fehlen eines acuten Exanthems werden hier im Zusammenhang mit dem Gesammtkrankheitsbild auf den richtigen Weg führen.

Von hohem diagnostischen Werth ist das pellagröse Erythem. Zwar kann es fehlen: es giebt eine „Pellagra sine pellagra", auch hat es an sich nichts so Specifisches, dass es nicht auch in ähnlicher Weise arteficiell, z. B. ausschliesslich durch solare Einflüsse entstehen könnte. Man kann wochenlang Pellagragegenden bereisen, ohne der Hautaffection ansichtig zu werden, so dass, wollte man die Diagnose von ihr abhängig machen, man zweifelhaft werden könnte, ob es überhaupt eine Pellagra giebt. Wenn man aber in den Frühlingsmonaten reist, so kann man das Exanthem ausgiebig studiren.

Es wird kaum bestritten werden können, dass die Sonnenstrahlen als Gelegenheitsursache für das Erythem eine Rolle spielen: es aber lediglich als Insolationserscheinung aufzufassen, geht nicht an. So lange es eine medicinische Literatur giebt, hat die Sonne immer in Italien gebrannt, eines derartigen Exanthems geschieht aber vor Auftreten der Pellagra nirgends Erwähnung. Es exacerbirt mit den anderen Erscheinungen der Pellagra, gelegentlich auch einmal im Winter und in Lenzen, die wenig von Sonnenschein zu erzählen wissen. Mir sind Fälle vorgestellt worden, wo das Exanthem erst in der Anstalt mehrere Wochen nach der Aufnahme hervorbrach und solche, wo es auch stets bedeckte Körpertheile befiel.

Auch die Beschaffenheit der Zunge ist zwar nicht von pathognomischer, aber doch von nicht geringer diagnostischer Bedeutung.

Pathologische Anatomie der Pellagra. Bei der Vielgestaltigkeit des Krankheitsbildes ist ein einheitlicher Befund nicht wohl zu erwarten. In den pathologisch-anatomischen Berichten befinden sich ganz heterogene, gewiss vielfach accidentelle Veränderungen. Befunde, wie sie das allgemeine Siechthum, intercurrente Krankheiten oder die senile Involution begleiten, soweit sie nicht in das Gebiet der agonalen oder cadaverösen Erscheinungen zu verweisen sind.

Als Theilerscheinung der Kachexie sind aufzufassen: Schwund des Fettpolsters und der Muskulatur, Brüchigkeit der Knochen, Atrophie und Neigung zur Verfettung der inneren, besonders der vom Vagus innervirten Organe: Herz, Nieren, Milz, Leber, Darm, Lungen. Zu den regelmässigsten Befunden gehören 3 Gruppen von Veränderungen:

1. Veränderungen im Darmkanal: Verdünnung der Wand in Folge von Atrophie der Muscularis; daneben nicht selten Hyperaemie und Geschwürsbildung in den unteren Abschnitten des Darmtractus.

2. Abnorme Pigmentanhäufung, wie sie sonst nur dem Senium eigen ist, vor Allem in den Ganglienzellen, der Herzmuskulatur (braune Atrophie), den Leberzellen und der Milz.

3. Veränderungen im Nervensystem. Den vielfach beschriebenen Zuständen von Hyperaemie, Anaemie und Oedem des Centralnervensystems und seiner Häute kann irgend eine Bedeutung für die Pellagra nicht beigemessen werden; das Gleiche gilt von den häufigen Befunden einer Pachy- und Leptomeningitis cerebralis und spinalis chronica, der Arachnitis spinalis ossificans, der Obliteration des Centralkanals, da sie Begleiterscheinungen vieler chronischer Affectionen des Centralnervensystems und des Senium praecox sind.

Der Befund am Gehirn ist in den meisten Fällen negativ, abgesehen von gelegentlicher Verfettung oder Verkalkung der Intima der kleineren Gefässe und Pigmentanhäufung in ihrem Adventitialraum. In Fällen, wo eine langjährige Psychose zu hohen Graden des Blödsinns geführt hatte, war eine Atrophie des Grosshirns, besonders seiner Rindensubstanz zu constatiren.

Das Rückenmark ist der Sitz einer, wie es scheint regelmässigen Erkrankung. Die einzige zuverlässige Andeutung hierüber fand ich, als ich meine Pellagrastudien begann, bei Tonnini.[1]

Schon Bouchard fand bei einer an Pellagra gestorbenen Frau

---

[1] Disturbi spinali nei pazzi pellagrosi (Riv. sperim. di Reggio IX und X), 1883—1884.

im Rückenmark „ganz ähnliche Veränderungen, wie bei der Ataxie. Die Nervenröhren in den Hinter- und Seitensträngen waren sparsam, das atrophische Gewebe enthielt viel Kerne und war mit Amyloidkörperchen durchsetzt" (Compt. rend. d. l. Soc. d. biolog. 1864, citirt nach Leyden, Klinik der Rückenmarkskrankheiten, Bd. II, p. 289): Und Tonnini (l. c.) fand in 2 Fällen von Pellagra die Seitenstränge erkrankt: „auch in den Hintersträngen beginnender Entartungsprocess."

Ueber meine eigenen Befunde, die inzwischen von Belmondo (l. c.) und Marchi[1]) bestätigt worden sind, werde ich unten im Zusammenhang berichten.

Ganz allgemein wird ein abnormer Pigmentreichthum der Nervenzellen im Rückenmark, in den Spinal- und Sympathicusganglien beschrieben. vielfach irrthümlich als „Pigmentatrophie". Etwas für die Pellagra Specifisches kann man in diesem weiteren Anzeichen eines Senium praecox ebensowenig erblicken wie in der grossen Verbreitung der Corphi amylacea.

Die Angaben Déjérine's über Degenerationsvorgänge in den peripherischen Nerven bei der Pellagra wollen, bei der grossen Häufigkeit solcher Befunde in Fällen langen Siechthums, mit Vorsicht beurtheilt werden.

Der „Typhus pellagrosus" hat keinen specifischen Sectionsbefund; die Zeichen der chronischen Gastroenteritis mit Geschwürsbildung und Anschwellung der Mesenterialdrüsen pflegen, neben den Veränderungen im Rückenmark, besonders ausgesprochen zu sein. Lobuläre Pneumonien, beginnende Fettdegeneration der Nierenepithelien, Hyperaemie des Centralnervensystems und seiner Häute mit oder ohne kleine Blutaustritte, subpleurale Ekchymosen, sind die gewöhnlicheren Befunde, die aber nichts Characteristisches haben. Der von ihm als „Meningo-myelitis acuta" beschriebenen „Infiltration des Rückenmarks und seiner Häute mit Leukocyten", die u. a. auch in die Ganglienzellen selbst eindringen sollen, misst Belmondo wohl zu viel Werth bei.

Marchi (l. c.) fand neuerdings in 2 Fällen von Typhus pellagrosus sowohl in dem, dem Lebenden entnommenen Blut als auch post mortem in Darm, Leber, Milz, Nieren und im Centralnervensystem und seinen Häuten einen Mikrococcus. Culturversuche mit demselben schlugen fehl.

---

[1]) Ricerche anatomo-pathologiche sul tifo pellagroso (ibid. XIV., 1888).

Die Peyer'schen Plaques sind beim Typhus pellagrosus nicht geschwollen, die Milz nicht vergrössert, vielmehr häufig — als Theilerscheinung der allgemeinen Atrophie — verkleinert.

Die Pellagra ist eine Intoxicationskrankheit; über die Natur, den Entstehungsort und die Wirkungsweise der Materia peccans stehen sich zwei Anschauungen einander gegenüber. Nach der ersten, der parasitären, ist die Pellagra eine Intestinalmykose, eine Infection mit Pilzen, die sich am Maiskorn entwickeln und mit ihm genossen werden. Cuboni wollte diesen Bacillus maïdis, der thatsächlich oft an verdorbenem Mais sich findet, regelmässig in den Faeces Pellagröser, Majocchi sogar im Blute derselben angetroffen haben. Doch haben sich diese Angaben nicht bestätigt, und der Bacillus maïdis hat weder in seinen morphologischen noch biologischen noch toxischen Eigenschaften etwas Specifisches; er erscheint vielmehr identisch mit dem sehr verbreiteten Kartoffel- bacillus[1]). Cuboni's vermittelnde Stellung, dass der Pilz im Darm abnorme Gährungen erregt, deren giftige Producte (Alcaloïde, Ptomaïne) resorbirt würden und die Symptome der Pellagra er- zeugten, lässt sich schon deswegen nicht aufrecht erhalten, weil der Bacillus maïdis keineswegs ein regelmässiger Bewohner des Darms Pellagröser ist.

Die andere, hauptsächlich von Lombroso vertretene, toxische oder chemische Theorie hat wohl die besseren Argumente für sich. Danach ist die Pellagra zurückzuführen auf eine Vergiftung durch Producte einer chemischen Umwandlung des Maiskorns, welche stattfand unter Mitwirkung von Mikroorganismen, die an sich un- schädlich sind. Zwar ist es bisher nicht gelungen, aus den kleinen, unansehnlichen, eingeschrumpften, dunklen, muffig riechenden Kör- nern des verdorbenen Mais eine chemisch gut definirte Substanz zu isoliren, deren fortgesetzte Darreichung bei Menschen oder Thieren die Pellagra hervorgerufen hätte. Wohl aber vermochte Lombroso daraus einen wässrigen Extract, einen alcoholischen Extract („Pellagrozeïn") und ein Oel darzustellen, welche bei Thieren und Menschen nicht nur toxische Wirkungen entfalteten, sondern auch pellagra-ähnliche Symptome erzeugten. Auch ge- wann er, freilich in nur sehr geringer Menge, ein Alcaloïd, dessen Wirkungsweise an die spastischen Erscheinungen im Krankheits-

---

[1]) Paltauf und Heider, Der Bacillus maïdis (Cuboni) und seine Be- ziehungen zur Pellagra. Wien, Hölder. 1889.

bilde der Pellagra erinnerte, während er gleichzeitig nachweisen konnte, dass dies Alcaloïd nicht der einzige Giftstoff im verdorbenen Mais sei. Andererseits erbrachte er den experimentellen Beweis, dass sämmtliche im „Mais guasto" heimischen Mikroorganismen, den Bacillus maïdis mit eingeschlossen, an sich unschädlich sind.

Lombroso vermuthet im verdorbenen Mais zwei verschiedene giftige Principe, die in ihrer verschieden combinirten Wirkung den Symptomencomplex der Pellagra erzeugten: 1. ein in seiner Wirkung am meisten dem Strychnin ähnelndes Alcaloid, enthalten im alcoholischen Extract (Pellagrozeïn) und im Oel: 2. einen narcotischen Stoff etwa wie er im Schierling sich findet, in seiner Wirkung auch verwandt mit dem Nicotin, enthalten im wässrigen Extract.

Neusser (die Pellagra in Oesterreich und Rumänien, Wien, Hölder 1887) vermuthet, dass es bei der Pathogenese der Pellagra sich um die Entwickelung einer giftigen Substanz im besonders dazu vorbereiteten Darmcanal aus einer, im verdorbenen Mais enthaltenen, ungiftigen Vorstufe, also um eine Art von Autointoxication handele. Für den Typhus pellagrosus würde sich hieran die Anschauung Belmondo's anschliessen, dass derselbe verursacht sei durch eine schwere acute Intoxication infolge plötzlich eintretender Ueberladung des Blutes mit der toxischen Substanz — sei es, dass dieselbe sich mit einem Male überreichlich entwickelt habe, sei es, dass ihre Ausscheidung durch die Nieren behindert sei.

Dass, abgesehen von dem ersten Stadium der gastro-intestinalen Erscheinungen, der Ausgangspunkt des ganzen Symptomencomplexes der Pellagra das Nervensystem sei, darüber herrscht ziemlich allgemeine Uebereinstimmung. Der klinische und anatomische Nachweis einer gesetzmässigen Betheiligung des Rückenmarks wird dieser Auffassung eine wesentliche Stütze gewähren.

Bei dem exquisit chronischen Character und remittirenden Typus der Pellagra kann man naturgemäss in der kurzen Spanne Zeit von 8 Wochen auch nicht einen Fall in seinem ganzen Verlauf studiren. Immerhin kann es gelingen, durch das Nebeneinander zahlreicher Beobachtungen von verschiedenen Graden und Stadien, von den ersten Anfängen des Leidens bis zum tödtlichen Ausgang, ein einigermassen zutreffendes gesammtes Krankheitsbild zu erhalten. Da ich als Reisezeit die Monate April und Mai, also die Jahreszeit, in der die Krankheit ausbricht und — bei schon längerem Bestand — alle Krankheitserscheinungen exacerbiren, und als Reiseziel die meist geschädigten Provinzen wählte: Lombardei, Emilia, Venetien, so stand mir ein reiches und vielseitiges klinisches Beobachtungsmaterial zur Verfügung. Ich sammelte dasselbe vorwiegend in Krankenhäusern und Irrenanstalten und kann die Liebenswürdigkeit, mit welcher die Collegen überall meine Studien zu fördern bestrebt waren, nicht dankbar genug anerkennen. Sie gestatteten mir die Untersuchung der Kranken, gewährten mir Einblick in ihre Krankengeschichten, erleichterten mir auf jede Weise die persönliche Untersuchung und überliessen mir in grösster Liberalität pathologisch-anatomisches Material. Besonders verpflichtet bin ich Herrn Lombroso, welcher mich mit werthvollen Directiven für meine Excursion versah und Herrn Tamburini, der mir nebst seinem Stabe von Aerzten an der vortrefflichen Anstalt in Reggio nell' Emilia eine weitgehende Gastfreundschaft gewährte, wie ich sie des Weiteren auch in Imola bei Herrn Seppilli fand.

Ich lasse in ganz kurzem Auszug eine Schilderung der von mir freilich leider oft nur sehr unvollständig untersuchten Fälle folgen, bei denen ich dem bis dahin wenig berücksichtigten Verhalten der Sehnenreflexe besondere Aufmerksamkeit zuwandte. In der Anamnese fast all dieser Patienten wird „unzureichende Ernährung, fast nur mit Polenta und Wasser", als Krankheitsursache angegeben, beim Status vielfach „elender körperlicher Zustand, Anämie, Skorbut" aufgenommen.

A. Lombardei.

Milano. (Irrenabtheilung des Ospedale Maggiore.) Hier traf ich 8—10 Pellagröse, meist alte marastische Leute, die vielfache Recidive durchgemacht hatten. Sie litten und leiden (April 1887) zum Theil noch an Anfällen von Muskelziehen, partiellen Convulsionen der Musculatur des Nackens oder einer, besonders der oberen Extremität, plötzlichem Ueberwerfen nach einer Seite, angeblich ohne Verlust des Bewusstseins. Sie bieten das Bild der stuporösen Form der Melancholie dar: Verlangsamung aller Denkprocesse und Bewegungen. Einige klagen über Brennen der Haut der Hände. Die Haut des Handrückens fand ich etwas atrophisch mit Andeutung von Schuppung, die Kniephänomene vorhanden, bei der Mehrzahl verstärkt.

Mombello (bei Mailand). Manicomio provinciale. Unter den 30—40 untersuchten Fällen befanden sich viele alte marastische Individuen. In der Anamnese war wiederholt von Nackenschmerz und epileptoiden Anfällen die Rede. Das psychische Bild entsprach gewöhnlich der stuporösen Melancholie, nicht selten mit hypochondrischer Umdeutung der abnormen Sensationen (Hautbrennen) und einem mässigen Grade intellectueller Abnahme: der s. g. „pellagröse Blick", namentlich der gemischte Ausdruck von Erwartung, Staunen, Misstrauen und einem Anflug von Angst, war oft sehr characteristisch. Hier und da begegnete man einem blöde euphorischen Verhalten.

Keine Darmerscheinungen.

An den Handrücken zum Theil sehr ausgesprochene Affection: Haut dunkelbraun, trocken, glatt, dünn, zum Theil in grossen Plaques abschuppend. Zunge in mehreren Fällen rissig, tiefgefurcht, von Epithel entblösst. Kniephänomen fehlte in einem Fall (übrigens ohne Ataxie), in den weitaus meisten Fällen war es verstärkt, zuweilen von ungleicher Stärke auf beiden Seiten.

Varese (Ospedale civile) und **Gavirate**. 4 Pellagröse, darunter 2 alte Fälle mit mässiger Demenz und lebhaftem Kniephänomen, ein Cretin mit verstärktem Kniephänomen und ein Fünfziger mit folgenden Erscheinungen: Leichter Grad von Stupor, keine Demenz. Typisches Exanthem an Handrücken und Nasenspitze. Ausserordentlich lebhafte Sehnenreflexe an der Patellar-, der Achillessehne und sämmtlichen Muskeln der oberen Extremitäten bis zu den kleinen Fingerbeugern. Patellar- und Dorsalclonus beiderseits. Motorische Kraft an allen Extremitäten verringert, keine Contracturen. Tactile Sensibilität wohlerhalten, Hautreflexe lebhaft.

Voghera (Manicomio). 8 Pellagröse in Reconvalescenz von Melancholie. Kein deutliches Exanthem; Kniephänomene lebhaft.

Brescia (Ospedale maggiore. Abtheilung für Geisteskranke). Hier sah ich eine grössere Anzahl Pellagröser mit zum Theil sehr characteristischem Exanthem an Handrücken und Nasenspitze. Zunge in einzelnen Fällen von Epithel entblösst. Patellar- und Achillessehnenphänomen in fast allen Fällen sehr verstärkt bis zu clonischen Schwingungen, seltener auch die Sehnenreflexe an den Oberextremitäten.

Bei der Mehrzahl der mir zur Verfügung gestellten Krankengeschichten von 60—80 Pellagrösen ist in der Anamnese die Rede

von Selbstmordneigung, Selbstmordversuchen, Neigung zur Gewaltthätigkeit. zum Umbringen von Angehörigen, von Angst.

Brescia (Ospedale maggiore, Abtheilung für innere Krankheiten.) Hier wurde mir etwa ein Dutzend Pellagröser vorgestellt.
Keiner war psychisch intact, fast alle waren sie mürrisch. gedrückt,
misstrauisch, im Denken gehemmt, stets zu passivem Widerstand
bereit. Einige unter ihnen dagegen befanden sich in heiterer Erregung und deutlicher Ideenflucht. Muskelschwäche in den Beinen
war eine häufige Klage. Bei einigen fand sich ein sehr characteristisches Exanthem auf den Handrücken. Das Kniephänomen
war in fast allen Fällen sehr verstärkt, der Achillessehnenreflex
meist ungewöhnlich leicht hervorzurufen.

In 3 Fällen bestand Fussclonus; darunter befand sich ein
54 jähriger Mann mit bedeutend erschwertem spastischem Gang
und allgemeiner Atrophie der Muskulatur.

Bergamo (Manicomio). Unter etwa einem Dutzend als pella-
grös mir bezeichneter Kranken befand sich ein Mann mit folgendem
Befund: Der Kranke ist benommen, im Delirium von melancholischer
Färbung; grosse Prostration, characteristisches Exanthem auf den
Handrücken. Ist sehr unsicher auf den Beinen, kann wegen Muskel-
schwäche ohne Unterstützung weder gehen noch stehen. Enorme
Steigerung der Kniephänomene und der Sehnenreflexe an Biceps
und Triceps brachii und an den Fingerbengern; Fussclonus.

Ein anderer Kranker, der gerade in die Anstalt aufgenommen
wurde. befand sich in maniacalischer Ideenflucht. Er zeigte ein
Exanthem an den Handrücken und sehr verstärkte Sehnenphänomene an den Unterextremitäten.

Cremona (Manicomio und Ospedale civile, innere Abtheilung).
In den Krankengeschichten der 30 untersuchten Fälle von Pellagra
(14 Frauen, 16 Männer) wiederholen sich regelmässig die gleichen
anamnestischen Angaben und Klagen der Kranken: Schmerzen im
Nacken, Schwindel („vertigini"). Schwäche in den Beinen: „so dass
sie drohten hinzufallen". Andeutungen von Exanthem auf den
Handrücken, zumal atrophische Haut, fanden sich bei Allen. in
4 Fällen war es sehr ausgesprochen: rothbraune, schuppende,
glänzende, trockene Haut an Handrücken und Nasenspitze, Epithelabstossung an der Zunge.

Sehnenreflexe: In einem Falle fehlten die Kniephänomene,
übrigens ohne eine Spur von Ataxie und Sensibilitätsstörung. In
4 Fällen (1 Mann. 3 Frauen, darunter eine 28jährige) enorm ge-

steigertes Kniephänomen mit mehrfachen clonischen Schwingungen bis zum schliesslichen Patellartonus, und Dorsalclonus. Bei einer dieser Frauen grosse Muskelschwäche, Unsicherheit im Gehen. — In den übrigen Fällen fast durchweg beträchtliche Verstärkung der Sehnenreflexe an den Unterextremitäten.

Sensibilität überall intact. Abnorme Sensationen (Hitze, Erstickungsgefühl, Globus) wurden mehrfach angegeben und in hypochondrischer Weise umgedeutet.

Mantova (Ospedale civile, Abtheilung für Geisteskranke).

1. F., 41j. Bauer. I. Aufnahme 8. VII. 80. Recidiv. Wiederaufnahme gestern (21. IV. 87). Grosse Prostration, fortwährend flüssige Stühle: characteristisches Exanthem auf den Handrücken: Kniephänomen gesteigert.

2. T., 66j. Bauer. Characteristisches Exanthem an Nase und Handrücken. Sehr bedeutende Steigerung des Kniephänomens: Dorsalclonus, besonders rechts lebhaft: Sehnenreflex der Achillessehne sowie am Biceps und Triceps brachii lebhaft. Isst nicht von selbst.

3. B., 50j. Bauer. Krank seit einigen Jahren.
I. Aufnahme 7. XII. 85. Erythem an den Handrücken, maniacalische Erregung. Neigung zum Selbstmord. 3. IV. 86 genesen entlassen.
II. Aufnahme 31. IV 87. Machte zu Hause einen Selbstmordversuch durch Ertränken.
Status 22. IV. 87. Stuporöser Zustand. weinerliche Stimmung, Hemmung im Denken, Unlust zu jeder Bewegung. Exanthem auf den Handrücken. Lebhafte Steigerung der Patellar-, Achilles-, Biceps-. Tricepssehnenreflexe.

4. V., Bauer. rec. 2. II. 87. Zeigte zu Hause Neigung zum Ertränken. Pat. ist weinerlich. spricht nicht, nimmt das Essen nicht von selbst. Bedeutende Steigerung der Sehnenphänomene an Ober- und Unterextremitäten.

5. 50j. Mann. Suspecter Fall. Kein deutliches Exanthem. Beiderseits Patellarclonus.

6. 60j. Frau L., rec. 18. III. 87. Moros, oppositionell. Desquamation an den Handrücken; Kniephänomen und Sehnenreflexe an den Oberextremitäten verstärkt.

7. G., 29j. Frau, rec. 3. IV. 87. Melancholisch mit Selbstmordneigung. Desquamation an den Handrücken. Kniephänomen schwach, andere Sehnenreflexe sind nicht zu erzielen.

8. Z., 45j. Frau.

I. Aufnahme 21. I. bis 3. XI. 82.

II. Aufnahme 4. XI. 85 bis 11. IV. 86. „Delirium", Diarrhöen: gebessert entlassen.

III. Aufnahme 11. XII. 86. Furchtsam, ängstlich, hat Verfolgungsideen. Desquamation an den Handrücken. Kniephänomen sehr lebhaft, beiderseits Dorsalclonus; Triceps-, Bicepssehnenreflexe lebhaft.

Mantova (Ospedale civile, Abtheilung für innere Krankheiten).

1. 53j. Bäuerin. 4. Recidiv. Jeden Sommer Desquamation der Haut an Händen und Hals; 1884 wegen Delirien im Manicomio behandelt.

Pat. ist schwach, leidet an häufigen Diarrhöen; die Zunge zeigt epithelentblösste Stellen. Keine Gehstörung. Aeusserst intensiver Patellar- und Dorsalclonus beiderseits. Sehnenreflexe an den Oberextremitäten lebhaft.

2. 53j. Bauer. Recidiv. Trockene, glänzende. atrophische Haut an den Handrücken; Haut der Dorsalfläche der Phalangen zu enormen Schwielen verdickt. Früher soll die Haut der Handrücken von derselben Beschaffenheit gewesen sein: dann habe sie sich geschält; die jetzige Haut ist neu. Lebhafter Patellar- und Dorsalclonus, sehr verstärkte Reflexe der Sehnen des Triceps, Biceps und der kleinen Fingerbeuger. Ausgesprochen spastischer Gang.

3. R.: 51j. Bauer. Recidiv, früher schon im Monicomio in Behandlung, rec. 12. IV. 87. „Pellagröser" Blick: erstaunt, erwartungsvoll, misstrauisch, Augen weit aufgesperrt: „Vertigini". Höchst characteristisches Exanthem an den Handrücken: rothbraune Färbung. Abschuppung in grossen Platten. Intensivster Patellar- und Dorsalclonus beiderseits; enorme Steigerung der Sehnenreflexe an den oberen Extremitäten.

4. 53j. Bauer. Recidiv: rec. 12. IV. 87. Kein Exanthem; Kniephänomen fehlt, Sensibilität, Hautreflexe normal.

5. 30j. Bäuerin. Seit 1 Jahr Schwindelanfälle und „Hallu-cinationen". Rec. 28. III. 87 mit „Typhus pellagrosus": Febris continua bis zu 39,5° C. Haut der Handrücken leicht schuppend und braunroth. Beiderseits Patellarclonus. Die übrigen Sehnen-reflexe normal.

6. 65j. Bäuerin, rec. 14. IV. 88. Haut beider Handrücken dunkelbraun, resistent, glänzend. Kniephänomen beiderseits gestei-gert, links stärker. Uebrige Sehnenreflexe normal.

7. 64j. Bäuerin. rec. 18. III. 87. Neigung zu Suicidium. Grosse Schwäche, besonders in den Beinen; Desquamation der Haut an beiden Handrücken. Patellarclonus, auch die übrigen Sehnen-reflexe gesteigert.

B. Emilia.

Reggio nell' Emilia (Manicomio).

1. M., 45j. Bäuerin. Mutter und Bruder pellagrös. Seit 10 Jahren jeden Frühling Erythem an Händen und Füssen, Gefühl von Schwäche. Appetitlosigkeit, Anwandlung von melancholischer Stimmung, Unfähigkeit zu arbeiten.

Seit Februar 1887 neuerdings Schwindelanfälle. „Hallucinatio-nen" des Gefühls und Gehörs, Schlaflosigkeit, Nahrungsverweige-rung, Kopfweh. trübe Stimmung.

Aufnahme 26. IV. 87.

Status praes. eodem: Tief melancholische Stimmung, heftige Angst, Benommenheit; leistet gegen Alles passiven Widerstand, isst wenig. Haut der Handrücken unelastisch, schuppt sich. Knie-phänomen beiderseits sehr bedeutend verstärkt; die anderen Sehnen-reflexe normal. Linke Pupille weiter wie die mittelweite rechte: beide reagiren prompt auf Lichteinfall.

2. G., 56j. Bäuerin. Krankheitsgeschichte und Sections-befund s. u.

3. G., 42j. Bäuerin. Schwachsinnig von Geburt an. Seit 8 Jahren alle Frühjahr Erythem an den Handrücken, Anorexie, Muskelschmerzen, melancholische Stimmung, Neigung zum Er-tränken.

Steigerung der Symptome dieses Frühjahr: Kopfweh, gemüth-liche Depression, Verwirrtheit, heftige „rheumatoide" Schmerzen in den Beinen. Stürzte sich in den Brunnen.

Status: Dement, widerstrebend. Kein Exanthem. Knie-phänomen lebhaft.

4. B., 57 j. ländlicher Tagelöhner. Vater einige Jahre lang geisteskrank. Geringe Intelligenz, sehr ärmliche Lebenweise, ass fast ausschliesslich Maispolenta und Brod, sehr selten Fleisch. trank Wasser, nur selten Wein. Kein Tabak- und Alcoholmiss-brauch.

Beginn der Erkrankung vor 6 Jahren mit Verdauungs-störungen, Diarrhöen, Anämie, Dermatose. Neuerdings wieder Diarrhöen und Ausbruch psychischer Erkrankung.

Rec. 27. IV. 87. Wurde in Zwangsjacke transportirt, ist bei der Aufnahme sehr erregt.

Status praes. 28. IV. Schlechter Ernährungszustand. Pat. ist sehr verwirrt und furchtsam, kann nicht sicher stehen, wankt beim Gehen, wobei er ganz kleine Schritte macht, und würde ohne Unterstützung fallen. Sich selbst überlassen, sitzt er da, führt spontan wenig Bewegungen aus. Gegen passive Bewegungen leistet er heftigen Widerstand. Haut der Handrücken rothbraun, durch-sichtig, trocken, atrophisch, schuppend. Zunge rissig, von Epithel entblösst. Hautsensibilität intact, lebhafte Hautreflexe. Beiderseits Patellarclonus, lebhaftes Fussphänomen, Sehnenreflexe an den Ober-extremitäten gesteigert.

30. IV. 87. Pat. ist sehr furchtsam, ängstlich, ganz verwirrt. Motorische Kraft der Ober- und Unterextremitäten sehr herab-gesetzt. Höchst unsicherer Gang. Muskelwiderstand bei jeder passiven Bewegung. Sehnenreflexe wie oben.

Fortsetzung der Krankheitsgeschichte und Sectionsbefund nach Belmondo s. u.

5. D., 50 j. Landmann, rec. 16. II. 87. Von jeher geringe Intelligenz, lernte kaum lesen und schreiben. Fast ausschliessliche Maisnahrung, zeitweise Alcoholmissbrauch. Litt vor 15 Jahren nicht ganz ein Jahr lang an Geisteskrankheit mit Ausgang in Genesung.

Die jetzige Krankheit begann im November 1886 mit gemüth-licher Depression: er sei ein ruinirter Mann, seine Familie sei ruinirt. Schlechter Schlaf, Nahrungsverweigerung.

Status bei der Aufnahme: Pat. hat Angst, hängt sich an die Wärter, hält sich am Bett fest; dabei werden fast alle Muskeln des Körpers rigide; er wird „wie ein Stock". Ausdruck theils schmerzhaft, theils schläfrig. Er stösst nur wenige Worte aus, die er in monotoner Weise wiederholt: „Dio-Dio-mi scolga-mi scolga" („lasst mich doch los"). Verweigert die Arznei. Haut der Handrücken bis auf Reste einer leichten Abschuppung glatt: Zahnfleisch ein wenig geschwollen. Tactile Sensibilität normal: Empfindlichkeit für Kälte sehr gesteigert; Schmerzempfindlichkeit wohl nur anscheinend, durch die Furcht des Kranken vor Allem, erhöht.

Cremasterreflex normal, epigastrischer Reflex gesteigert.

Die Zunge zittert etwas.

Die Muskulatur geräth bei jeder passiven Bewegung in starke Contraction.

Pupillen unter Mittelweite, reagiren träge auf Lichteinfall.

17. II. Sehr unruhig, widerstrebend, wird gefesselt; äussert unverständliche Worte, verweigert die Nahrung.

18. II. Sehr erregt: wiederholt beständig: „mi lasciano andare" („lasst mich gehn!"). Temp. 39.7° C. Normaler Stuhl. schlechter Puls.

20. II. Spricht nur einzelne Worte: „Sgnor, Sgnor". Halbflüssiger Stuhl; negativer Befund an den inneren Organen.

In den nächsten Tagen verwirrt, ängstlich, erregt; flüssige Stühle; „aspetto del tifico" („Bild eines Typhuskranken").

24. II. Lamentirt; höchst stinkende Stühle. — Stimulantien.

1. III. Körperlich besser: verwirrt, widerstrebend.

8. III. Obstipation.

Status präs. 26. IV. 87: Grosse Erregung melancholischer Natur. Zur Zeit kein Exanthem. Beiderseits Patellarclonus; die übrigen Sehnenphänomene normal.

4. B., 76j. Landmann, rec. 12. IV. 87. Lebte unter sehr schlechten hygienischen Verhältnissen fast ausschliesslich von Polenta und Wasser. Seit 5 Jahren krank, melancholisch, abgeschlossen, misshandelte seine Verwandten.

Status bei der Aufnahme: Pat. ist verwirrt, lacht fast immer, gedächtnisschwach. Anämisches Aussehen. Am Handrücken, besonders rechts, Erythem: Zahnfleisch roth. Zunge weicht nach rechts ab, zittert etwas. Pupillen reagiren gut. Er hört und riecht schlecht, ist links schwachsichtig. Bewegungen langsam und unsicher. Kniephänomen links normal, fehlt fast rechts.

Temp. 36.8° C., Puls 82, Resp. 18 in der Minute.

Status praes. 26. IV. 87. Deutliches Exanthem an den Handrücken, Kniephänomen beiderseits schwach.

Bologna (Manicomio) (1. V.)

56 j. Mann, melancholisch. Starkes Exanthem an den Handrücken, Diarrhöen. Kniephänomen lebhaft, andere Sehnenreflexe normal.

Imola (Manicomio) (2.—4. V.)

1. Z., 36 j. Landmann, rec. 27. IV. 87. Keine erbliche Belastung; plötzlich erkrankt mit Angst („Panphobie"), stürzte sich aus dem Fenster.

27. IV. Schlechter Ernährungszustand; sehr erregt, schreit.

30. IV. Unverändert.

1. V. Ruhig, soporös, fiebert.

2. V. Temp. 40.1° C. Obstipation, Unterextremitäten leicht ödematös. — Ideenflucht.

3. V. Temp. 38.5° C.

Status praes. eodem: Typhöses Aussehen; Haut der Handrücken roth, schält sich; Zunge von Epithel entblösst, ihre Muskulatur contrahirt. Muskelspannungen bei jeder passiven Bewegung. Erhöhte Erregbarkeit auf schmerzhafte Reize. Kniephänomen links normal, rechts etwas verstärkt.

Kein Milztumor, keine Roseola.

Diagnose: „Typhus pellagrosus".

2. T., 37 j. Frau, rec. 29. IV. 87. Keine erbliche Belastung, sehr schlechte Ernährung. Erkrankte vor 3 Monaten an Melancholie mit Wuthzufällen und aggressiven Tendenzen.

30. IV. Führt incohärente, ideenflüchtige Monologe; ist verwirrt, erregt, schlaflos.

Status praes. 3. V.: Pat. macht den Eindruck einer schweren Erkrankung: die Lider hängen herab, die Conjunctivae sind injicirt, der Blick ist matt. Die Kranke hat Angst und leistet gegen Alles Widerstand. Die Haut der Handrücken ist narbig und schält sich. Sehnenreflexe normal.

Temp. morgens 38.5° C.

Diagnose: „Typhus pellagrosus?"

3. P., 39 j. Bäuerin, rec. 19. I. 87. Keine erbliche Belastung; unzureichende Ernährung. Seit 5 Jahren krank und schwach von Kräften, seit 3 Jahren jeden Frühling Verdauungs-

störungen und Erythema pellagrosum an Händen und Hals. Seit 14 Tagen ängstlich, schreckhaft, schlaflos: klagte und jammerte.

Status bei der Aufnahme: Sehr schlechter Ernährungszustand; Pat. spricht langsam und mit schwacher Stimme. — Bis Ende Januar psychisches Verhalten unverändert: Stupor leichten Grades. — Sensibilität für tactile, schmerzhafte und thermische Reize normal; desgl. die electromusculäre Erregbarkeit und die Specialsinne. Normale Hautreflexe.

Haut der Handrücken trocken, schält sich.

Status praes. 3. V.: Grosse Angst, leistet bei der Untersuchung heftigen Widerstand. Haut der Handrücken schuppt sich etwas. Kniephänomen links verstärkt.

4. C., 58 j. Bettler, rec. 26. I. 87. Keine erbliche Belastung, unzureichende Nahrung. Seit 1 Monat krank, droht Feuer anzulegen.

Status bei der Aufnahme: Deprimirt, klagt über Leibschmerzen. Ist verwirrt. Diarrhöen. Haut der Handrücken trocken und durchsichtig. Sensibilität und Reflexe normal.

29. I. Temp. 38⁰—39⁰ C.

Anscheinend falsch — korrigiere: 29. I. Temp. 38^0—39^0 C.

31. I. Normale Temperaturen.

5. S., 53 j. Landmann, rec. 6. III. 87. Keine erbliche Belastung, schlechte Ernährung. Erkrankte vor 3 Monaten mit Schlaflosigkeit, heftigem Kopfweh, Versündigungs-, Verfolgungs- und religiösen Wahnideen.

Status bei der Aufnahme: Sehr schlechter Ernährungszustand, bleiche Hautfarbe, motorische Schwäche, Resistenz gegen alle passiven Bewegungen. — Magen- und Darmbeschwerden, Diarrhöen. Haut der Handrücken atrophisch und braun. Abnorme Sensationen: Sensibilität normal. — Verweigert die Nahrung.

Verlauf: hypochondrische Melancholie, intercurrente Temperaturerhebungen.

Status praes. 3. V.: Angst, Depression, allgemeine Atrophie, Muskulatur schlaff. Sehnenreflexe an den Unterextremitäten normal.

6. S., 58 j. Landmann, rec. 8. III. 87. Keine erbliche Belastung, 2. Recidiv. Erkrankte zum ersten Mal vor 5 Jahren an Melancholie mit körperlicher Abnahme. Erster Anstaltsaufenthalt

13. VI. 83 bis 4. X. 85; Ausgang in Genesung; blieb gesund bis vor 4 Monaten.

Status bei der Aufnahme: Allgemeine Verlangsamung der Denkvorgänge bis zum Stillstand der Vorstellungen. Gemüthliche Depression, Verwirrtheit, Klagen über Müdigkeit. Haut der Handrücken sehr dünn und durchsichtig. Verhalten der Sensibilität und Motilität normal.

Status praes. 3. V.: Demenz leichten Grades. Ränder der Zunge zum Theil von Epithel entblösst. Beiderseits Patellarclonus schon bei ganz leichter Beklopfung der Sehne; beiderseits Dorsalclonus sowohl bei Dorsalflexion des Fusses als auch bei Percussion der Achillessehne. Andeutung von spastischem Gang.

7. L., 41j. ländlicher Tagelöhner. Keine erbliche Belastung; lebte in ärmlichen Verhältnissen. Erste Erkrankung 1882: erster Anstaltsaufenthalt 28. III. bis 5. IX. 1883: hypochondrische Melancholie; Ausgang in Genesung.

Seit einigen Tagen Verfolgungsideen.

Status bei der Aufnahme: Gefühl grosser Schwäche, Schwere im Kopf. Haut der Handrücken atrophisch, roth, vorgeschrittenes Erythem. Sensibilität normal.

Status praes. 3. V.: Leichte Manie. Am rechten Handrücken starke Hautabschuppung, am linken bereits die neue Haut. Zunge von Epithel entblösst. — Nasale Sprache. Beiderseits Patellarclonus und lebhafter Achillessehnenreflex. Sehnenreflexe an den Oberextremitäten normal.

8. G.. 57j. Landmann, rec. 15. IV. 86. Keine erbliche Belastung. stets elende Ernährung. Seit 11 Monaten krank: hörte auf zu arbeiten. verliess sein Haus, wollte sich ertränken, wurde einmal (Juli 1885) Nachts in einem Wassergraben gefunden. Seit 6 Monaten bettlägerig, verweigerte die Nahrung.

Status bei der Aufnahme: Bleiche Hautfarbe, gedunsenes Gesicht, „Skorbutflecke" an den Beinen. Hypochondrisch-melancholisch. verlangsamt. confus, unaufmerksam, gedächtniss- und willensschwach. Antwortet langsam. hält sich nur schwer auf den Beinen. Wenig Schlaf. Obstipation.

Haut der Handrücken dünn, durchsichtig, weisse Striae.

Verhalten der Pupillen und der Sensibilität normal.

Mai 1886. Körperlich besser, geistig unsicher, confus.

December 1886. Geistig viel besser.

3*

Februar 1887. Wohlbefinden.

Status praes. 3. V. 87. Stupid, verlangsamt. Haut der Handrücken atrophisch, glänzend; Zungenspitze von Epithel entblösst. Kniephänomen rechts normal, links bedeutend verstärkt.

9. N., 65j. Landmann, rec. 2. V. 86. Recidiv. — Lebte nur von Mais und Wasser. Seit einigen Tagen wieder krank: Klagen über schwachen Kopf. Hemmung im Denken, wenig Schlaf.

Status bei der Aufnahme: Verwirrt; Zunge des Epithels beraubt, roth. Haut der Handrücken dünn, durchsichtig, kein Erythem. Allgemeine Muskelatrophie, motorische Kraft gering. Sensibilität und Verhalten der Pupillen normal.

Mai 1886. Stets confus.

Juni 1886. Besser.

December 1886. Reconvalescent.

Status praes. 3. V. 87. Haut der Handrücken braun und sehr atrophisch, wie Papier. An der Zunge nichts Abnormes. Kniephänomen normal.

10. A., 49j. Landmann, rec. 28. III. 86. Keine erbliche Belastung. Schlechte Nahrung und Ueberanstrengung. Seit 5 Monaten krank: schläft schlecht, hat Angst, will Nachts fliehen.

Status bei der Aufnahme: Schlechter Ernährungszustand. Geistige Hemmung, Gedächtnissschwäche, traurige Stimmung. Haut der Handrücken dünn, hart, mit einigen weissen durchsichtigen Striae.

April. Sehr elend, verwirrt, stupid.

Status praes. 3. V. Geistig etwas besser, aber noch benommen. Mässige Atrophie der Haut der Handrücken, Zunge normal. Leistet Widerstand gegen jede passive Bewegung. Beiderseits Patellarclonus von ungewöhnlicher Intensität, schon bei sehr leichtem Schlag. Achillessehnenreflex lebhaft, Sehnenphänomene an den Oberextremitäten normal.

11. V., 41j. Bäuerin, rec. 23. III. 86. Vater starb an Cachexia pellagrosa. Mutter geisteskrank. Recidiv. Seit mehreren Jahren pellagrös. Vom Juli 1881 bis April 1882 in der Anstalt behandelt, genas. Seit wann sie wieder krank ist, ist unbekannt. Sie verfiel in einen Zustand von Stupidität, machte einen Selbstmordversuch durch Ertränken.

Status bei der Aufnahme: Allgemeine Anämie, Diarrhöen,

dunkle Färbung der durchsichtigen Haut der Handrücken. Psychisch: geistiger Stillstand, Torpidität. Tactile Sensibilität und Schmerz-empfindlichkeit herabgesetzt; allgemeine Muskelschwäche.

April 1886. Diarrhöen; wird geistig besser, fängt an sich zu beschäftigen. Körperlich noch sehr schwach.

Januar 1887. Noch sehr anämisch; etwas melancholisch.

Status praes. 3. V. 87. Geistig normal. Haut der Hand-rücken ein wenig atrophisch. Sehnenreflexe sämmtlich normal.

12. B., 20j. Mädchen, rec. 24. IV. 86. Ein Bruder starb durch Suicidium. Sie selbst war stets anämisch und nervös. Ass ausschliesslich Mais, „auch verdorbenen". Sie neigte von jeher zur Schwermuth; in letzterer Zeit nahm letztere zu. Noch nie men-struirt.

Status bei der Aufnahme: Hysterische Form mit Sinnes-täuschungen: verwirrt, stupid. Sehr schlechter Ernährungzustand, Diarrhöen, Anämie. Haut der Handrücken in Abschuppung be-griffen: Decubitus. Geringe Herabsetzung der Sensibilität.

Mai. Stupides Benehmen, Diarrhöen; Decubitus heilt.

Juni. Körperlich etwas besser, psychisch Status id.

August. Immer noch von Zeit zu Zeit Diarrhöen.

September. Besserung, auch körperlich.

October. Arbeitet etwas, antwortet auf Fragen. Stühle immer noch diarrhoisch.

November. Viel besser, spricht geläufig. Stühle immer noch diarrhoisch.

December. Status id.

Status praes. 5. V. 87. Reconvalescent; Haut der Hand-rücken ohne Abnormität; Sehnenreflexe sämmtlich normal.

13. V., 57j. Landmann, rec. 14. X. 86. Ausschliessliche Maisnahrung; hat schon einmal an Pellagra gelitten. Seit letztem Frühjahr gastroenteritische Störungen, Hauterythem, Kopfweh, Schwindelanfälle. Wurde nachdenklich, melancholisch mit Neigung sich zu ertränken, benommen. „Gesichtstäuschungen": sieht Leute vorübergehen.

Status bei der Aufnahme: Denkträgheit, hypochondrische Stimmung; antwortet sehr langsam, ist verwirrt. Haut der Hand-rücken dünn und durchsichtig: hier und da eine Stria. Schwäche der Unterextremitäten, Unsicherheit beim Gehen; Sensibilität in jeder Beziehung normal.

November: Besserung, besonders des Ernährungszustandes.
Februar 1887: Wohlbefinden.

Status praes. 3. V.: Genesen, arbeitet. Haut der Handrücken etwas atrophisch. Kniephänomen sehr schwach.

14. S., 57 j. ländlicher Tagelöhner, rec. 15. 4. 86. Erblich
nicht belastet. früher schon wegen pellagrösen Irreseins in der Anstalt behandelt (6. V. bis 16. X. 83), genesen entlassen. Seit
6 Wochen verwirrt, im Denken behindert, schlaflos. Stand Nachts
auf und bedrohte die Hausgenossen.

Status bei dei Aufnahme: Haut der Handrücken durchsichtig; Striae: Muskelschwäche, Sensibilität normal.

Milder Verlauf (Melancholie): jetzt Reconvalescent.

Status praes. 3. V.: Zunge etwas des Epithels beraubt.
Kniephänomen beiderseits verstärkt, desgl. Achillessehnenreflex,
rechts Dorsalclonus. Sehnenreflexe an den Oberextremitäten lebhaft.

15. S.. 52 j. Landmann, rec. 29. IX. 86. 2. Recidiv;
2. II. 84 bis 12. IV. 85. wegen pellagrösen Irreseins in der
Anstalt behandelt; genesen entlassen.

Seit einigen Monaten wieder krank: Confus, schwermüthig,
verlangsamt; religiöse Anwandlungen, Gehörstäuschungen. Sprach
von Ertränken und wurde gefährlich gegen die Umgebung.

Status bei der Aufnahme: Schlechter Ernährungszustand,
motorische Schwäche wegen allgemeiner Depression, Sensibilität
normal. Am Handrücken Haut atrophisch, zeigt Spuren von
Erythem.

Status praes. 3. V. 87. Reconvalescent: arbeitet. Haut
der Handrücken dunkelbraunroth, atrophisch. zeigt Spuren von
Abschuppung. Kniephänomen sehr lebhaft, rechts stärker.

16. M.. 59 j. ländlicher Tagelöhner, rec. 12. VI. 86. Erblich nicht belastet. lebte sehr ärmlich (Tagelohn 40—50 Cent. im
Sommer, 30 Cent. oder gar nichts im Winter).

Seit wenigen Tagen Angst, Schlaf- und Appetitlosigkeit; von
„Hallucinationen" beherrscht, verweigerte die Nahrung.

Status bei der Aufnahme: Elender Ernährungszustand.
Melancholisch, verlangsamt, einsilbig, unaufmerksam, gedächtniss-
schwach. Jammert und klagt: will todt sein, nicht mehr essen.
Gefühl grosser Schwäche. Haut der Handrücken rauh, hart, voller
Striae. Sensibilität und Verhalten der Pupillen normal. Schlaf
schlecht.

Juli: Angst, Versündigungsideen; sehr schwach auf den Beinen.

Status praes. 3. V. 87. Psychisch nahezu normal. Kniephänomen beiderseits lebhaft.

17. C., 43 j. ländlicher Tagelöhner, 6. IV. 86. Seit mehreren Jahren jeden Frühling geisteskrank mit Selbstmordversuch. Recidiv seit 4 Monaten; verweigerte die Nahrung, stürzte sich aus dem Fenster.

Status bei der Aufnahme: Psychisch verlangsamt, verwirrt, versteht die Fragen nicht; spricht sehr wenig. Sehr schwach auf den Beinen. Haut der Handrücken und Finger hart, schuppt sich in breiten Fetzen. Keine gröberen Störungen der Sensibilität.

Verlauf: Melancholie mit Erregungszuständen. — Reconvalescenz.

Status praes. 3. V. 87. Körperlich und geistig normal. Kniephänomen normal.

18. A., 46 j. ländlicher Tagelöhner, rec. 25. II. 86. Keine erbliche Belastung. Krank seit 4 Wochen: Angst, Incohärenz im Reden, „Hallucination" von Personen, die ihn tödten wollen. Nahrungsverweigerung. Wollte seinen eigenen Sohn mit dem Messer umbringen.

Status bei der Aufnahme: Confus, wenig Schlaf; Verhalten der Motilität, Sensibilität und Pupillen normal.

März: Melancholisch, ruhig, körperlich besser.

Februar 1887: Reconvalescent.

Status praes. 3. V.: Keine Hautaffection, Kniephänomen normal.

C. Venetien.

Verona (Ospedale civile, innere Abtheilung.)

1. 73 j. Mann mit sehr atrophischer Haut des Handrückens; Zunge von Epithel entblösst. Kniephänomen fehlt.

2. 72 j Mann. Haut und Zunge ebenso. Kniephänomen normal.

3. 51 j. Mann. Kein Exanthem. Zungenspitze von Epithel entblösst. — Gefühl von Schwäche in den Beinen; ermüdet leicht, soll zeitweise Andeutung von spastischem Gang zeigen. Kniephänomen enorm gesteigert beiderseits, rechts lebhafter Dorsal-

clonus. An den Oberextremitäten keine Verstärkung der Sehnenreflexe.

4. 50j. Frau. Suspect für Pellagra: hat einen Selbstmordversuch gemacht und befindet sich zur Beobachtung im Hospital. Kniephänomen verstärkt.

5. 44j. Frau. Kürzlich aufgenommen; beide Eltern geisteskrank: „Hereditäre Form der Pellagra". Sehr suspect für Pellagra: psychisch benommen, Denkvorgänge verlangsamt, Desquamation der Haut des Handrückens. Kniephänomen beiderseits verstärkt, links Dorsalclonus. Sehnenphänome an den Oberextremitäten nicht gesteigert.

Venezia (Ospedale civile).

a) Männer.

1. T., 36j. Landmann, rec. 5. IV. 87. 3. Recidiv; seit einigen Tagen gefährlich. bedroht Alle, will Brand legen.
Status bei der Aufnahme: Schlecht genährt, melancholisch, schweigsam.
Status praes. 8. V.: Zunge von Epithel entblösst; Kniephänomen normal.

2. B., 51j. Landmann, rec. 11. III. 87. Recidiv. Vater und Mutter starben an pellagröser Seelenstörung. — Machte einen Selbstmordversuch.
Bei der Aufnahme schlecht genährt, pellagröses Erythem an den Handrücken, Diarrhöen; Melancholie. — Besserung.
Status praes. 8. V.: Haut der Handrücken atrophisch, weiss, narbig. Patellarclonus; andere Sehnenreflexe, auch an den Oberextremitäten, lebhaft.

3. M., 73j. Landmann, rec. 11. II. 86. Hatte „vertigini", war erregt. verwirrt, unrein; Besserung seit Juni 1885.
Status praes. 8. V. 87: Haut der Hand- und Fussrücken dunkel braunroth, schuppt sich. Kniephänomen normal; die übrigen Sehnenreflexe schwach.

4. T., 53j. Bauer, rec. 28. IV. 87. Recidiv. Seit einigen Tagen impulsiv, bedroht die Familie.
Status praes. 8. V.: Melancholie. Haut der Handrücken dunkel. Sehnenreflexe normal.

5. S., 68 Jahre, rec. 14. V. 86.

Anamnese: Schlecht genährt, litt an Schmerzen im Leib, Hautjucken und „Skorbut". Seit Juli besser.

Status praes. 8. V.: Sehnenreflexe normal.

6. N., 44j. Bauer, rec. 31. VII. 84. Vater starb an Pellagra.

Krankheitsverlauf: Melancholie, Tentamen suicidii durch Ertränken, Kopfweh, „Vertigini", epileptiforme Convulsionen, jeden Monat etwa ein Anfall mit Bewusstseinsausschaltung (litt vordem nicht an Epilepsie). Gefühl von allgemeiner Schwäche.

Status praes. 8. V. 87: Leicht melancholisch, etwas dement. Zungenränder und -spitze von Epithel entblösst. Kniephänomen und Achillessehnenreflex sehr lebhaft, andere Sehnenreflexe normal.

7. C., 66j. Bauer, rec. 13. IV. 87. Hypochondrische Melancholie.

Status praes. 8. V.: Haut der Handrücken rothbraun, atrophisch, schuppt; unter den Schuppen die junge Haut sichtbar. Sehnenreflexe lebhaft.

8. S., 57 Jahr, rec. 6. V. 86. Drittes Recidiv. Melancholie, Tentamen suicidii, Bedrohung der Familie. Schlechter Ernährungszustand. — Besserung.

Status praes. 8. V.: Kein Exanthem. Sehnenreflexe normal.

9. S., 71j. Bauer, rec. 23. VII. 86. Wiederholtes Recidiv. Verwirrt, gedächtnissschwach, unrein. — Besserung.

Status praes. 8. V. 87: Kein Exanthem, Zunge intact, Kniephänomen normal.

10. M., 74j. Landmann, rec. 31. XII. 86. Melancholie mit Erregungszuständen. — Besserung.

Status praes. 8. V. 87: Haut der Handrücken braun, atrophisch, narbig. Zunge intact. Kniephänomen lebhaft.

11. F., 58j. Bauer, rec. 29. XII. 86. Mutter starb pellagrös. Melancholie, Verfolgungs- und Verdammungsideen, Ertränkungsversuch.

Status praes. 8. V. 87: Kniephänomen normal.

12. M., 54j. Bauer, rec. 15. IV. 87. Verfolgungsideen, Selbstmordversuch; bei der Aufnahme pellagröses Erythem.

Status praes. 8. V. 87. Aussehen eines Siebenzigers: psychisch besser. Zunge durchfurcht von tiefen Spalten, von Epithel entblösst. Kein Exanthem an den Händen. Sehneureflexe normal.

13. B., 52 j. Bauer, rec. 27. IV. 87. Schwester starb pellagrös. Schwere Melancholie, mehrfache Selbstmordversuche.

Status praes. 8. V.: Pat. ist im Bett gefesselt: Knöchelödem. Heftige Angst, leistet Widerstand gegen alle Bewegungen; Denkprocesse verlangsamt. Zahnfleisch roth, mit etwas Belag. Desquamation der Haut an den Handrücken. Kniephänomen sehr lebhaft, Andeutung von Dorsalclonus.

b) Frauen.

1. S., 50 j. Bäuerin, rec. 30. II. 87. Recidiv. Melancholie mit Wuthzufällen, impulsiven Acten, Nahrungsverweigerung, Versuchen sich zu ertränken: heftige Angst und Schlaflosigkeit.

Verlauf: Wechsel zwischen maniacalischer Erregung, querulirendem Wesen und melancholischer Depression.

Status praes. 9. V.: Striae auf den Handrücken. Sehnenreflexe normal.

2. T., 52 j. Bäuerin, rec. 22. IV. 87. Mutter pellagrös geisteskrank. Recidiv. Melancholie mit Verfolgungsideen und Selbstmordversuch.

Bei der Aufnahme Nahrungsverweigerung, Mutismus, fieberhafte Diarrhöen. Haut der Handrücken hochgeschwollen; intensive Muskelrigidität.

Status praes. 9. V.: Tiefe Melancholie; Diarrhöen bestehen noch; grosse Resistenz gegen passive Bewegungen. Haut der Handrücken trocken, glänzend, atrophisch, narbig, schuppt sich. Sehnenreflexe normal.

3. B., 41 j. Bäuerin, rec. 9. IV. 87. Keine erbliche Belastung. Seit lange pellagrös, seit Mitte März erregt: Verfolgungsideen, „Gehörstäuschungen" schreckhafter Art, Nahrungsverweigerung. Schlaflosigkeit.

Status praes. 9. V.: Melancholisch mit Verfolgungsideen räsonnirt fortwährend; kein Exanthem. Sehnenreflexe normal.

4. B., 46 j. Schneiderin (auf dem Lande), rec. 16. III. 87. Recidiv: erster Anfall vor 12 Jahren. Melancholie mit Verfol-

guugsideen, Erregungszuständen, Verwirrtheit, Nahrungsverweigerung, Schlaflosigkeit, Tentamen suicidii.

Verlauf: Tiefe Melancholie, alternirend mit maniacalischen Anfällen von kurzer Dauer.

Status praes. 9. V.: Zur Zeit maniacalisch; kein Exanthem, Sehnenreflexe normal.

5. S., 34 j. Bäuerin, rec. 4. V. 87. Pellagrös seit wenigen Jahren, geisteskrank seit 1 Jahr: Deprimirt, ist verdammt, von Dämonen verfolgt, hypochondrisch: Tentamen suicidii.

Status praes. 9. V.: Schwere Melancholie mit Verfolgungsideen; höchst misstrauischer Blick. Angeblich Gesichtstäuschungen: „sieht" ihre Kinder von Männern verfolgt. Sehr widerstrebend. Haut der Handrücken roth, rauh, schuppend. Kniephänomen rechts normal, links verstärkt mit Andeutung von Clonus.

6. M., 68 j. Bäuerin, rec. 5. IV. 87. Wiederholtes Recidiv; seit mehreren Jahren pellagrös, zuletzt in der Anstalt vom 5. XII. 85 bis 23. III. 86.

Melancholie; schreckhafte Wahnideen; ist von Gott und der Jungfrau verdammt; Tentamen suicidii. — Kein Exanthem.

Status praes. 9. V.: Kniephänomen sehr lebhaft, rechts Patellarclonus; Achillessehnenreflex gesteigert, rechts Dorsalclonus. Sehnenreflexe an den Oberextremitäten normal, desgl. die Sensibilität.

7. S., 53 j. Bäuerin, rec. 6. II. 87. Seit lange pellagrös, geisteskrank seit Januar d. J.: Stuporöse Melancholie, dann Manie mit Wuthzufällen. — Bei der Aufnahme gastrische Störungen, die bald zurücktreten. — Besserung.

Status praes. 9. V.: Kein Exanthem, Kniephänomen und Sensibilität normal. Senium praecox.

8. B., 60 j. Bäuerin, rec. 22. XI. 86. Pellagrös seit 6 Jahren, geisteskrank seit Herbst d. J. Irrte Nachts durch die Strassen, war gefährlich gegen sich und Andere. Diarrhöen.

Verlauf: Verwirrt, gedächtnissschwach, unrein.

Status praes. 9. V.: Hat noch Diarrhöen. Kein Exanthem. Kniephänomen normal.

Venezia, Manicomio S. Clemente (für Frauen).

1. A., 59 j. Bäuerin, rec. 16. IX. 85. Tochter geisteskrank. Recidiv. Erster Anfall vor 10 Jahren. Seit Mai 1885 melancholisch, suchte sich zu ertränken.

Status bei der Aufnahme: Schlechter Ernährungszustand, anämisches Aussehen. Melancholie mit Verdammungsideen und incohärenten Reden: Schlaflosigkeit und „nächtliche Gehörstäuschungen". Pellagröses Erythem an Hand- und Fussrücken. Sensibilität herabgesetzt.

Verlauf: Schwere Melancholie mit Nahrungsverweigerung; Diarrhöen und Erbrechen.

Februar 1887. Incohärent, verwirrt, geistig geschwächt.

Status praes. 10. V. 87: Haut der Handrücken etwas atrophisch, Zunge stellenweise von Epithel entblösst. Kniephänomen normal.

2. A., 59j. Bäuerin, rec. 7. VII. 81. Erster Anfall von pellagröser Geistesstörung 1873. Recidiv seit Mai 1881, machte Selbstmordversuche.

Status bei der Aufnahme: Melancholie mit Verdammungs- und anderen religiösen Wahnideen, Neigung zu Selbstmord. Pellagröses Erythem auf den Handrücken.

Verlauf: Melancholie, intercurrent maniacalische Zustände mit Grössenideen (Kaiserin von Oesterreich!); Ausgang in geistige Schwäche: Verdammungsideen und „Sinnestäuschungen" haben sich erhalten. Arbeitet seit 1883.

Die Kranke konnte am 10. V. 87 wegen grosser Angst nicht untersucht werden.

3. A., 47j. Bäuerin, rec. 21. II. 81. Krank seit 1880, Neigung sich zu ertränken.

Status bei der Aufnahme: Melancholie mit Verdammungsideen und heftiger Erregung; anämisches Aussehen: Diarrhöen, grosse Schwäche, Haut der Handrücken durch Erythem geschwollen.

Verlauf: Melancholie, profuse Diarrhöen mit Fieber und Leibweh. -- 1882 besser, aber Neigung zu Wuthzufällen und impulsiven Acten. — Allmäliger Ausgang in geistige Schwäche mit erotischen Anwandlungen. — 1885 Neigung zu impulsiven Acten.

Februar 1887. Verwirrt, zeitweise erregt und impulsiv; Verdammungs- und andere religiöse Wahnideen.

Status praes. 10. V.: Kein Exanthem, Zunge intact, Kniephänomen normal.

4. B., 32j. Bäuerin, rec. 19. X. 79. Erblich belastet, krank seit 2 Jahren: Melancholie, Erythem an den Handrücken.

Verlauf: Melancholie mit religiösen Wahnideen und Wuthzufällen. Ausgang in geistige Schwäche. Geht mit zur Arbeit.
Status praes. 10. V. 87: Kein Exanthem, Kniephänomen
normal.

5. B., 32j. Bäuerin, rec. 11. VII. 75. Mutter pellagrös.
Ausschliessliche Maisnahrung. Pellagrös seit 2 Jahren, geisteskrank
seit März d. J.

Bei der Aufnahme Melancholie mit Verdammungsideen; Haut
der Handrücken unelastisch: Pupillen normal.

Verlauf: Melancholie mit Neigung zur Nahrungsverweigerung
und Ausgang in geistige Schwäche.

10. V. 87. Pat. wehrt sich gegen die Untersuchung.

6. B., 60j. Bäuerin, rec. 9. VI. 80. Beginn Mai 1880 mit Nah-
rungsverweigerung und leichtem Erythema pellagrosum. Im weiteren
Verlauf Grössen- und Verfolgungsideen, „Hallucinationen“ und
Neigung zur Gewaltthätigkeit.

1882. Impulsiv, Ausgang in geistige Schwäche.

Status praes. 10. V. 87: Maniacalische Alte; Haut der
Handrücken etwas narbig, Zunge rissig; Kniephänomen normal.

7. B., 35j. Bäuerin, rec. 15. V. 80. Recidiv. Erster Anfall 1878. Stuporöse Melancholie.

1881. Religiöse Wahnideen expansiver Natur; „Gehörs- und
Gesichtstäuschungen“.

1884. Arbeitsam; „hallucinirt“.

1887. Zuweilen erregt durch „Hallucinationen“.

10. V. 87. Pat. setzt der Untersuchung heftigen Widerstand
entgegen.

8. B., 52 Jahr, rec. 12. XII. 78. Erblich belastet, melancholisch seit Juli 1887, wollte sich ertränken. Erythema pellagrosum.

Verlauf: Melancholie mit Verfolgungs- und Verdammungsideen
und Ausgang in geistige Schwäche.

Stans praes. 10. V. 87. Schweigsam, düster, feindselig.
Kein Exanthem, Zunge intact, Kniephänomen normal.

9. B., 27j. Bäuerin, rec. 2. II. 78. Krank seit December
1877, machte einen Selbstmordversuch.

Bei der Aufnahme: Vorstellungsbeschleunigung, vermehrter
Bewegungsdrang; pellagröses Erythem, Diarrhöen.

1879. Fortdauernd Diarrhöen, Abmagerung.

Weiterer Verlauf: Manie, abwechselnd mit melancholischen Zuständen; Ausgang in geistige Schwäche.

Status praes. 10. V 87: Haut und Zunge intact. Kniephänomen normal.

10. B., 69 j. Bäuerin, rec. 1883. Krank seit October 1883.

Bei der Aufnahme: Andeutung von Erythem. Grössenideen, besonders religiösen Inhalts: sie hat die Welt geschaffen, die Seelen aus dem Fegefeuer befreit: sie ist reich und versorgt die ganze Anstalt.

Verlauf: Manie, abwechselnd mit melancholischen Zuständen: Ausgang in geistige Schwäche. Seit 1884 vorwiegend melancholisch.

Status praes. 10. V. 87: Kein Exanthem, Zunge intact, Kniephänomen normal.

11. B., (Alter unbekannt), rec. 10. VI. 81. Erblich belastet: krank mit Remissionen seit 1875; erster Anstaltsaufenthalt 14. XII. 80 bis 29. IV. 81.

Wollte die eigene Tochter tödten, erkannte ihren Mann nicht: Grössenideen religiösen Inhalts, Neigung zu impulsiven Acten.

Verlauf: Manie, Ausgang in geistige Schwäche.

Status praes. 10. V 87: Keine Haut- und Zungenaffection: Kniephänomen normal.

12. B., 59 j. Bäuerin, rec. 29. IV. 85. Erbliche Belastung, Recidiv. Krank seit 6. III. 85; glaubte sich von Geistern beherrscht.

Verlauf: Leichte Melancholie.

Status praes. 10. V. 87: Misstrauische geschwätzige Alte. Kein Exanthem, Kniephänomen normal.

13. B., 49 j. Bäuerin, rec. 16. III. 79. Erkrankte Januar 1879 mit Erythema pellagrosum und heftiger Manie.

1880. Unbeweglich, stumm; Verfolgungs- und religiöse Wahnideen.

Weiterer Verlauf: Ausgang in geistige Schwäche.

Status praes. 10. V. 87: Weit über ihre Jahre gealtert; keine Hauterkrankung, Zunge intact, Kniephänomen normal.

14. B., 45 j. Aufwärterin, rec. 14. X. 79. Krank seit Juli 1879: Verfolgungs- und religiöse Wahnideen.

Bei der Aufnahme characteristisches Erythem. Angst, Melancholie mit Ausgang in geistige Schwäche.

Status praes. 10. V. 87: Keine Affection der Haut und Zunge. Kniephänomen normal.

15. B., 36j. Bäuerin, rec. 23. I. 86. Krank seit 1882; Selbstmordversuch.

Bei der Aufnahme: Diarrhöen, Erythem an Handrücken und vorderer Halsgegend. Kopfweh, Schwächegefühl. Verdammungs- und Verfolgungsideen.

Status praes. 10. V. 87: Melancholisch; Zunge und Haut intact, Kniephänomen normal.

16. B., 18j. Bäuerin, rec. 14. III. 86. Erblich belastet, krank seit 1885: Verfolgungsideen; hat es mit Engeln und Dämonen zu thun; zeitweise Nahrungsverweigerung.

Bei der Aufnahme Erythem der Handrücken: Abneigung gegen Bewegungen, Herabsetzung der Schmerzempfindlichkeit.

Status praes. 10. V. 87: Melancholisch, schweigsam. Guter Ernährungszustand, kein Exanthem. Zunge normal. Patellarclonus.

17. B., 53 Jahr alt, rec. 17. I. 86. Recidiv.

Bei der Aufnahme melancholisch, Nahrungsverweigerung. Erythem an Handrücken und Hals. Sensibilität herabgesetzt.

Status praes. 10. V. 87: Deprimirt: einige Striae auf der Haut der Handrücken, Zunge intact. Kniephänomen normal.

18. B., 37j. Bettlerin, rec. 23. I. 86. Recidiv. Krank seit 1883: Stupor. Wuthzufälle.

Bei der Aufnahme: Melancholie; Haut der Handrücken wenig elastisch. Erythem am Hals. Schmerzempfindlichkeit herabgesetzt.

Status praes. 10. V. 87: Kein Exanthem, Zunge an einigen Stellen von Epithel entblösst. Kniephänomen normal.

19. B., 56 Jahr alt, rec. 8. III. 85. Krank seit 1885.

Bei der Aufnahme: Angst, Erythema pellagrosum an den Handrücken.

Verlauf: Melancholie, Ausgang in geistige Schwäche.

Status praes. 10. V. 87: Kein Exanthem, Zunge intact. Kniephänomen kaum zu erzielen; Patellarsehne sehr kurz.

20. B., 35 J. alt, rec. 15. VIII. 82. Recidiv. Erste Erkrankung 1879. Seit 1881 melancholisch.

Bei der Aufnahme schwermüthig, schweigsam, Verdammungsideen. Spuren von Erythem an Hand- und Fussrücken. Sensibilität herabgesetzt.

Verlauf: Melancholie mit Verfolgungsideen, Ausgang in
geistige Schwäche.

Status praes. 10. V. 87: Kein Exanthem. Zunge intact,
Kniephänomen normal.

21. T., 42j. Bäuerin, rec. 24. IV. 87. Recidiv. Krank
seit 7 Tagen. wollte sich in selbstmörderischer Absicht auf die
Schienen legen.

Bei der Aufnahme verwirrt: Spuren von Erythem, Diarrhöen.

Status praes. 10. V. 87. Verwirrt, ängstlich, finster. Kein
Exanthem, Kniephänomen normal.

22. G., 55j. Bäuerin, rec. 4. VI. 85. Krank seit 1884;
wollte sich ins Feuer stürzen, sich ertränken.

Bei der Aufnahme melancholisch; Erythem an Hand- und
Fussrücken.

Verlauf: Tiefe Depression mit Neigung zu Wuthzufällen.

Status praes. 10. V. 87: Melancholisch, misstrauisch, widerstrebend. Kein Exanthem. Kniephänomen normal.

23. G., 42j. Bäuerin, rec. 6. II. 87. Erbliche Belastung;
3. Recidiv. Herabsetzung der geistigen Fähigkeiten, Gedächtnissschwäche. Spuren von Erythem an den Handrücken. Sensibilität
herabgesetzt.

Status praes. 10. V. 87: An Zunge und Handrücken nichts
Auffälliges. Kniephänomen normal.

24. G., 46j. Bäuerin, rec. 23. IV. 87. Krank seit Februar
d. J. mit Verfolgungsideen und furibunden Delirien.

Bei der Aufnahme Spuren von Erythem: Bewegungen kraftlos, Sensibilität etwas herabgesetzt.

Verlauf: Melancholie mit Verdammungsideen.

Status praes. 10. V. 87: Angst, ruft die Jungfrau Maria
an, seufzt. Haut der Handrücken etwas dünn. Zunge normal,
desgl. das Kniephänomen.

25. F., 32j. Bäuerin, rec. 6. II. 87. Krank seit Anfang
dieses Monats mit Verfolgungsideen.

Status praes. 10. V. 87: Aengstlich, deprimirt, schweigsam. Kein Exanthem, Zunge normal; Kniephänomen lebhaft.

26. B., 59j. Bäuerin, rec. 22. VII. 86.
Status bei der Aufnahme: Geistige Stumpfheit, zeitweise offensiv. Desquamation an den Handrücken; Zunge von Epithel entblösst. Muskelschwäche, Schmerzempfindlichkeit herabgesetzt. Kniephänomen schwach.
Status praes. 10. V. 87: Indolent, Haut der Handrücken dünn, glänzend, trocken. Kniephänomen normal.

27. D. 54j. Bäuerin, rec. 25. III. 87. Erkrankte vor 1½ Jahren mit Melancholie. Erythema pellagrosum.
Status praes. 10. V. 87: Grosse Angst; widerstrebend. Kein Exanthem. Kniephänomen anscheinend normal.

28. C., 21j. Bäuerin, rec. 23. IV. 87. Krank seit Mai 1886: melancholisch, schweigsam; Sensibilität herabgesetzt.
Status praes. 10. V. 87: Leicht maniacalisch. Haut der Handrücken dünn, Zunge intact. Sensibilität und Kniephänomen normal.

29. C., 66j. Bäuerin, rec. 24. IV. 87. Recidiv seit 2 Monaten: Melancholie mit Verwirrtheit. Sensibilität etwas herabgesetzt; alle Bewegungen kraftlos.
Status praes. 10. V. 87: Dement; kein Exanthem. Kniephänomen anscheinend normal (widerstrebt bei der Untersuchung).

30. B., 23j. Gärtnerin, rec. 19. II. 87. Krank seit Februar 1886: Verwirrtheit, Ideenflucht. Sensibilität, besonders Schmerzempfindlichkeit, herabgesetzt.
Status praes. 10. V. 87: Pat. ist gefesselt, scheint maniacalisch; erotisch. Kein Exanthem, Kniephänomen normal.

31. B., 21j. Bäuerin, rec. 9. IV. 87. Krank seit 20 Tagen: Depression mit Verwirrtheit, mikromanische und schreckhafte Wahnideen. Leichte Abschuppung an den Handrücken.
Status praes. 10. V. 87: Rein maniacalisch, ideenflüchtig, sehr heiter; knüpft an jeden Sinneseindruck an. — Kein Exanthem, Kniephänomen normal.

32. B., 49j. Aufwärterin. rec. 4. IV. 87. Krank seit 11 Jahren.

Bei der Aufnahme Melancholie mit religiösen Wahnideen. Erythema pellagrosum. Motorische Schwäche, Sensibilität herabgesetzt.

Status praes. 10. V. 87: Maniacalisch, schwatzt ideenflüchtig. Haut der Handrücken etwas dünn, Kniephänomen normal.

33. A., 38 j. Bäuerin, rec. 27. III. 87. Krank seit 1 Monat: Depression mit Verfolgungs- und Besessenheitsideen. Schmerzempfindlichkeit etwas herabgesetzt.

Status praes. 10. V. 87: Melancholisch: jammert, klagt, weint. Kein Exanthem, Kniephänomen normal.

34. C., 38 j. Bäuerin, rec. 14. XI. 86. Krank seit October 1886: Verfolgungsideen, Nahrungsverweigerung: Erythema pellagrosum.

Status praes. 10. V. 87: Tief melancholisch, stumm, anämisch. Eignete sich nicht zur Untersuchung.

35. C., 43 j. Bäuerin, rec. 9. V. 87. Elende Ernährung. Seit 3 Monaten pellagrös: fortgeschrittenes Erythem an den Handrücken, Verfolgungsideen, Schlaflosigkeit.

Status praes. 10. V. 87: Maniacalisch, Kniephänomen normal.

36. P., 58 j. Bäuerin, rec. 29. IV. 87. Recidiv: erste Aufnahme vor 20 Jahren. Seit 14 Tagen Angst, Verfolgungsideen, Schwäche.

Status praes. 10. V. 87: Maniacalische Alte: Haut der Handrücken glänzend, trocken. Kniephänomen normal.

37. M., 37 j. Bäuerin, rec. 27. IV 87. Krank seit October 1886: Melancholie, Nahrungsverweigerung.

Bei der Aufnahme Zunge runzelig, Kniephänomen schwach.

Status praes. 10. V. 87: Melancholisch, ängstlich, verlangsamt. Handrücken, Zunge, Kniephänomen normal.

38. B., 66 j. Bäuerin, Recidiv seit 2 Jahren: Melancholie. Erythem an den Händen.

Status praes. 10. V. 87: Aengstlich, misstrauisch. Haut der Handrücken dünn, Kniephänomen normal.

39. M., 60j. Bäuerin, rec. 27. III. 87. Krank seit einigen Jahren: verwirrt, bedrohte die Familie; Erythem, runzelige Zunge: allgemeine Schwäche der Musculatur. — Taubstumm.

Status praes. 10. V. 87: Aengstlich, schwach. Haut der Fussrücken schuppt sich. Zunge etwas runzelig. Patellarclonus: bei Beugung im Hüftgelenk clonische Bewegungen des Oberschenkels. Die übrigen Sehnenreflexe normal.

40. P., 48j. Bäuerin, rec. 27. III. 87. Recidiv seit 20 Tagen: Gedächtnissschwäche, Parese der Unterextremitäten, Herabsetzung der Sensibilität.

Status praes. 10. V. 87: Aengstlich, weint, schwach, muss beim Gehen gestützt werden. Leichte Abschuppung an den Fussrücken. Kniephänomen normal.

41. P., 48j. Putzmacherin, rec. 19. II. 87. Erheblich belastet, krank seit 28. IV. 86. Erythema pellagrosum, Herabsetzung der Sensibilität.

Status praes. 10. V. 87: Melancholisch, kein Exanthem. Kniephänomen normal.

42. T., 52j. Bäuerin, rec. 19. II. 87. Krank seit 9. 1. 86: Verdammungsideen, Muskelschwäche, Sensibilität herabgesetzt.

Status praes. 10. V. 87: Kein Exanthem. Kniephänomen normal.

43. C., 45j. Bäuerin, rec. 19. II. 87. Viertes Recidiv. Krank seit 20. IV. 86: Erythem, Herabsetzung der Sensibilität.

Status praes. 10. V. 87: Melancholisch. Haut der Handrücken und der Hälfte der Vorderarme geröthet. Kniephänomen links normal, rechts lebhafter.

44. C., 56j. Bäuerin, rec. 4. IX. 82. Erblich belastet: pellagrös seit 1861: Erythem; drohte mit Brandlegung, machte einen Selbstmordversuch.

Verlauf: Melancholie mit Nahrungsverweigerung und Ausgang in geistige Schwäche.

45. C., 58j. Bäuerin, rec. 15. II. 85. Krank seit 1884: Melancholie mit Verfolgungsideen.

Status praes. 10. V. 87: Haut der Handrücken trocken, Kniephänomen normal.

4*

46. C., 39j. Bäuerin, rec. 9. X. 82. Krank seit Mai 1882, wollte sich ertränken. — Melancholie, Ausgang in geistige Schwäche.

Status praes. 10. V. 87: Aengstlich, kein Exanthem; Epithelverluste an der Zunge. Kniephänomen fehlt links, ist rechts ganz schwach zu erzielen.

47. P., 68j. Bäuerin, rec. 17. I. 86. Erste Aufnahme 1883. Recidiv seit 11. VII. 85: Gastroenteritische Erscheinungen, Erythem. Bedrohte die Ihrigen, wollte das Haus anzünden, verweigerte die Nahrung.

Verlauf: Melancholie mit Verfolgungsideen, allgemeine Herabsetzung der Sensibilität. Haut der Handrücken dünn, mit zahlreichen und breiten pellagrösen Narben.

Status praes. 10. V 87: Melancholisch, Haut der Handrücken dünn, voller Striae; Haut der Fussrücken schält sich. Kniephänomen lebhaft.

48. T., 38j. Bäuerin, rec. 20. XII. 86. Krank seit Mai 1886.

Bei der Aufnahme: Apathie, Muskelschwäche, Herabsetzung der Sensibilität, Kniephänomen schwach.

Status praes. 10. V. 87: Kein Exanthem. Kniephänomen beiderseits lebhaft.

49. F., 24j. Bäuerin, rec. 9. V. 82. Krank seit April 1881: erregt, flieht von Hause, schlaflos. Keine Hauterkrankung. — Melancholie mit Nahrungsverweigerung.

Status praes. 10. V. 87: Kniephänomen normal.

50. M., 72j. Bettlerin, rec. 19. VII. 85. Recidiv seit 1884: Verwirrt, macht Fluchtversuche.

Status praes. 10. V. 87: Geschwätzige Alte, kein Exanthem. Kniephänomen normal.

51. G., 72j. Bettlerin, rec. 24. VI. 86. Recidiv seit 12. V. 86. Demenz, tactile Sensibilität herabgesetzt.

Status praes. 10. V. 87: Polternde Alte, kein Exanthem; Zunge von Epithel entblösst. Kniephänomen normal.

52. F., 32j. Bäuerin, rec. 28. II. 85. Erythem, Verfolgungsideen.

Verlauf: Melancholie mit „Hallucinationen".

Status praes 10. V. 87: Kein Exanthem, Kniephänomen normal, links etwas lebhafter.

53. P., 55 j. Bäuerin, rec. 28. V. 86. Recidiv seit October 1885: menschenscheu, flieht, bedroht die Umgebung mit dem Messer. — Melancholie.

Status praes. 10. V. 87: Kein Exanthem, Kniephänomen normal.

54. S., 57 j. Bäuerin, rec. 15. IV. 85. Krank seit 1881: Hypochondrisch, anämisch, Erythem an den Handrücken, Convulsionen, Sensationen im Leib und Kopf.

Verlauf: Schwere Störungen der Sensibilität, Schmerzempfindlichkeit gesteigert, abnorme Sensationen im Abdomen. Zwangsvorstellungen von Mord und Selbstmord.

Status praes. 10. V. 87: Kein Exanthem; Kniephänomen fehlt.

55. G., 61 j. Bäuerin, rec. 30. IV. 86. Krank seit 1883: Vorgeschrittenes Erythem an den Handrücken, hypochondrisch, dauernd verwirrt.

Status praes. rec. 87: Kein Exanthem, Kniephänomen schwach.

56. D., 37 j. Bäuerin, rec. 2. I. 86. Erblich belastet: pellagrös seit mehreren Jahren, geisteskrank seit Mai 1885: Melancholie mit Nahrungsverweigerung; Erythem an den Handrücken.

Status praes. 10. V. 87: Kein Exanthem, Kniephänomen normal.

57. Z., 41 j. Bäuerin, rec. 4. III. 86. Krank seit mehreren Jahren: Melancholie; einige pellagröse Narben an den Handrücken.

Status praes. 10. V. 87: Kniephänomen normal.

58. G., 55 j. Aufwärterin, rec. 23. II. 86. Recidiv. Melancholie mit Verfolgungsideen; starkes Oedem der Unterextremitäten.

Status praes. 10. V. 87: Kein Exanthem, Kniephänomen normal.

59. L., 42 j. Bäuerin, rec. 15. II. 85. Krank seit 1884: Erythem, Melancholie mit Verdammungsideen und Nahrungsverweigerung, Selbstmordversuch.

Status praes. 10. V. 87: Kein Exanthem, Kniephänomen normal.

Venezia, Manicomio S. Servolo (Männer).

1. M., 51 j. Bauer, rec. 14. XI. 86. Erbliche Belastung. Seit 15 Jahren krank.

Bei der Aufnahme: Melancholie mit Verfolgungsideen, allgemeine Schwäche.

Status praes. 12. V. 87: Erythem an den Handrücken. Kniephänomen normal.

2. T., 49 j. Schuster, rec. 9. V. 87. Recidiv seit 6. VIII. 86: Brandlegung, Selbstmordversuche.

Bei der Aufnahme melancholisch, benommen. klagt über Schmerzen und allgemeine Schwäche.

Status praes. 12. V. 87: Kniephänomen vorhanden: über die Stärke desselben lässt sich wegen Arthritis deformans genu nichts aussagen.

3. B., 38 j. Bauer, rec. 24. IV. 87. Vater pellagrös-geisteskrank. Leidet seit 1 Jahr an Pellagra: Selbstmordversuch durch Halsabschneiden.

Bei der Aufnahme melancholisch; Erythema pellagrosum.

Status praes. 12. V 87: Haut der Handrücken durchsichtig, Zunge des Epithels beraubt. Kniephänomen lebhaft.

4. R., 28 j. Bauer, rec. 9. IV. 87. Recidiv. Erste Aufnahme 1885, genas. Krank seit Januar d. J.

Status bei der Aufnahme: Schlechter Ernährungszustand, allgemeine Schwäche, schlaffe Musculatur. Erythem an den Händen. Schlaflosigkeit.

Status praes. 12. V. 87: Erythem an den Handrücken; Haut derselben lucid, Zunge roth. Kniephänomen normal.

5. B., 47 j. Bauer, rec. 25. III. 87. Krank seit 4 Monaten: erregt, Selbstmordversuch mit der Scheere.

Bei der Aufnahme: Gefühl von Nagen im Nacken und andere Sensationen. Allgemeine Schwäche.

Status praes. 12. V. 87: Kein Exanthem, Kniephänomen normal.

6. P., 38 j. Arbeiter, rec. 25. III. 87. Erbliche Belastung. Anämisch, Erythem der Handrücken, Zunge geröthet; melancholisch, gedächtnissschwach, impulsiv.

Status praes. 12. K. 87: Kein Exanthem; Kniephänomen sehr lebhaft.

7. S., 51 j. Bauer, rec. 27. II. 87. Recidiv: Melancholie mit Nahrungsverweigerung.

Bei der Aufnahme: Melancholie, allgemeine Schwäche, schlaffe Musculatur, leichtes Erythem.

Status praes. 12. V. 87: Haut der Handrücken dünn: Ichthyosis an den Unterschenkeln. Kniephänomen normal.

8. A., 48j. Handlanger, rec. 21. II. 87. Krank seit 1 Jahr: schlaflos, gedächtnissschwach, „Gesichtstäuschungen".

Status praes. 12. V. 87: Kein Exanthem. Kniephänomen normal.

9. D., 35j. Bauer, rec. 21. II. 87. Recidiv. Krank seit 3 Jahren, Selbstmordversuch durch Sturz aus dem Fenster.

Bei der Aufnahme: Zungenspitze roth, Stupor, Neigung zur Katalepsie.

Status praes. 12. V. 87: Kein Exanthem, Kniephänomen links lebhafter wie rechts.

10. P., 53j. Bauer, rec. 1. II. 87. Erblich belastet; krank seit 1 Jahr: Angst, Fluchtversuche.

Status bei der Aufnahme: Angst, Melancholie, Kopf-schmerzen, Gefühl von Kälte, allgemeine Schwäche.

Status praes. 12. V. 87: Pat. ist gefesselt wegen an-dauernder intensiver Selbstmordneigung. Striae an den Hand-rücken. Kniephänomen sehr lebhaft.

11. F., 27j. Bauer, rec. 22. I. 87. Eltern pellagrös. Krank seit 17. X. 1886: schlaflos, schweigsam, unsicher, gefährlich gegen die Familie.

Status bei der Aufnahme: Angst, Verzweiflung, Melancholie, Zwangsbewegungen, Tendenz zur Katalepsie, Verstopfung, An-deutung von Erythem.

Status praes. 12. V. 87: Katalepsie; ist unrein. Kein Exanthem, Kniephänomen normal.

12. J., 66 J. alt. rec. 13. X. 86. Erblich belastet, krank seit 1 Jahr: schweigsam, bedrohte Familienmitglieder, wollte sich umbringen.

Status bei der Aufnahme: Abmagerung, Melancholie mit Verfolgungsideen: Schwäche des Kopfes, so dass er ihn kaum aufrecht erhalten kann. Zunge roth.

Status praes. 12. V. 87: Haut der Handrücken atrophisch. Kniephänomen normal.

13. B., 36j. Bauer, rec. 13. X. 86. Beiderseitige erbliche Belastung. Krank seit 1 Jahr, bedrohte die Umgebung.

Status bei der Aufnahme: Abmagerung, Melancholie. Spuren von Erythem, Zunge roth. Ohrensausen.

Status praes. 12. V. 87: Marasmus, Abmagerung, Depression. Kniephänomen sehr schwach.

Bei nachstehenden Kranken konnten aus äusseren Gründen bei meinem Besuch in der Anstalt die Sehnenreflexe nicht geprüft werden.

14. F., Bauer, rec. 24. IV. 87. Erbliche Belastung, Recidiv; Erster Anfall vor 5 — 6 Jahren. Seit October 1886 krank: allgemeine Schwäche, Selbstmordversuche.

Melancholie, Zunge roth.

15. C., 50j. Ziegelbrenner, rec. 9. III. 87. Erblich belastet, mehrfaches Recidiv. Krank seit 1885, wurde aggressiv.

Verlauf: Anämie, schlechter Ernährungszustand, allgemeine Schwäche. Melancholie mit Verfolgungsideen; Perioden von Ruhe und Neigung zu impulsiven Acten. — Besserung.

Erythem der Hände, Zunge roth.

16. R., 32j. Holzhauer, rec. 4. II. 87. Erblich belastet, krank seit 1886: Schweigsam, wollte seine Frau ertränken.

Status bei der Aufnahme: Spuren von Erythem, Zungenspitze roth. Melancholie, Gedächtnissschwäche. Hört Stimmen, die ihm aus Ohren, Nase, Augen kommen. Zittern am ganzen Körper.

17. B., 51j. Bauer, rec. 27. II. 87. Eltern pellagrös geisteskrank. Recidiv.

Status bei der Aufnahme: Depression. Stimmenhören: „va a casa, va a casa" („geht nach Haus"). Schmerzen im Bauch und Kopf. Spuren von Erythem, Zunge roth.

18. B., 53j. Bauer, rec. 27. II. 87. Mutter und Bruder geisteskrank. — Verfolgungsideen gegen die Familie.

Status bei der Aufnahme: Schlaffheit der Musculatur, allgemeine Schwäche, Kopfweh. Spuren von Erythem. Zunge roth.

19. L., 32j. Bauer, rec. 1. II. 87. Vater starb geisteskrank. Recidiv. Krank seit November 1886: Schlaflos, hoffnungslos, jammert, ist verdammt, verlassen; Kopfschmerz, „vertigini".

Status bei der Aufnahme: Grosse allgemeine Schwäche, Zunge roth, zitternd vorgestreckt. Verweigert die Nahrung, will Andere tödten.

20. M., 65j. Bauer, rec. 17. I. 87. Wollte daheim Brand legen.

Status bei der Aufnahme: Anämie, allgemeine Schwäche, Melancholie. Erythem an Armen und Händen.

21. T., 41j. Bauer, rec. 14. I. 87. Ein Bruder geisteskrank. Verfolgungsideen, Angst, Verwirrtheit.

Status bei der Aufnahme: Abmagerung, Spuren von Erythem. Melancholie; Gesichtstäuschungen: sieht zwei weissgekleidete unbewegliche Frauen, welche plötzlich zu seinem Erstaunen verschwinden.

22. M., 56j. Bauer, rec. 14. I. 87. Epileptiker; erkrankte vor einem Jahre an Pellagra.

Bei der Aufnahme Erythem an den Händen, Schmerzen im Bauch. Verfolgungsideen, bedroht die Umgebung.

23. Z., 73j. Bauer, rec. 5. XII. 86. Seit lange in leichterem Grade krank. Selbstmordneigung, aggressiv.

Bei der Aufnahme Erythem; Melancholie mit Sinnestäuschungen.

24. B., 44j. Bauer, rec. 14. XI. 86. Verfolgungsideen; gewaltthätig, spricht nicht. Heisshunger. „Spinalaffection".

25. C., 69j. Bauer, rec. 14. XI. 86. Maniacalisch; Erythem.

26. M., 20j. Bauer, rec. 11. X. 86. Vater geisteskrank. Pellagrös seit lange, psychopathisch seit März 1886.

Gewaltthätig. Spuren von Erythem.

27. C., 42j. Bauer, rec. 11. X. 86. Erblich belastet; krank seit 1885; schweigsam, verwirrt, verweigerte die Nahrung, wollte sich ertränken.

Gedächtnissschwäche, Verwirrtheit (glaubt, wir seien im Jahre 1889). Spuren von Erythem. — Besserung.

28. L., 29j. Bauer, rec. 11. X. 86. Krank seit Juli 1886: führt zusammenhanglose Reden, bedroht die Umgebung, macht Fluchtversuche.

Melancholie, Spuren von Erythem, Ohrensausen.

Mogliano (Pellagrosajo)[1]: 13. V. 87.

Hier hatte ich Gelegenheit, an 40 frisch erkrankte Pellagröse zu untersuchen, darunter meist junge Leute und mehrere Kinder von 8—10 Jahren. Viele waren zum ersten Mal erkrankt. Alle boten Erythem an den Handrücken dar, theils mit Abschuppung, theils — bei Recidiven — mit Atrophie der Haut, narbiger, papierähnlicher Beschaffenheit, sodass die trockene, glänzende, unelastishe Haut sich in stehenbleibende Falten aufheben liess. Bei fast Allen hatten anfangs gastroenteritische Erscheinungen bestanden: Appetitlosigkeit, Schmerzen im Leib, Diarrhöen; bei einigen bestehen solche jetzt noch. Zunge bei der Mehrzahl normal, bei manchen roth, desepithelisirt. Alle klagen über allgemeine Schwäche. Bei Kindern und jungen Frauen auch Erythem an der hinteren Fläche des Halses mit Desquamation.

Viele hatten früher an „Vertigini" gelitten, einer hatte einen Selbstmordversuch gemacht. An ausgesprochener Psychose litt keiner, doch machten die meisten einen etwas benommenen Eindruck. Fast alle klagten über Druck und Eingenommensein im Kopf, erschwertes Denken.

Das Kniephänomen fehlte in keinem Falle, war in einem Fall sehr schwach, in 15 Fällen so verstärkt, dass schon eine ganz leichte Beklopfung der Patellarsehne es lebhaft hervorrief. In den übrigen normales Verhalten.

28j. Frau mit sehr ausgesprochenem Erythem der Handrücken. Allgemeine Schwäche, psychische Hemmung. Kniephänomen sehr lebhaft. Andeutung von Dorsalclonus.

---

[1] Diese Pellagrosaji („Pellagrahäuser") sind offene Kuranstalten für nicht geisteskranke Pellagrakranke, von ländlichem Character, in welchen frische Pellagrakranke gegen einen geringen Verpflegungssatz Behandlung, vortreffliche Beköstigung und ausgiebige ländliche Beschäftigung finden. Diese Anstalten werden erst dann ihre volle Wirksamkeit entfalten können, wenn sie unabhängig von der Privatwohlthätigkeit gestellt sein werden.

Treviso (Ospedale civile, Abtheilung für innere Krankheiten).
14. V. 87.

a) Frauen.

1. B., 47 Jahre alt. Seit vielen Jahren pellagrös. Recidiv; vor 3 Tagen aufgenommen. Aengstlich misstrauischer Blick. Schmerzen im Leib, Obstipation. Erythem der Handrücken, Atrophie des Unterhautzellgewebes daselbst. Andeutung von Ichthyosis der Vorderarme. Kniephänomen normal.

2. B., 65 Jahre alt. Seit 12 Jahren pellagrös. Recidiv. Aufnahme vor 2 Tagen.

Erythem mit Atrophie und Ichthyosis an den Händen und um die Handgelenke. Diarrhöen.

Kniephänomen lebhaft.

b) Männer.

1. C., 48j. Bauer. Vielfaches Recidiv: Aufnahme vor 9 Tagen. Stupides Verhalten. Diarrhöen. Haut der Handrücken hart, trocken, glänzend, schuppend, atrophisch. Mucosa der Mundschleimhaut, besonders des harten und weichen Gaumens von Epithel entblösst. Gefühl von Brennen im Mund.

Kniephänomen normal.

2. B., 15 Jahre alt. Erstes Recidiv. Hatte Erythem, allgemeine Schwäche.

Reconvalescent, Kniephänomen normal.

3. B., 43j. Bauer, rec. 6. IV. 87. Seit vielen Jahren pellagrös, vor 2 Jahren pellagrös irre.

Reconvalescent, noch etwas schwach. Haut der Handrücken atrophisch, Kniephänomen schwach.

4. P., 54j. Bauer, rec. 22. I. 87. Seit einigen Monaten zum ersten Mal an Pellagra krank: Erythem, Diarrhöen, körperlicher Verfall.

Status praes.: Sehr elend, immer noch Diarrhöen, schlechter Ernährungszustand. Haut der Handrücken trocken, faltig, dünn, durchsichtig; Zunge roth, von Epithel entblösst. Kniephänomen sehr abgeschwächt, links kaum zu erzielen.

5. B., 71j. Bauer, rec. 18. IV. 87. Seit vielen Jahren pellagrös. Recidiv. Jetzt reconvalescent, noch etwas schwach. Haut

der Handrücken pergamentartig trocken, hart. atrophisch, schuppt. Zunge rissig. Kniephänomen sehr lebhaft.

6. C., 64j. Bauer, 16. III. 87. Seit vielen Jahren pellagrös, hat oft Erythem gehabt. Recidiv.

Zunge etwas rissig: Pat. ist ängstlich. Patellarclonus beiderseits. —

7. B., 45j. Bauer, rec. 18. IV. 87. Sechstes Recidiv. Allgemeine Schwäche. Haut der Handrücken etwas atrophisch, schuppt sich. Kniephänomen sehr lebhaft.

8. U., 42j. Bauer, rec. 8. II. 87. Siebente Aufnahme; pellagrös seit vielen Jahren. Litt lange an hartnäckigen Diarrhöen. Kniephänomen schwach.

Treviso (Ospedale civile, Abtheilung für Geisteskranke). 14. V. 87.

1. Mann von 40 Jahren. Gefesselt, schreit laut in furchtbarer Angst. Diarrhöen: Spuren von Erythem an den Händen. Patellarclonus beiderseits.

2. Mann von 27 Jahren. Gleicht an Aussehen und Haltung einem Greis. Anämisch, sehr hinfällig, von stupidem Gesichtsausdruck. Typische Pergamenthaut am Handrücken. Kniephänomen sehr lebhaft.

3. Mann von 45 Jahren. Anämisch, sehr schwach, tief melancholisch. Knöchelödem. Pergamenthaut am Handrücken. Kniephänomen normal.

4. Mann von 53 Jahren. Schwach, furchtsam, Knöchelödem. Pergamenthaut am Handrücken, Epithelabstossung an der Zunge. Patellarclonus beiderseits.

5. Mann von 59 Jahren. Melancholisch, misstrauisch. Erythem. Kniephänomen lebhaft.

6. Mann von 49 Jahren. Mager, anämisch, Oedeme. Sehr schwach und deprimirt. Haut der Handrücken schält sich in grossen Fetzen ab. Patellarsehnenreflexe sehr lebhaft. Andeutung von Dorsalclonus beiderseits.

7. Mann von 29 Jahren. Erbliche Belastung, erste Erkrankung. Manie vom Character des Delirium acutum: Pat. ist

gefesselt. Erythem an den Handrücken; Zunge in characteristischer Weise von Epithel entblösst. Patellarclonus und Dorsalclonus beiderseits.

8. **Frau von 44 Jahren.** Melancholisch; Haut der Handrücken dünn, glänzend, schuppend. Zunge stellenweise des Epithels beraubt. Kniephänomen sehr lebhaft.

9. **Frau von circa 40 Jahren.** Machte einen Selbstmordversuch, Erythem der Handrücken. Kniephänomen lebhaft.

10. **Frau von 40 Jahren.** Melancholisch; Abschuppung an Händen und Fussrücken. Kniephänomen gesteigert, rechts Patellarclonus.

11. **Frau von 53 Jahren.** Zweite Aufnahme. Melancholie, Abmagerung. Schuppende Pergamenthaut an den Händen. Kniephänomen sehr lebhaft.

12. **Frau von 60 Jahren.** Sehr elend, beginnender Decubitus. „Handschuhhand": Haut der Hände braun bis zur Handschuhgrenze. schält sich in grossen Fetzen; darunter die junge rothe Haut; Zunge desepithelisirt. Kniephänomen sehr lebhaft.

Weitere Pellagrakranke sah ich in Ferrara (Manicomio) und Padova (Irrenabtheilung des Ospedale civile).

———————

Auf das Studium der Pellagra wurde ich durch meine Untersuchungen über den Ergotismus geführt. Die Aehnlichkeit der beiden Zustände war unverkennbar: hier wie dort wies Alles auf eine bestimmte toxische Schädlichkeit hin, hier wie dort sehen wir nach einem Stadium mit vorwiegenden Magen-Darmerscheinungen die cerebrospinalen Störungen ganz in den Vordergrund treten und ein langes Siechthum. eine Kachexie, die Scene beschliessen. Die Art der Psychose, das Vorwalten der stuporösen Form der Melancholie, das tiefe Krankheitsgefühl ist beiden gemeinsam. Hier wie dort begegnen wir sensorischen, motorischen, vasomotorischen, trophischen Störungen. Während aber beim Ergotismus die spinalen Störungen einer Affection der Hinterstränge entsprachen, wiesen dieselben bei der Pellagra mehr, aber nicht lediglich auf eine solche der Seitenstränge hin. Die Analogie, und damit mein Interesse, wuchs, als einige italienische Forscher, besonders Seppilli und Tonnini, angeregt, wie sie selbst angeben, durch unsere Beobachtungen über die Hinterstrangaffection beim Ergotismus, das Verhalten der Sehnenreflexe bei der Pellagra einer Prüfung unterzogen und dieselben häufig und in verschiedenem Sinne verändert fanden.

Da überdies das Rückenmark Pellagröser bis dahin noch nicht methodisch mit den Hülfsmitteln moderner Technik untersucht worden war, musste mir daran liegen, auch anatomisches Material zu gewinnen. Auch hier kamen mir die italienischen Collegen mit grosser Liebenswürdigkeit entgegen. Es traf sich so, dass ich einige der Sectionen (4) selbst ausführen konnte.

Es steht mir das anatomische Material von 8 Fällen von Pellagra zur Verfügung, für die ich freilich nicht durchweg so genaue klinische Daten besitze, wie es im Interesse der Sache läge. Ich lasse zunächst die Mittheilung der Befunde folgen. Die Altersangaben beziehen sich auf das überhaupt erreichte Lebensalter.

Die Rückenmarksbefunde sind in den Tafeln I bis VII zur Anschauung gebracht. Die Figuren sind mit Hülfe des Edinger-schen Zeichenapparates nach theils ungefärbten Glycerin-Präparaten, theils nach Karmin- und Weigert- (Pal-) schnitten durch das in Bichromatlösung gehärtete, in Celloïdin eingebettete Rückenmark. sämmtlich in dreifacher Linearvergrösserung gezeichnet. Nur die Fig. 2a—d und 4a—d der Taf. I entsprechen einer 1½ fachen und die Vorderhorndarstellungen Taf. II, Fig. 3a und 4a einer 7 fachen Vergrösserung. Die Degenerationsfiguren wurden an den gleichen Präparaten unter beständiger Controlle des Mikroscops mit besonderer Sorgfalt von mir eingezeichnet, so dass ich mich in der Beschreibung derselben wohl kurz fassen darf.

Fall I.

Anelli, Giuseppe, Landmann, 56 Jahre alt.

Auszug aus der Krankengeschichte der Prov.-Irrenanstalt zu Mombello (Mailand).

Anamnese: Keine erbliche Belastung, normale Kindheit und Entwicklungsperiode; kein Trinker. Obwohl in nicht ungünstiger Lebenslage. „konnte er sich doch den pellagrogenen Schädlichkeiten nicht entziehen". 1851—1852 geisteskrank; blieb seitdem gesund, zeigte aber characteristische Hautabschuppung an den Handrücken.

Ende Juli 1868 erkrankte er mit Selbstüberschätzungsideen und Tobsuchtsanfällen, in denen er sich und Anderen gefährlich wurde.

Erste Aufnahme 10. VIII. 68 bis 12. XII. 68. „Manie vorzugsweise mit Selbstüberschätzungsideen bei einem pellagrösen Individuum. Genesen entlassen." Keine Störungen der Motilität und Sensibilität. Machte einen Intermittensanfall durch.

Erkrankte Anfang 1872 von Neuem unter ähnlichen, aber weniger heftigen Erscheinungen.

Zweite Aufnahme 6. V. 72 bis 10. IX. 72. „Dementia incompleta, infolge von Pellagra, vorzugsweise mit Selbstüberschätzungsideen." Genesen entlassen.

Erkrankte von Neuem mit Erregung Mitte October 1886. Erhöhte Reizbarkeit und Abnahme des Körpergewichts waren der Umgebung schon längere Zeit vorher aufgefallen. Bekam viel Streit, bedrohte seine Umgebung.

Dritte Aufnahme 7. XI. 86. Giebt an, seit vielen Jahren an Hautabschuppung zu leiden, klagt über Rückenschmerzen; entwickelt grosse Essgier.

Schlechter Ernährungszustand, Spuren von überstandenem Pellagraexanthem. Ist schwatzhaft, etwas dement, äussert Selbstüberschätzungs- und Verfolgungsideen gegen seine Familie. Schläft wenig, „nächtliche Sinnestäuschungen": Drohungen ihn zu berauben.

Tod an Pleuropneumonie 4. IV. 87, 8½ Uhr Nachm.

Autopsie (6. IV. 87, 12 Uhr M. = 40 St. post mortem). Ziemlich gut genährte, mittelgrosse, männliche Leiche; bedeutende Todtenstarre an Ober- und Unterextremitäten, nur wenig Todtenflecke an den abhängigen Partien des Rumpfes und an den Beinen. Fettpolster wenig entwickelt; Haut der Unterextremitäten ödematös, die der Handrücken etwas atrophisch. Oberfläche der Zungenspitze tief gefurcht, zerklüftet. Musculatur rothbraun.

In der Bauchhöhle einige Löffel gelben klaren Serums: Zwerchfellstand: Links an der VI., rechts an der V. Rippe.

Herz mit dem Pericard etwas nach rechts hinübergedrängt. Linke Pleurahöhle erfüllt von serös-fibrinösem Exsudat. Die linke Lunge liegt luftleer der hinteren Thoraxwand an: sie ist mit letzterer wie auch seitlich durch theils alte, theils frische Adhäsionen verklebt. Auch rechts alte Verwachsungen zwischen Lunge und Brustwand.

Pericardialflüssigkeit etwas vermehrt: Herz von gewöhnlicher

Grösse, über dem rechten Ventrikel ein grosser Sehnenfleck. Sämmtliche Höhlen des Herzens erfüllt von dunklem Cruor und Speckgerinnseln. Grösste Wanddicke des linken Ventrikels = 1.5 cm, des rechten = 0.7 cm; Musculatur roth und fest. Durchmesser der A. pulmonalis und Aorta über den Klappen je 8 cm. Klappenapparate intact. Gelbe Atheromflecke an der Intima der Aorta ascendens; Aa. coronariae zartwandig.

Linke Lunge atelecatisch; im Centrum des Oberlappens ein umfangreicher käsiger Herd mit Zerfall und Cavernenbildung. Rechte Lunge etwas gebläht und ödematös.

Milz 14:9:4, blutreich. Keine Zeichen vorgeschrittener Fäulniss.

Nieren von gewöhnlicher Grösse; Kapsel haftet fest; an der Oberfläche einzelne kleine Cysten, sonst Parenchym normal.

Leber 28:21:8, Centren der Acini gross und dunkel.

Schädeldach nicht verwachsen mit der Dura, nicht ganz symmetrisch, Diploë gut entwickelt. Sinus longitudinalis enthält dunkles flüssiges Blut. Innenfläche der Dura glatt. Venen der Meningen mässig injicirt.

Gewicht des Gehirns mit den weichen Häuten = 1352 gr.; Hirngefässe zartwandig. Pia leicht abziehbar; Windungstypus regelmässig; an den austretenden Nerven nichts Auffälliges.

Consistenz des Gehirns gut. Marksubstanz blass, feucht, glänzend. Ventrikel von gewöhnlicher Weite; Ependym nur am Boden des IV. Ventrikels ganz zart granulirt.

Am Rückenmark makroscopisch nichts Auffälliges; unterer Brust- und Lendentheil sind bei der Section verunglückt (zerquetscht), auch das mittlere Halsmark etwas gequetscht.

Mikroscopische Untersuchung.

1. Peripherische Nerven. Die Untersuchung geschah theils frisch, nach Fixirung in Osmiumsäure und Picrocarminfärbung an Zerzupfungspräparaten, theils nach Härtung in Osmiumsäure und Aufbewahrung in Alcohol oder nach Härtung in dünner Chromsäure und Alcohol oder in Müller'scher Flüssigkeit an Schnittpräparaten. Zur Färbung wurden benutzt: Carmin, Picrocarmin, Boraxcarmin, Nigrosin, Haematoxylin, Weigert's Methode. Es wurden Längs- und Querschnitte angefertigt.

Zur Untersuchung gelangten: N. musculo-cutaneus d., Hautast; N. cutan. brach. med. d., feinstes Hautästchen; N. medianus d., N. ulnaris d.; N. radialis d.; N. cutan. fem. post. int. sin., feinstes Hautästchen: N. peroneus superf. sin.; N. cut. fem. post. sin., Stamm; N. peron. prof. sin.; N. ischiadicus sin.; N. tibialis sin.

An keinem dieser Nerven wurden Veränderungen aufgefunden.

2. Peripherische Ganglien.

Ganglion spinale cerv., in Bichromatlösung gehärtet, in Alcohol aufbewahrt. Die Schnitte wurden mit Carmin, Boraxcarmin und nach Weigert behandelt. In den kleineren Nervenzellen fand sich mehr Pigment als in den kugligen, grossen, blasser gefärbten (Carmin), aber nicht auffällig viel. Sonst völlig normaler Befund.

Gangl. sympath. cerv. inf., in Bichromatlösung gehärtet und in Alcohol aufbewahrt. Färbung mit Carmin, Picrocarmin, Boraxcarmin, Weigert-Methode. Normaler Befund.

3. Grosshirnrinde.

Eine Anzahl von Windungen wurden nach Exner frisch in 1 % Osmiumsäure gehärtet und am 12. IV. 87 untersucht. Die durchweg sehr gelungenen Bilder ergaben überall einen normalen Faserreichthum. Es waren dies Stücke aus folgenden Windungen der linken Hemisphäre: Cuneus, L. Broca, G. rectus, Insula, G. front. sup., G. centr. ant., G. fornicatus, G. tempor. I, L. pariet. sup.

Ferner wurden nach Härtung in Bichromatlösung an Schnitten mit Carmin-, Boraxcarmin- und Weigertfärbung untersucht: links: G. centr. ant., Cuneus, L. Broca, Insel, L. pariet. sup., G. rect., L. paracentralis; rechts: L. paracentralis, L. pariet. sup., G. front. med., G. centr. ant.

Der Befund war überall im Wesentlichen normal; die Ganglienzellen sind pigmentreich, in der Marksubstanz sind zahlreiche Gliazellen dargestellt. An den Gefässen nichts Abnormes.

4. Kleinhirn.

Die Rinde, untersucht an Carmin-, Boraxcarmin- und Weigert-Präparaten zeigt keine Veränderungen, ebenso der Nucleus dentatus (Carmin).

5. Rückenmark.

Die Untersuchung an Zupfpräparaten nach zweitägiger Behandlung mit Bichromatlösung ergab massenhafte Corpp. amylacea in Seiten- und Hintersträngen des Halsmarks, in ersteren auch vereinzelte Körnchenkugeln; zahlreiche Corpp. amylacea fanden sich auch in den Vordersträngen und in der grauen Substanz.

Untersuchung des gehärteten Rückenmarks.

Die Querschnittsfiguren bieten im mittleren Halsmark und im mittleren Brustmark eine eigenthümliche Verbildung dar. Im mittleren Halsmark ist nämlich das linke Vorderhorn in einer Weise verbildet und abgeschnürt, wie es die Fig. 2 und 2a, b, c, d der Tafel I darstellen. In dem, eine Säule von vielleicht 2 cm Höhe umfassenden Bereich dieser Anomalie ist die Querschnittsfigur verschoben, die beiden Hinterhörner bilden mit einander einen gestreckten Winkel, die vordere Fissur ist verdrängt und verlegt durch weisse Fasernmassen, die radiär gestellt und im Längs- oder Schrägschnitt getroffen sind, hier und da um radiär gestellte Septa wirbelartige Figuren bilden.

Die in den Fig. 4a—d der Tafel I dargestellte Anomalie erstreckt sich ebenfalls über die Länge von etwa 2 Rückenmarkssegmenten. Es handelt sich um einen Einschluss weisser Substanz, und zwar des Vorderseitenstrangs in das rechte Vorderhorn. Wie im Einzelnen Stücke der grauen Substanz versprengt sind, zeigen die Bilder. In die Fig. 2a—d und 4a—d sind die Degenerationsfiguren der Hinterstränge nicht eingezeichnet. Die eingeschlossene, heterotopirte, weisse Substanz ist vorzugsweise auf Schräg- und Längsschnitten getroffen. Der Centralkanal ist dislocirt, an einer Stelle verdoppelt, die Clarke'sche Säule der rechten Seite ist in den oberen Schnittebenen nach rechts, in den unteren nach links verdrängt. Oberhalb und unterhalb der verbildeten Stücke ist die Querschnittsfigur durchweg normal.

Ich unterlasse es, in eine Schilderung der weiteren Details der Anomalie einzugehen, da ich es, zumal nach den Untersuchungen von van Gieson[1], für ausgemacht halte, dass es sich hier ausschliesslich um Kunstproducte durch Verletzung und Quetschung des Rückenmarks bei der Section handelt. Wenn es dazu noch eines Beweises bedürfte, ist derselbe dadurch erbracht, dass ich bei der mikroskopischen Durchmusterung der Präparate im Grunde der vorderen Fissur des verbildeten Halsmarks Trümmer von quergestreiften Muskelfasern fand.

In der That entspricht das Verhalten des Vorderhorns im Halsmark vollkommen den Fig. 35 und 36 der Tafel IX Gieson's, welche einem experimentell durch Quetschung verbildeten Rücken-

---

[1] A study of the artefacts of the nervous system. New York medical Journal 1892.

mark entnommen sind. und die Fig. 1 u. 2 der Tafel I Gieson's aus einem bei der Section lädirten Rückenmark sind fast identisch mit der vorliegenden Heterotopie im Dorsalmark. Eine dem unsrigen Fall durchaus analoge Verbildung und Abschnürung des Vorderhorns im Halsmark geben die Abbildungen eines Falles von Buchholz [2]) wieder.

Die fernere Untersuchung des Rückenmarks geschah theils an ungefärbten, mit Glycerin aufgehellten Schnitten, theils an solchen, die mit Ammoniak-Carmin, Alaun-Carmin, Borax-Carmin und nach Weigert oder Pal gefärbt waren.

In allen Höhen ist der Centralkanal obliterirt. Die Rückenmarkshäute zeigen nichts abnormes.

Oberes Halsmark (Taf. I, Fig. 1).

Im ganzen Querschnitt zahlreiche Corpp. amylacea, besonders reichlich in der gelatinösen Randschicht, in der Umgebung des Centralkanals und der eintretenden hinteren Wurzeln, sowie des Septum posticum, in den Hinterhörnern und den Goll'schen Strägen.

Die Hinterstränge sind der Sitz einer bilateral symmetrischen Degeneration, gekennzeichnet durch Atrophie und Rarefication der Nervenfasern und Verbreiterung der Interstitien. Die Degeneration nimmt den grössten Theil des Querschnitts der Goll'schen Stränge ein, ein schmales Nachbarfeld des hinteren Septum, und je einen schmalen Streifen an der hinteren Peripherie und der hinteren Commissur freilassend. Im Burdach'schen Strang ist nur ein schmaler Streifen im medialen Feld degenerirt, die Partie längs des Hinterhorns, die Wurzeleintrittszone, die hintere Peripherie völlig frei.

In den anderen Strängen keine Degeneration nachweisbar. Ueber den ganzen Querschnitt des Markmantels zeigen die kleinen Gefässwände eine Verdickung bis weit über den Durchmesser des Lumens, ohne Vermehrung der Kerne. Grane Substanz völlig intact, auch die Lissauer'sche Randzone der Hinterhörner. Vordere und hintere Wurzeln normal.

Mittleres Halsmark (Tafel I, Fig. 2).

Massenhafte Corpp. amylacea, besonders in den Hintersträngen, Hinterhörnern, hinterer Ecke der Hinterseitenstränge, in den Septis. um den Centralkanal und in der gelatinösen Randschicht. Degeneration der Goll'schen Stränge mit Verschonung der 3 oben genannten Felder. Im Burdach'schen Strang ist nur ein schmaler

---

[2]) Zur Kenntnis des Delirium acutum. Arch. f. Psych. XX, Tafel XIV, Fig.X.

Streifen längs der Grenze der Goll'schen Stränge afficirt. Uebrige Stränge intact.

Ganglienzellen reich an Pigment; graue Substanz im Uebrigen normal.

Oberes und mittleres Brustmark (Tafel I, Fig. 3 u. 4). Degeneration der Goll'schen Stränge wie oben; ganz mässige Verbreiterung der Interstitien in einem schmalen medialen Saum der Burdach'schen Stränge. Graue Substanz normal, auch der Fasergehalt der Clarke'schen Säulen. Zellen pigmentreich. Gefässe. Verhalten der Kerne normal. Uebrige Stränge intact.

Unterstes Lendenmark (Tafel I, Fig. 5).

Zahlreiche Corpp. amylacea im Hinterstrang, zerstreut auch in den übrigen Strängen. Ganz schwacher Degenerationsstreifen im Hinterstrang (s. Fig.). Graue Substanz und übrige Stränge intact.

Oberes Sacralmark.

Diffuse Verbreitung von Corpp. amylacea über den ganzen Querschnitt. Keinerlei Strangerkrankung mehr nachweisbar. Graue Substanz intact, auch die Ganglienzellen in den vorderen Wurzeln (Hoche) normal.

6. Ursprungsgebiet der Hirnnerven.

Die Oblongata wurde ebenso wie Brücke und Hirnschenkel an Serienschnitten, theils ungefärbt, theils mit Carmin, Borax-Carmin und nach Weigert gefärbt, durchuntersucht. Der Centralkanal zeigte sich bis zur Eröffnung in den Ventrikel obliterirt. Corpp. amylacea fanden sich reichlich, besonders unter dem Ependym. Im Uebrigen ergaben sich normale Verhältnisse.

7. Zunge (Tafel VIII, Fig. 1).

Querschnitte durch das vordere $\frac{1}{3}$ der in Bichromatlösung gehärteten Zunge (linke Hälfte) wurden theils mit Pikrocarmin, theils mit Fuchsin tingirt. Die gefurchte Beschaffenheit der Oberfläche tritt auf dem mit dem Edinger'schen Zeichenapparat aufgenommenen Contour sehr deutlich hervor; vgl. Fig. 1, Tafel VIII mit Fig. 2 derselben Tafel, welche einen Schnitt aus der gleichen Stelle einer ebenso behandelten normalen Zunge wiedergiebt. — Die mikroscopische Untersuchung ergab eine mässige Atrophie der Mucosa: enorme Epithelabschilferung, wodurch die Buchten zwischen den Papillae filiformes ausgefüllt worden und die Spitzen derselben von Epithel nahezu ganz entblösst sind.

8. Haut des Handrückens (Härtung in Bichromatlösung, Färbung mit Carmin, Picro-Carmin, Fuchsin).

Das Stratum corneum der Epidermis fehlt so gut wie ganz. Die tieferen Lagen des Rete Malpighi führen viel Pigment in den Zellen; im Uebrigen Epidermis, Corium, subcutanes Bindegewebe, Gefässe. Nervenbündel normal.

Fall II.

Scagni, Giovanni, 56 Jahre alter Landmann.

Auszug aus der Krankengeschichte der Prov.-Irrenanstalt in Voghera (Pavia).

Aufgenommen 6. VIII. 82, gestorben 2. II. 87.

Anamnese. Lebte vorwiegend von Mais, „wenn auch nicht sicher von verdorbenem, so doch jedenfalls von schlechtgekochtem und mangelhaft gewürztem".

Seit 10 Jahren Anfälle von Melancholie. Desquamation der Haut an Handrücken und im Gesicht und Schwindelgefühlen. (Diagnose: Pellagra.) Seit 2 Monaten Aufregungszustand mit Nahrungsverweigerung und Neigung zum Selbstmord durch Sturz aus dem Fenster und in das Wasser.

Status bei der Aufnahme und Verlauf. Allgemeine Abmagerung, Unfähigkeit sich zu bewegen, Contractur der Hals- und Rückenmuskeln. Hauterythem an den Handrücken. Psychisch: Stillstand der Denkvorgänge.

Nach ungefähr 2 Monaten Besserung des Kräftezustands und des Torpors; Pat. vermag aufzustehen.

Seit Frühjahr 1886 permanent bettlägerig unter dem Bilde der progressiven Paralyse: tiefe Demenz, Andeutung von Grössenideen. November 1886 stellten sich permanente Contracturen der oberen Extremitäten, später Oedeme und erysipelartige Hautentzündungen ein. Zunehmende allgemeine Kachexie.

Vom Sectionsbefund ist mir nur bekannt geworden, dass eine Pachymeningitis int. haemorrhagica bestand.

Herr Prof. Raggi hatte die Güte, mir die nachstehend beschriebenen, in Bichromatlösung conservirten Stücke zur Untersuchung zu überlassen.

1. Grosshirnrinde, untersucht an Carmin-, Alaunhämatoxylin- und Weigert-Präparaten.

Rechte Hemisphäre. L. paracentralis. Fleckweiser Schwund der Rindenfasern in der äussersten (zonalen) Schicht, besonders in den seitlichen Abhängen der Windung.

G. centralis post. Faserschwund in der äussersten Schicht,

die nur noch einzelne Fasern enthält, und in den oberen Lagen des superradiären Flechtwerks. Pia verwachsen mit der Rinde.

G. temporalis sup. Faserschwund beträchtlichen Grades in der zonalen Schicht und im superradiären Flechtwerk. Pia adhärent.

L. parietalis und G. rectus. sup. Die oberen Rindenschichten nahezu völlig von Fasern entblösst, beträchtlicher Faserschwund im interradiären Flechtwerk.

Linke Hemisphäre. L. paracentralis. Normaler Faserreichthum; vielleicht ganz mässiger Schwund in der zonalen Schicht.

G. centralis ant., L. Broca, Insel, Orbitalwindung. Faserschwund der obersten Rindenschichten bis in das interradiäre Flechtwerk hinein.

G. fornicatus. Absoluter Faserschwund in den oberen Schichten, auch das interradiäre Flechtwerk fehlt fast ganz; erhalten sind die tiefen Meynert'schen Associationsfasern.

In der äusseren Schicht aller Windungen waren die Gliazellen reichlich und deutlich dargestellt; die Nervenzellen zum Theil reich an Pigment, sonst aber normal. In den Wandungen der Gefässe hier und da leichte Kernvermehrung, in ihren perivasculären Räumen Pigment.

2. Kleinhirn.

Es wurden Carmin- und Weigert-Präparate untersucht und nichts Pathologisches gefunden.

3. Rückenmark (Tafel II). (Färbung mit Carmin, Lithioncarmin, Nigrosin, nach Weigert.)

Oberstes Halsmark (Austritt der 1. Cervicalnervenwurzel, Fig. 1).

In den Hintersträngen finden sich folgende Partien symmetrisch erkrankt in Form einfacher Atrophie der Nervenfasern und Verbreiterung der Interstitien: Die medianen Abschnitte und — besonders rechts intensiv — die lateralen Grenzgebiete der Goll'schen Stränge und in den Burdach'schen Strängen je ein schmaler lateraler Streifen; frei sind: je ein schmaler Streifen längs des medianen Septums, das Nachbargebiet der hinteren Commissur, die hintere Peripherie und der grösste Theil der Burdach'schen Stränge. In den Seitensträngen ist eine Erkrankung nicht mit Sicherheit zu erkennen. —

Graue Substanz intact.

Oberes Halsmark (Austritt der 2. Cervicalwurzel, Fig. 2).

Degeneration der Hinterstränge wie oben. nur sind die lateralen Partien der Goll'schen Stränge in grösserer Breitenausdehnung betheiligt: frei sind die oben bezeichneten Streifen. Die Pyramidenseitenstränge sind in ihrem ganzen Querschnitt, rechts intensiver wie links, der Sitz einer schwachen Degeneration: Verbreiterung der Interstitien. in deren Knotenpunkten reichlich grosse Spinnenzellen sich finden. Kleinhirnseiten-, Vorder-, Vorderseitenstränge und graue Substanz intact.

Mittleres Halsmark.

a) Oberer Abschnitt (Fig. 3 und 3a).

Vorderhörner im sagittalen Durchmesser ausserordentlich verschmälert, rechtes Vorderhorn im frontalen Durchmesser gegen das linke verkürzt. Die centralen Partien der Vorderhörner sind der Sitz einer. in ihren Grenzen die Form des Contours der Vorderhörner ungefähr wiederholenden, mit einer Spitze bis in das Hinterhorn reichenden Erkrankung. Das Gewebe besteht hier fast ausschliesslich aus kleinen Spinnenzellen und dem Filz ihrer Fortsätze: es enthält Lücken, Cysten mit schwach rosa (Carmin) gefärbtem homogenem Inhalt, die von Gliabalken und Gefässen durchzogen sind. Nirgends sieht man thrombosirte Gefässe, auch sind die Wandungen der letzteren nicht verdickt. In den Herden finden sich hie und da Häufchen körnigen gelbbraunen Pigments. Keine Kernvermehrung, auch nicht in den Gefässen. Normale, übrigens sehr pigmentreiche Ganglienzellen finden sich nur in den Randpartien der Vorderhörner in spärlicher Zahl. Eine Zählung ergiebt als Durchschnitt aus 10 Präparaten im linken Vorderhorn 12, im rechten 8 normale Ganglienzellen (aus der gleichen Höhe eines normalen Rückenmarks nach eigener Zählung 70—80). Die Degenerationsherde enthalten keine normalen Ganglienzellen, dagegen atrophische, mit Pigment überladene, ohne Kern und Fortsätze, vielfach zu Pigmenthäufchen zusammengeschrumpfte; andere mit kaum mehr erkennbarem Kern und starren. feinen, nach Art der elastischen Fasern korkzieherartig geschlängelten Fortsätzen; wieder andere mit Vacuolenbildungen. Solche degenerirte und atrophische Ganglienzellen bevölkern besonders die periphere Zone der Herde. Das feine Nervenfasernetz ist in den erhaltenen Randgebieten der Vorderhörner reich entwickelt; im Centrum ist namentlich der Schwund der gröberen Nervenfaserzüge und der Wurzelbündel sehr auffällig.

Im Hinterstrang ist der grösste Theil des Querschnitts degenerirt, am intensivsten der Grenzstreifen zwischen Goll'schem und Burdach'schem Strang mit der bekannten Flaschenfigur und vorderen knopfförmigen Anschwellung und Umbiegung; rechts ist dieser Streifen breiter wie links. Verschont sind blos die schmalen Grenzstreifen längs des hinteren Septum, der hinteren Commissur, der Hinterhörner, der hinteren Peripherie. Im medialen Abschnitt des Burdach'schen Stranges ist links ein schmaler Streifen intensiver erkrankt.

Die Hinterseitenstränge sind der Sitz einer, die Kleinhirnseitenstränge verschonenden, wohl die Grenzen der Py.-S.-bahnen einhaltenden Erkrankung, rechts intensiver wie links. Ferner zieht sich beiderseits längs des Saumes der Vorderhörner, im Austrittsgebiet der atrophischen vorderen Wurzeln eine breite Degenerationszone hin, welche die Peripherie des Vorderseitenstranges nirgends erreicht. Die Vorderstrangs- und Hinterstrangsseitenerkrankung zeigen denselben histologischen Character: Atrophie der Nervenfasern, Verbreiterung der Interstitien, zahlreiche dickleibige mattgefärbte Spinnenzellen, auf Längsschnitten in Längsreihen und Nestern, zum Theil kernhaltige ovale Lücken, die wohl Körnchenzellen entsprechen. Eine frühere Untersuchung (Juli 1887) an Zupfpräparaten und an mit Kalilauge aufgehellten Schnitten hatte in allen Strängen, besonders im Hinterseitenstrang und im Vorderstrang in der Nachbarschaft des Vorderhorns, reichliche Körnchenzellen, zumal in den Gefässwänden, ergeben.

Graue Substanz der Hinterhörner incl. Lissauer's Randzone normal.

b) Unterer Abschnitt (Fig. 4 und 4a).

Die Erkrankung des Vorderhorns ist noch intensiver und ausgedehnter, lässt nur die medialen und lateralen Spitzen frei und reicht besonders rechts tief in das Hinterhorn hinab. In manchen Schnitten führt das linke Vorderhorn nur 2—4, das rechte gar keine gut characterisirten Ganglienzellen. In dem veränderten Gewebe Körnchen von gelbem Farbstoff. Die Strangerkrankung ist die gleiche, nur ist die Degeneration im Vorderseitenstranggrundbündel eine viel intensivere. Die Region der Py.-V.-stränge bleibt frei.

Unteres Halsmark (Fig. 5).

Nur im Centrum der Vorderhörner befindet sich noch je ein kleiner poliomyelitischer Herd. Im Uebrigen sind die Vorderhörner normal und reich an wohlgebildeten, wenn auch vielfach sehr pigmentreichen Ganglienzellen. Degeneration der Hinterstränge wie oben, nur tritt beiderseits in den Burdach'schen Strängen ein stärker degenerirter mittlerer, bis an das Hinterhorn reichender Abschnitt hervor. Degeneration beider Py.-S.-bahnen, rechts intensiver. In den Vorderstranggrundbündeln ein schwach degenerirtes Feld, das nur dort, wo es die vordere Peripherie des Rückenmarks erreicht, eine schmale Randzone stärkerer Degeneration besitzt.

Mittleres Brustmark (Fig. 6).

Degenerirt ist nahezu der gesamte Querschnitt der Hinterstränge, am intensivsten je eine N-förmige Figur im Burdach'schen Strang, deren hintere Spitzen im medianen Septum, nahe der hinteren Commissur, zusammentreffen. Frei bleibt nur je ein schmaler Streifen längs der hinteren Commissur, längs des grössten Theils des hinteren Septums und längs der hinteren Peripherie.

Intensive Erkrankung beider Py.-S.-bahnen; die übrigen Stränge intact.

Die Vorderhörner und die Clarke'schen Säulen enthalten neben normalen und vielen sehr pigmentreichen Ganglienzellen eine Anzahl atrophischer, theils auf Pigmentklümpchen, theils auf rothe (Carmin) Klümpchen ohne Kern und Fortsätze reducirter. Die kugligen Zellen des Seitenhorns, vielfach in Ausläufern der grauen in die weisse Substanz, normal.

Graue Substanz im Uebrigen normal, namentlich auch der Faserreichthum in Vorderhörnern, Clarke'schen Säulen und Lissauerscher Zone (Quer- und Längsschnitte).

Unteres Brustmark.

Strangerkrankung die gleiche. Keinerlei Veränderung in der grauen Substanz.

Oberes Lendenmark (Austritt der II. Lumbalwurzel Fig. 7). Ganz schwache Degeneration in den mittleren Partien der Hinterstränge; frei bleibt die Nachbarschaft des hinteren Septums, der hinteren Commissur, der Hinterhörner und ein Feld an der hinteren Peripherie, welches mit abgerundeter Spitze in die Degenerationsfigur einspringt. Schwache Degeneration beider Py.-S.-bahnen. Weisse Substanz im Uebrigen intact, desgleichen die graue. Ganglienzellen der Vorderhörner ausserordentlich pigmentreich, doch sonst unverändert.

Austrittsgebiet der IV. Lumbalwurzel.

Degenerationsfigur im Hinterstrang die gleiche; Degeneration in den Py.-S.-bahnen ganz schwach. Grosse Spinnenzellen über den ganzen Markmantel verbreitet. Graue Substanz intact. Ganglienzellen sehr pigmentreich.

Unteres Lendenmark (Austritt der V. Lumbalwurzel, Fig. 8).

Grosse Spinnenzellen in allen Strängen. Im Hinterstrang ein schmaler ganz schwach degenerirter mittlerer Streif. Degeneration in den Py.-S.-bahnen nicht mehr deutlich. Graue Substanz normal.

Sacralmark in allen Höhen und Conus medullaris normal bis auf den Reichthum an grossen Spinnenzellen in allen Strängen.

Die Rückenmarkshäute bieten keinerlei Veränderungen dar; der Centralkanal ist in allen Höhen obliterirt. An den Gefässen nichts Auffälliges; in den degenerirten Hinterstrangsabschnitten vielleicht eine geringe Kernvermehrung.

Rückenmarkswurzeln (auf Querschnitten untersucht; Färbung mit Carmin und mit Nigrosin).

Im mittleren Halsmark beträchtliche Faseratrophie in den vorderen Wurzeln, so dass ganze Inseln im Querschnittsbild nur aus zusammengefallenen Scheiden bestehen, zwischen denen nur hier und da noch ein Sonnenbildchen erhalten ist; andere Bündel sind nahezu intact. Das Endoneurium erscheint mässig gewuchert. Die hinteren Wurzeln geben ein völlig normales Bild. Im mittleren Brustmark und im Lendenmark ergab die Untersuchung der vorderen und hinteren Wurzeln nichts Auffälliges.

4. Ursprungsgebiet der Hirnnerven.

Hier stand mir nur die rechte, übrigens die Raphe einschliessende Hälfte von Oblongata und Pons zur Verfügung. Es wurde weder in der weissen, noch in der grauen Substanz etwas Abweichendes gefunden. Besonders war das Verhalten der Ganglienzellen in den Kernen der Accessorius, Hypoglossus, sowie ihrer Wurzeln durchaus normal. Die Zellen der Vaguskerne zwar überaus pigmentreich, aber sonst intact, desgl. die der Glossopharyngeuskerne und die Wurzeln des Vagus-Glossopharyngeus, die Rückenmarkswurzel des Trigeminus und das Solitärbündel; nicht minder normal wurden befunden die Hinterstrangkerne, die Schleife, die Pyramiden, die Acusticus-, Facialis-, Abduceuswurzeln und -Kerne, untere und obere Olive.

Fall III.

Caldara Bartolo, 52 Jahre alt, Landmann.

Aufgenommen in die Irrenanstalt zu Bergamo am 22. III. 87.

Seit 1 Jahr psychische Störungen mit Remissionen. seit 1 Monat heftigere melancholische Erscheinungen.

Tod 14/15. IV nachts an Venenthrombose.

Section 17. IV., 30 Stunden post mortem.

Todtenstarre Leiche, Todtenflecke am Bauch, Decubitus über dem Kreuzbein und an den Nates. Schwellung und Ekchymosirung des rechten Beins, besonders des Oberschenkels.

Schädeldach dünn, leicht, Diploë spärlich, tiefe Sulci meningei, Innenfläche der Dura glatt.

Gewicht des Gehirns mit weichen Häuten = 1215 gr. Pia leicht abziehbar, Windungstypus regelmässig. Carott. intt. mässig atheromatös, die übrigen Gefässe an der Basis zartwandig. Ventrikel von gewöhnlicher Weite, Ependym zart. Marksubstanz blass, glänzend, fest.

Panniculus adiposus und Musculatur gut entwickelt. Herz von gewöhnlicher Grösse, viel subpericardiales Fettgewebe; Musculatur blass, etwas fleckig (mikroskopisch: fetthaltiges Zwischengewebe; Querstreifung der Muskelfasern allenthalben deutlich; viel Pigment um die Kerne in Längsreihen); Klappenapparate intact. — An den Lungen Hypostase der Unterlappen. Milz faul. Leber, Nieren, Magen, Darm ohne auffälligen Befund. Thrombose der rechten Vena cruralis. — An den peripherischen Nerven frisch und makroskopisch nicht auffälliges. Am Rückenmark, im unteren Brust- und oberen Lendentheil graue Zeichnung im Hinterstrang.

Mikroskopische Untersuchung.

1. Peripherische Nerven.

Die Untersuchung geschah zum Theil an Zupfpräparaten nach Behandlung mit Osmiumsäure und Picrocarmin, zum Theil an Schnitten nach Härtung in Chromsäure und Alcohol und Färbung mit Nigrosin, Carmin, Haematoxylin. Untersucht wurden: N. ischiadicus, N. cutan. fem. ant. int. — sämmtlich mit durchweg normalem Befund.

2. Peripherische Ganglien. (Härtung in Bichromatlösung, Carmin-, Haematoxylin- und Pal-Färbung.)

Spinalganglien. Untersucht wurden 2 Cervical- und 1 Brustganglion. Ein Theil der Nervenzellen ist pigmentreich, sonst normal, desgleichen das Verhalten der Nervenfasern.

3. Grosshirnrinde.

Die nachbenannten Windungen der linken Hemisphäre wurden sowohl frisch an gelungenen Exnerpräparaten, als auch nach

Härtung in Bichromatlösung und Färbung mit Carmin und nach Weigert untersucht. Ueberall ergab sich normaler Faserreichthum: die Nervenzellen unverändert, auch nicht ungewöhnlich pigmentreich. In der Markleiste sind zahlreiche kleinste Gliazellen dargestellt. An den Gefässen nichts auffälliges. Untersucht sind: Cuneus, G. rectus. G. frontalis sup., L. Broca. Insel, G. fornicat.. G. central. ant.. Lob. paracentralis, G. temporalis sup.

4. Kleinhirn.

Es wurden Rinde und Nucl. dentatus an Carmin- und Pal-Präparaten untersucht und normal befunden.

5. Rückenmark (Tafel III).

Die Untersuchung an Zupfpräparaten frisch am Tage der Section ergab: massenhafte Körnchenkugeln in den Hinterseitensträngen des Hals- und Brustmarks, frei im Gewebe und in den Gefässwänden: Corpp. amylacea in den Hintersträngen; Nervenzellen reich an Pigment. —

Die Untersuchung des gehärteten Organs geschah an Carmin-, Boraxcarmin-, Weigert- und an ungefärbten (Glycerin-) Präparaten.

Oberes Halsmark. Austritt der II. Cervicalwurzel (Fig. 1).

Degeneration der Goll'schen Stränge unter Verschonung des Gebiets an der hinteren Commissur, längs des Sept. post., längs der hinteren Peripherie; am intensivsten erkrankt ist der flaschenförmige Contour der Stränge; mikroskopisch: Verbreiterung der Interstitien, Atrophie der Nervenfasern. Schwache Degeneration je eines schmalen mittleren Streifs in den Burdach'schen Strängen. Uebrige Stränge und graue Substanz intact.

Austritt der III. Cervicalwurzel.

Degeneration der Goll'schen Stränge wie oben; das hintere Ende der Degenerationsfigur im Burdach'schen Strang zeigt eine gablige Spaltung, die in der vorigen Höhe schon angedeutet war. Ganz schwache Degeneration beider Py.-S.-bahnen. Uebrige Stränge und graue Substanz intact.

Mittleres Halsmark (Austritt der IV. Cervicalwurzel).

Degeneration im Hinterstrang wie bei Cerv. III, Erkrankung der Py.-S.-bahn links kaum angedeutet, rechts ausgesprochener.

Unteres Halsmark. Austritt der V. Cervicalwurzel wie bei Cerv. IV.

Austritt der VI. Cervicalwurzel (Fig. 2).

Die degenerirten Partien der Goll'schen Stränge reichen im hinteren Drittel bis an das mediane Septum; Degenerationsfigur in den Burdach'schen Strängen unverändert. Degeneration der Py.-S.-bahnen schwach, rechts etwas intensiver. Ganglienzellen der Vorderhörner reich an Pigment.

Austritt der VII. Cervicalwurzel wie bei Cerv. VI.

Austritt der VIII. Cervicalwurzel (Fig. 3).

Degeneration im Hinterstrang die gleiche, nur ist das mediane Septum wieder in seiner ganzen Ausdehnung von einer schmalen intacten Zone gesäumt. Degeneration der Py.-S.-bahn rechts etwas intensiver; die Kl. S.-bahnen sind intact.

Oberes Brustmark.

Ausdehnung und Intensität der Strangerkrankung nahezu unverändert.

Mittleres Brustmark (Fig. 4).

Die Degenerationsfigur im Burdach'schen Strang beginnt mit der des erkrankten Goll'schen Stranges zusammenzufliessen, erreicht aber nirgends die hintere Commissur, die Hinterhörner, die hintere Peripherie. Erkrankung der Py.-S.-bahnen intensiver, besonders rechts. Graue Substanz, auch der Clarke'schen Säulen intact. Auch die kugeligen Zellen der Seitenhörner wohlgebildet.

Unteres Brustmark (Fig. 5).

Erkrankt ist nahezu der ganze Querschnitt der Hinterstränge, am intensivsten die medianen Partien. Frei bleibt nur je ein Streif am hinteren Septum, an hinterer Commissur, Hinterhorn und hinterer Peripherie, wo eine intacte Sichel in die Degenerationsfigur einspringt. Die Erkrankung der rechten Py.-S.-bahn ist erheblich: beträchtliche Verbreiterung der Interstitien.

Oberes Lendenmark (Fig. 6).

Hinterstrangerkrankung noch im gleichen Umfang; intensiver degenerirt ist noch je eine laterale, die gelatinöse Substanz des Hinterhorns erreichende Partie. Ganz schwache Degeneration der Py.-S.-bahnen. Graue Substanz intact.

Mittleres Lendenmark (Fig. 7).

Im Hinterstrang ist je ein mittleres, nirgends die Grenzen des Stranges erreichendes Feld erkrankt; an der hinteren Peripherie bleibt ein halbmondförmiges Feld frei. Im Hinterseitenstrang keine Degeneration mehr nachweisbar.

Unteres Lendenmark (Fig. 8).

Intact bis auf eine Erkrankung im Hinterstrang, die je ein

dreieckiges, die Subst. gelatinosa säumendes, das mediane Septum nicht erreichendes Feld einnimmt. —

Die Häute, Wurzeln und Gefässe des Rückenmarkes bieten nichts Auffälliges dar. Der Centralkanal ist durchweg obliterirt.

6) Ursprungsgebiet der Hirnnerven.

Oblongata. Pons und Hirnschenkel wurden auf Serienschnitten an Carmin- und Pal-Präparaten durchsucht und völlig normal befunden.

Fall IV.

Taschini, Anna. 55j. Bäuerin.

Lebte stets in ärmlichen Verhältnissen von Polenta, Brod und Wasser; 6 normale Entbindungen.

Seit 20 Jahren Symptome von Pellagra: jedes Frühjahr Erythem an den Handrücken, Schwächegefühl, Anorexie. Vor 15 Jahren geistige Erkrankung vom Character der Stupidität. Seit 3 Jahren Verschlimmerung der Allgemeinerscheinungen; seit 2—3 Monaten von neuem auffälligere psychische Symptome: Schwermüthige Gedanken, Verwirrtheit, unbestimmte Furcht, Schlaflosigkeit, Schwäche, Diarrhöen — all das in Intermissionen. Jammerte, wollte sich ertränken.

Aufnahme in die Anstalt zu Reggio (Emilia) 18. III. 87.

Status bei der Aufnahme: Anämisches Aussehen, Kiefer fast zahnlos.

Psychisches Verhalten: Die Kranke ist apathisch, verwirrt, melancholisch, macht nur sehr unbestimmte anamnestische Angaben.

Sensibilität: An Kopf, Gesicht, Armen und Stamm annähernd normal, an den Unterextremitäten sehr herabgesetzt. Keine Störung im Bereich der Specialsinne.

Motilität: Bewegungen an den oberen Extremitäten träge. Leichte spastische Contractur der Nackenmuskeln, übrigens mit Leichtigkeit zu überwinden.

Parese der Unterextremitäten; Patientin kann nicht stehen. Kniephänomen überaus gesteigert, zumal links. Die Zunge zittert im Gewebe. Pupillen eng, Reaction etwas träge.

Herztöne schwach, undeutlich. Haut der Handrücken gedehnt, glänzend, dünn, unelastisch. Leichtes Oedem an den Unterextremitäten. Allgemeiner Muskelschwund. Magendarmcatarrh.

Verlauf. Die folgenden Tage brachten keine Aenderung im psychischen Verhalten. Die Kranke isst wenig, ist verwirrt, stupid, stellt sich nicht auf die Füsse

26. März. Profuse Diarrhöen. Pat. ist schwach und bettlägerig. Temp. nicht erhöht.

28. März. Ausgedehnter Decubitus am Kreuzbein und über den Trochanteren. Contractur der Unterextremitäten in halber Flexionsstellung.

3. April. Temp. eher erhöht. Pat. antwortet nicht auf Fragen, nimmt kaum Nahrung zu sich; profuse Diarrhöen.

5. April. Temp. höher; Allgemeinbefinden wesentlich schlechter. Contractur des linken Arms in Flexionsstellung; Griffe cubitale; convulsivische Stösse in demselben. Soporöser Zustand.

6. April. Exitus.

Section 7. IV. 87, 16 Stunden post mortem.

Körpergrösse 1,55 m. Schlechter Ernährungszustand. Oedem der Unterextremitäten, besonders rechts; Oedem der rechten grossen Schamlippe. Unterextremitäten in halber Flexionsstellung; Contractur der linken Oberextremität, die Finger in Ulnarflexion (griffe cubitale). Purpuraflecke an den Unter- und Oberextremitäten. Ausgedehnter Decubitus an den Trochanteren. Zahnfleisch schwammig und blutig.

Leichenstarre fast verschwunden. Schädeldach symmetrisch, wiegt 920 gr. Sulci meningei sehr ausgesprochen und tief; Diploë reichlich. Dura mater normal, weiche Häute zart, schwer abziehbar. An der Basis des Gehirns nichts auffälliges. Gewicht des Gehirns = 1170 gr. Windungen regelmässig, Rindensubstanz von normaler Dicke und rosa Farbe, Marksubstanz blass. Sonst am Gehirn nichts besonderes. Herz von normalem Volumen, Gewicht = 335 gr., Breite an der Basis = 11,0 cm, Länge von der Spitze zur Basis = 9,0 cm; Organ von Fett bedeckt. Linker Ventrikel leer, seine Wanddicke misst 2,0 cm. Endocardium trübe. Klappenapparate und Weite der Ostien normal.

Lungen: Leichte Hypostase links.

Leber: Gewicht = 1240 gr.; Breite = 24,0 cm, Höhe = 16,0 cm, Dicke = 6,5 cm. Kapsel verdicht, Parenchym blutreich.

Milz: Gewicht = 220 gr.; Maasse = 13 : 8 : 4 cm.

Darmkanal: Darmwand dünn. Schleimhaut von vielem Schleim bedeckt, besonders im unteren Abschnitt des Dünndarms.

Rückenmark: Makroskopisch im frischen Zustand nichts auffälliges.

Epikrise: Catarrhus intestinalis chron., Septicaemie (Decubitus), Pellagra. Skorbut.

Gehirn und Rückenmark, in Müller'scher Flüssigkeit aufbewahrt, wurden mir von Prof. Tamburini zur Untersuchung freundlichst überlassen.

Mikroskopische Untersuchung.

1. Grosshirnrinde.

Die Untersuchung geschah an Carmin- und Weigertpräparaten und ergab in allen Abschnitten durchweg normale Verhältnisse. Folgende Windungen der linken und der rechten Hemisphäre wurden untersucht:

G. centralis ant. u. post., L. paracentralis, G. frontalis sup., med. und inf., G. rectus, Insula, G. fornicatus, L. parietalis inf., G. temporalis sup., Cuneus.

2. Kleinhirn.

Die Untersuchung an Carmin- und an Pal-präparaten ergab in Rinde und Nucl. dentatus normalen Befund.

3. Rückenmark (Tafel IV). (Untersuchung an Glycerin-, Carmin-, Boraxcarmin- und Weigert- [resp. Pal-]präparaten.)

Austritt des I. Cervicalnerven (Fig. 1).

Viele Corpp. amylacea, besonders im Hinterstrang. Mässige Degeneration beider Pyramidenseitenstrangbahnen, je eines medialen Streifens in den Goll'schen und in den Burdach'schen Strängen. Ganglienzellen pigmentreich; im übrigen graue Substanz intact.

Austritt der II. Cervicalwurzel (Fig. 2).

Starke Degeneration der Goll'schen Stränge, weniger intensive der Burdach'schen. Frei bleibt je eine schmale Zone an der hinteren Commissur, längs der Hinterhörner, längs der hinteren Peripherie und ein kleines schmales ovales Feld neben dem Sept. postic. an der Grenze zwischen seinem mittleren und hinteren Drittel. — Degeneration der Py.-S.-bahnen. Kleinhirnseitenstrangbahnen, übriger Markmantel und graue Substanz normal.

Austritt der III. und IV. Cervicalwurzel wie bei Cerv. II.

Austritt der V. Cervicalwurzel (Fig. 3).

Degenerationsfigur im Hinterstrang wenig verändert; längs der vorderen zwei Drittel des Sept. post. eine schmale intacte Zone. Degeneration im Hinterseitenstrang intensiver und auf die Py.-S.-bahn beschränkt.

Austritt der VI. Cervicalwurzel wie bei Cerv. V.

Austritt der VII. Cervicalwurzel (Fig. 4).

Zunehmende Intensität der Py.-S.-Erkrankung: im übrigen
die gleichen Degenerationsfelder; ebenso in der Höhe des
Austritt der VIII. Cervicalwurzel.

Ganglienzellen nicht übermässig pigmentreich.

Austritt der I. Dorsalwurzel (Fig. 5).

Zahlreiche Corpp. amylacea, besonders in den Hintersträngen. Noch nahezu der ganze Querschnitt der letzteren erkrankt,
besonders intensiv die Goll'schen Stränge; frei sind die gleichen
Zonen wie im unteren Halsmark. Sehr intensive Erkrankung
beider Py.-S.-bahnen. Der histologische Character der Degeneration ist in beiden Strängen der gleiche: Atrophie der Fasern,
Verbreiterung der Interstitien, ohne auffallende Kernvermehrung,
auch nicht in den Gefässwänden. Graue Substanz intact.

Ungefähr dieselben Bilder geben Schnitte aus der Höhe des
Austritt der II., III., IV., V. Dorsalwurzel.

Austritt der VI. Dorsalwurzel (Fig. 6).

Sehr intensive Erkrankung nahezu des ganzen Querschnitts der
Hinterstränge; nur eine ganz schmale Zone längs der hinteren
Commissur und der Hinterhörner, eine breitere längs der hinteren
Peripherie bleibt frei. Fast überall reicht die Degeneration bis an
das mediane Septum. Sehr intensive Degeneration der Py.-S.-
bahnen. Graue Substanz intact, auch die Clarke'schen Säulen
mit ihrem feinen Fasernetz und die Lissauer'sche Randzone.

Austritt der VII. und VIII. Dorsalwurzel.

Der gleiche Befund.

Austritt der IX. Dorsalwurzel (Fig. 7).

Frei bleiben im Hinterstrang nur die schmalen Randpartien;
eine schmetterlingsartige Figur ist durch intensivere Erkrankung
ausgezeichnet. Py.-S.-strangdegeneration in der für diese Höhe
characteristischen Localisation.

Austritt der XII. Dorsalwurzel (Fig. 8).

In die Degenerationsfigur der Hinterstränge springt ein
laterales, zungenförmiges freies Feld von den Hinterhörnern herein.
Degeneration der Hinter- und der Hinterseitenstränge weniger intensiv.

Austritt der I. Lumbalwurzel (Fig. 9).

Im Hinterstrang bleibt je ein breiter Streifen längs der
hinteren Commissur und der Hinterhörner, ein schmaler längs des
Sept. post. und der hinteren Peripherie verschont; am intensivsten
erkrankt ist je ein medianer schmaler Streif und ein halbmond-

förmiges hinteres Feld. Schwache Degeneration beider Py.-S.-bahnen. Ganglienzellen reich an Pigment. sonst graue Substanz unverändert.

Die Bilder in der Höhe des

Austritt der II., III., IV. Lumbalwurzel entsprechen denen in der Höhe des

Austritt der V. Lumbalwurzel (Fig. 10).

Im Hinterstrang ist nur das halbmondförmige Feld an der hinteren Peripherie und ein schmales Dreieck neben dem Sept. post., im Hinterseitenstrang die Py.-S.-bahn schwach degenerirt.

Austritt der III. Sacralwurzel.

Keine Degeneration nachweisbar. Viele Corpp. amylacea, besonders in der gelatinösen Randschicht und in der Umgebung der Wurzelbündel.

Der Centralkanal ist in allen Höhen des Rückenmarks obliterirt. An den Häuten, Wurzeln und Gefässen des Rückenmarks nichts auffälliges.

4. Ursprungsgebiet der Hirnnerven.

Oblongata. Pons und Hirnschenkel wurden auf Serienschnitten mit den gleichen Methoden wie das Rückenmark untersucht und durchweg normal befunden. In den Pyramiden liess sich jenseits der Kreuzung eine Erkrankung nicht nachweisen.

Fall V.

Montanari, Maria, 57j. Witwe.

Bäuerin in ärmlichsten Verhältnissen: lebte in Mühsal. Kummer und Elend nahezu ausschliesslich von Polenta, häufig aus verdorbenem Mais und Wasser. Keine erbliche Belastung.

Leidet seit einigen Jahren jedes Frühjahr an allgemeiner Körperschwäche. Eingenommenheit des Kopfes. Diarrhöen und dem characteristischen Erythem an den Händen. Erholte sich in einigen Monaten wieder. aber nicht vollständig.

Diese Erscheinungen zeigten sich im Frühjahr 1884 von Neuem, zogen sich in die Länge und wurden (Juli 84) von deutlicheren psychischen Störungen begleitet. Die Kranke beschäftigte sich nicht mehr. grübelte. zeigte Abneigung gegen ihre eigenen Töchter, verlor Schlaf und Appetit. Nach vorübergehender Behandlung im Krankenhaus zu Novellara (Prov. Reggio), wo sie sich erregt zeigte. Verfolgungsideen äusserte, die Umgebung bedrohte und schliesslich Feuer anlegte, wurde sie am 17. XI. 84 in die Prov.-Irrenanstalt zu Reggio (Emilia) aufgenommen.

Status bei der Aufnahme: Bleiche, abgemagerte, schwache Kranke. Körpergewicht 28 kg bei 1,45 m Körperlänge.

Sensibilität in ihren verschiedenen Qualitäten normal, desgleichen die Motilität. Reflexerregbarkeit eher erhöht.

Profuse Diarrhöen. Haut des Handrückens glänzend, rissig, atrophisch. Herztöne schwach, Temp. normal.

Psychisches Verhalten: Pat. ist deprimirt und verwirrt, äussert Verfolgungsideen gegen ihre Familie; ängstlich und kleinmüthig.

Diagnose: Pellagröse Seelenstörung in kachectischem Stadium.

6. XII. 84. Bisher keine Veränderung: geringe Nahrungsaufnahme, grosse Schwäche, keine Arbeitslust. Heute verwirrt, redet mehr. In den folgenden Tagen laut, erregt; vermag nur mühsam sich auf die Füsse zu stellen.

12. XII. Gesteigerte Erregung, grosse Schwäche und Schreckhaftigkeit; Essgier, Diarrhöen.

30. XII. Bettlägerig. Bronchialcatarrh.

3. I. 85. Während der letzten Tage subnormale Temperaturen; viel Husten, schwierige Expectoration.

Exitus Vorm. 11 Uhr 40 Min.

Section 4. I. 85, 30 Stunden post mortem. Magere Leiche, Leichenstarre auf alle Glieder ausgedehnt, keine Fäulnisserscheinung. Fettpolster und Musculatur atrophisch.

Schädeldach symmetrisch, oval, wiegt 290 gr; Diploë reichlich, Sulci ausgesprochen. Dura Mater leicht adhärent, normal dick. Sinus longitudinalis enthält etwas Blutgerinnsel, Arachmoidealräume mässig gefüllt. Gehirngewicht = 1050, Gewicht der abgelaufenen Cerebrospinalflüssigkeit = 150 gr. Pia leicht abziehbar, anämisch. Gefässe an der Basis normal. Substanz des Gehirns von gewöhnlicher Consistenz, Rinde von gewöhnlicher Dicke, leicht rosa, weisse Substanz durchsetzt von Blutpunkten in mässiger Zahl. Windungstypus regelmässig. Seitenventrikel von normaler Weite. — Keinerlei Herderkrankungen im Gehirn.

Herz von normalem Volumen; Gewicht = 220 gr., Breitendurchmesser an der Basis = 8 cm., Längsdurchmesser von der Spitze bis zur Basis = 7,5 cm. Ueber der Vorderfläche des rechten Ventrikels ein Sehnenfleck. Linker Ventrikel gefüllt mit Blutcoagula, Wanddicke = 1,5 cm. Muskelfleisch blass. Klappen und Ostien normal.

6*

Lungen voluminös, Oberlappen emphysematös; in den hinteren Abschnitten ödematös: in den Bronchien reichlich Schleim. —

Leber wiegt 965 gr. Durchmesser = 20 : 12 : 5 cm, Parenchym blutarm.

Milz 9 : 5 : 1,5 cm, Kapsel narbig, Pulpa anämisch.

Nieren von gewöhnlichem Volumen, Kapsel leicht abziehbar, Rinden- und Marksubstanz nicht deutlich von einander zu unterscheiden, von gelblichem Colorit. Am

Darmcanal nichts auffälliges.

Uterus klein. enthält etwas Schleim: Ovarien atrophisch.

Das Rückenmark bietet makroskopisch frisch nichts auffälliges dar.

In Bichromatlösung wurden aufbewahrt und mir freundlichst zur Untersuchung überlassen ein Stück der Grosshirnrinde und das Rückenmark, von dem der obere Brust- und der Lendentheil bei der Herausnahme verunglückt war.

Mikroskopische Untersuchung.

1. Grosshirnrinde.

Das asservirte Stück gab an Schnitten, die mit Carmin und nach Weigert gefärbt waren, normale Bilder.

2. Rückenmark (Tafel V, Fig. 1 und 2). (Glycerin-, Carmin-, Boraxcarmin-, Weigert-Präparate.)

Oberes Halsmark (Fig. 1).

Ganz schwache Erkrankung (mässige Verbreiterung der Interstitien) in den vorderen Abschnitten der Goll'schen Stränge: dieselbe reicht nicht bis ans Septum und an die hintere Commissur. Uebrige Stränge und graue Substanz normal.

Mittleres Halsmark (Fig. 2).

Zahlreiche Corpp. amylacea über den ganzen Querschnitt zerstreut, besonders reichlich in der gelatinösen Randschicht, in den Septis, hinteren Wurzeln, Hinterhörnern und um den Centralkanal. In den mittleren Partien des vorderen Abschnitts der Goll'schen Stränge ganz schwacher Degenerationsstreif, vorn umbiegend. Sonst nichts abnormes. Vom unteren Hals- bis zum unteren Brustmark ist das Rückenmark normal, desgl. seine Häute und Wurzeln.

Centralkanal obliterirt.

Fall VI.

Grillenzoni, 56 j. Bäuerin.

Aufgenommen in die Irrenanstalt zu Reggio am 26. IV. 87; daselbst von mir mit beobachtet.

Anamnese: Lebte schlecht, nährte sich fast ausschliesslich von Polenta und Wasser. Bietet seit mehreren Jahren jeden Frühling Desquamation der Haut an den Händen, allgemeine Schwäche und Diarrhöen dar. Erst in diesem Jahr stellten sich psychische Symptome ein: Melancholie, dämonomanische „Hallucinationen". Sie war vor einigen Monaten von Neuem mit Schwäche, Kopfweh und Diarrhöen erkrankt.

Sie befindet sich bei der Aufnahme im elendesten, schmutzigen, verwahrlosten Zustand, ist schlecht genährt und hat Decubitus.

Status bei der Aufnahme: Die Kranke ist schwach, fiebernd, benommen, spricht kein Wort, lamentirt fortwährend. Zeichen von vorgeschrittenem Erythema pellagrosum an Hand- und Fussrücken: Haut dünn, durchsichtig, unelastisch; Abschuppung der Epidermis. Unterschenkel gegen die Oberschenkel gebeugt; unschwer zu überwindende Contractur der Oberextremitäten, besonders rechts, in Flexionsstellung. Convulsivische Stösse in der Musculatur der Extremitäten bei jeder gewollten Bewegung. Allgemeine Atrophie der Muskeln. Ausgedehnter Decubitus über dem Kreuzbein.

Bewegungen sehr unsicher; fibrilläre Zuckungen im Facialisgebiet. Pupillen eng, reagiren träge auf Lichteinfall und auf schmerzhafte Eindrücke. Die Zunge wird auf Geheiss nur wenig und zitternd hervorgestreckt.

Zur Prüfung der Sensibilität fehlt die Aufmerksamkeit: Nadelstiche lösen Zittern des ganzen Gliedes aus. Gröbere Störungen von Seiten der Specialsinne können ausgeschlossen werden.

Sehnenreflexe gesteigert.

Profuse Diarrhöen: unwillkürlicher Stuhl- und Urinabgang.

76 Pulse, 16 Respirationen in der Minute; an Herz und Lungen nichts besonderes; schwache Herztöne.

27. April. Temp. Morgens 38,0°, Abends 37,7°.

Nahrungsverweigerung, Sondenfütterung. Pupillen eng, Conjunctivitis bulbi. Pat. benommen, hatte einige diarrhoische Ausleerungen.

28. April. Temp. Morgens 37,2°, Abends 39,7°. Puls kaum

fühlbar, reichliche Diarrhöen. In der Nacht zum 29. April um 12½ Uhr Exitus.

Section 29. IV. 87, 9½ Stunden post mortem. Leichenstarre vorhanden. Decubitus am Kreuz, keine Oedeme. Fettpolster und Musculatur atrophisch. Schädeldach dünn (215 gr), symmetrisch. Diploë reichlich und blutreich, Sulci meningei tief. Dura Mater derb, mässig injicirt. Bei der Herausnahme des Gehirns läuft viel Arachnoïdealflüssigkeit ab. Gewicht des Gehirns = 1415 gr. Punkt-förmige Verdickungen der Arachnoidea längs der Gefässe der Con-vexität und Basis. Leichtes Atherom an den grossen Gefässen der Basis; das Caliber der A. communicans post. sin. übertrifft das der rechten Seite um das Dreifache. Pia leicht abziehbar. Consistenz des Gehirns weich, Marksubstanz blutarm. Weite der Ventrikel normal, Ependym glatt. Keine Herderkrankungen im Gehirn.

Rückenmark: Einige Einlagerungen von Knochenplättchen in die hintere Fläche der Arachnoidea, sonst makroskopisch nichts auffälliges.

Herz = 250 gr. Volumen normal: Breite an der Basis = 8,0 cm, Länge von der Spitze zur Basis = 8,0 cm. Oberfläche mit Fett bedeckt. Ventrikel contrahirt: linker Ventrikel leer, Wanddicke = 1 cm. Endocard trübe, Aortenzipfel der Mitralis stark verdickt. Atherom der Aorta asc., besonders um den Eingang der Coronar-arterien. Im rechten Herzen dicke Fibringerinnsel.

Klappen und Ostien normal. Herzmuskel blass, gelb gefleckt: mikroskopisch ansehnliche feinkörnige Fettdegeneration mit Er-haltung der Querstreifung.

Lungen bis auf mässiges Emphysem normal.

Leber klein, 1015 gr: Maasse = 21 : 17 : 4,5 cm: alte Schwielen in der Kapsel: Parenchym sehr blutreich, wodurch die Zeichnung der Inseln verwischt wird.

Milz von normalem Volumen 12 : 7,5 : 2,5 cm. Gewicht 110 gr. Kapsel verdickt und runzelig, Pulpa blutarm, reich an interstitiellem Bindegewebe.

Nieren anämisch.

Darmkanal: Schleimhaut stark injicirt, besonders im letzten Abschnitt des Ileum.

Mikroskopische Untersuchung.

1. Peripherische Nerven.

In Osmiumsäure gehärtet und nach 8 Tagen an Zupfpräparaten

nach Färbung mit Picrocarmin untersucht und normal befunden wurden ein Hautnerv des rechten Handrückens und der N. cutan. int. ant. des linken Unterschenkels.

In Bichromatlösung gehärtet, in Alcohol aufbewahrt und an Längs- und Querschnitten nach Färbung mit Nigrosin und mit Alaunhaematoxylin untersucht wurden: N. ischiadicus sin., N. cruralis sin., N. medianus dext, N. ulnaris dext., N. vagus sin., je ein Hautnerv vom rechten Handrücken und von der vorderen inneren Fläche des linken Unterschenkels. Es ergab sich keinerlei Veränderung.

2. Haut des Handrückens (Taf. VIII, Fig. 3 und 4). Härtung in Bichromatlösung, Aufbewahrung in Alcohol, Einbettung in Celloïdin, Färbung mit Carmin, Haematoxylin und Carmin-Haematoxylin.

Blasenförmige Abhebung der einzelnen Lagen des Stratum corneum, beträchtliche Epidermisabschuppung, Anhäufung von braunem Pigment in den Zellen des Rete Malpighi; keine Veränderung an den Gefässen.

3. Musculatur.

Ausser dem Herzmuskel (s. o.) wurde ein Stück aus den Finger-Beugern des rechten Vorderarms frisch nach Behandlung mit Essigsäure untersucht. Ansehnliche Fettgeneration mit theilweiser Verdeckung der Querstreifung; neben feinen Fettkörnchen, in Längsreihen angeordnet, auch grössere Fetttröpfchen.

4. Peripherische Ganglien.

Zur Untersuchung kamen mehrere Spinalganglien aus dem Halstheil, das Gangl. sympath. cerv. inf., ein Gangl. sympath. thorac. und das Gangl. solare auf Schnitten nach Härtung in Bichromatlösung, Aufbewahrung in Alcohol und Färbung mit Carmin, Alaunhaematoxylin, Carminhaematoxylin und nach Pal. Die Spinalganglien zeigten sich in jeder Beziehung normal: Zellkörper kugelig, reich an Pigment, Kern und Kernkörperchen distinkt. Im Verhalten der Kerne, der Nervenfasern, der Gefässe nichts Abweichendes. Corpp. amylaeca sehr grossen Kalibers in den austretenden hinteren Wurzeln.

Die sympathischen Ganglien zeigen ebenfalls — abgesehen von grossem Pigmentreichthum — ein normales Verhalten.

5. Grosshirnrinde.

Untersucht wurden theils frisch nach Exners Methode, theils nach Härtung in Alcohol und Nissl'scher Färbung, theils nach

Härtung in Bichromatlösung und Färbung mit Carmin und nach Weigert folgende Windungen der linken Hemisphäre: Lob. paracentralis. G. centralis ant. und post., G. frontalis sup., med. und inf.. Insel, G. rectus, G. fornicatus, G. temporalis sup., L. parietalis inf.. Cuneus. —

Sämmtliche Windungen wurden bis auf den Pigmentreichthum der Ganglienzellen normal befunden.

6. Kleinhirn.

Färbung mit Carmin und nach Pal. Normale Bilder der Rinde und des Nucl. dentatus. Ganglienzellen ziemlich pigmentreich.

7. Rückenmark (Tafel VI).

Die Untersuchung frisch ergiebt im unteren Halstheil: reichlich Fettkörnchenzellen in beiden Hinterseitensträngen, frei im Gewebe und in den Gefässwänden: spärliche Corpp. amylacea daselbst, sehr reichliche im Hinterstrang, weniger in den Vordersträngen. Viel Pigment in den Ganglienzellen des Vorderhirns.

Das gehärtete Organ wurde an Carmin- und Pal-präparaten untersucht.

Oberes Halsmark (Austritt der II. und der III. Cervicalwurzel. Fig. 1).

Schwache Degeneration der lateralen Abschnitte der Goll'schen Stränge und je eines schmalen centralen Streifs in den Burdach'schen Strängen. Ganz schwache Erkrankung der Py.-S.-bahnen: von der vorderen Grenze des Degenerationsgebiets im Hinterseitenstrang aus setzt sich längs der Peripherie, jedoch durch einen schmalen intacten Saum von ihr getrennt, ein degenerirter Streifen nach vorn fort, der im Vorderseitenstang mit einer keulenförmigen Anschwellung endigt.

Mittleres Halsmark (Austritt der II. Cervicalwurzel, Fig. 2). Stärkere Degeneration der Goll'schen Stränge: Gebiet der hinteren Commissur und — zum grössten Theil — des Sept. post. frei: schmaler Streifen mitten in den Burdach'schen Strängen leicht erkrankt. Erkrankung der Hinterseitenstränge. die sich an das Areal der Py.-S.-bahnen hält und an den Grenzen gegen das normale Gewebe am intensivsten ist.

Austritt der II. Dorsalwurzel (Fig. 3).

Degenerationsfigur in den Hintersträngen wenig verändert; Gebiet des Sept. post. ganz frei; stärkere Erkrankung der Py.-S.-bahnen besonders an den vorderen Grenzen.

Aehnliche Bilder geben Schnitte aus der Höhe des

Austritt der III., IV., V. Dorsalwurzel.

Austritt der VI. Dorsalwurzel (Fig. 4).

Die Degenerationsfiguren in dem Goll'schen und im Burdach-schen Strang sind aneinander gerückt. Frei bleiben die Gebiete an der hinteren Commissur, den Hinterhörnern, dem Septum und der hinteren Peripherie. Degeneration der Py.-S.-bahnen ziemlich intensiv, besonders an den Rändern.

Austritt der VII. Dorsalwurzel.

Die Erkrankung der Py.-S.-bahnen hier am intensivsten; im Hinterstrang ungefähr der gleiche Befund.

Austritt der VIII. Dorsalwurzel.

Erkrankung der Py.-S.-bahnen schwächer; die Zacke des degenerirten Felds im Burdach'schen Strang reicht weiter nach vorn.

Austritt der IX. Dorsalwurzel (Fig. 5).

Im Hinterstrang treten 1 medialer, 1 lateraler und 1 hinterer degenerirter Streifen zu einem vorn offenen Dreieck zusammen. Die beiden medialen Steifen sind durch eine schmale Brücke verbunden; im Uebrigen ist das Gebiet des Septum post. frei, desgleichen die andern bisher intakten Felder. Degeneration der Py.-S.-bahnen nur noch ganz schwach.

Die Degenerationsfiguren in den Hintersträngen aus der Höhe des

Austritt der X., XI., XII. Dorsalwurzel bilden Uebergänge zu dem Befund in der Ebene des

Austritt der I. Lumbalwurzel (Fig. 6).

Erkrankt ist je ein hinteres, nicht bis an die Peripherie reichendes, und ein an dieses stossendes mediales Feld; neben dem Septum bleibt in seiner vorderen Hälfte eine freie Zone. Erkrankung der Py.-S.-bahnen kaum noch nachweisbar.

Austritt der III. Lumbalwurzel (Fig 7).

Erkrankt ist ausschliesslich je ein hinteres halbmondförmiges Feld und ein beide Felder verbindendes dreieckiges Feld an dem hinteren Septum.

Austritt der II. Lumbalwurzel (Fig. 8).

Erkrankung desselben Gebiets; doch bleibt innerhalb desselben eine schmale ovale Zone am hinteren Septum frei.

Austritt der I. Sacralwurzel.

Noch ganz schwache Degeneration im gleichen Bezirk. Von da an bis zum Conus medullaris normaler Befund.

Im ganzen Rückenmark zeigt die graue Substanz in allen

Theilen ein normales Verhalten: Ganglienzellen pigmentreich. Centralkanal durchweg obliterirt. An Häuten, Wurzeln und Gefässen des Rückenmarks nichts Auffälliges.

8. Ursprungsgebiet der Hirnnerven.

Oblongata, Brücke und Hirnschenkel wurden auf Serienschnitten durchforscht (Färbung mit Carmin und nach Weigert) mit negativem Befund. Ganglienzellen im centralen Vaguskern überaus pigmentreich, so dass Kern und Körper oft schwer zu entdecken sind.

Fall VII.

Camaggi, Paola, 46j. Bäuerin.

Aufnahme in die Irrenanstalt zu Imola am 28. IV. 87.

Mutter starb pellagrös, Vater endete pellagrös durch Selbstmord.

Vor 20 Jahren Arthritis, vor 5 Jahren Recidiv. Ausschliessliche Maisnahrung.

Erkrankte vor 1½ Jahren mit Melancholie. Seit einigen Tagen Steigerung der Symptome: liegt im Bett bald stumm, bald schreiend, äussert Versündigungsideen; meint, sie komme in die Hölle.

Status bei der Aufnahme: Elender Ernährungszustand, Haut und Schleimhäute blass, sehr geringes Fettpolster; Spuren von fortgeschrittenem pellagrösem Erythem an den Handrücken mit weisslichen Narben. Pat. ist menstruirt.

Aengstliche Erregung: Furcht, verbrannt zu werden, in die Hölle zu kommen, zittert, klagt, jammert, „hört Stimmen", isst wenig.

Tactile Sensibilität normal, Empfindlichkeit für Schmerz etwas herabgesetzt, für Wärme und Kälte gut erhalten. Verhalten der Pupillen normal. Gefühl von Brennen in der Haut ohne besondere Localisation. Die Kranke ist sehr schwach auf den Beinen. Sehnenreflexe nicht verändert. Leichtes Blasen beim I. Herzton, sonst ausser den Zeichen eines Bronchialkatarrhs normaler Befund an den Brustorganen.

30. April. Status idem.

1. Mai. Tiefe Angstmelancholie, „Delirien und Hallucinationen". Da Pat. heut keinen Urin gelassen hat, wird sie um 7 Uhr Nachm. katheterisirt. Um 10 Uhr Abends plötzliche Verschlimmerung. Exitus um 10¼ Uhr.

Section 2. V. 87, 10 Stunden post mortem. Körperlänge

1,65 m: keine Todtenstarre, sehr schlechter Ernährungszustand, sehr gering entwickeltes Fettpolster.

Schädeldach von normaler Dicke, Diploë spärlich, an den Hirnhäuten und -gefässen nichts auffälliges.

Hirngewicht 1244 gr. Zahlreiche Blutpunkte in der Marksubstanz. Keine Herderkrankung im Gehirn.

Rückenmark: Gewicht = 30 gr. Makroskopisch nichts abnormes.

Herz von normalem Volumen: Gewicht = 290 gr. Längen- und Breitendurchmesser = 11 cm. Oberfläche von wenig Fett bedeckt: Ventrikelwand schlaff. Dicke des linken Ventrikels = 1,5 cm. Muskel gelblich. Klappenapparat intact.

Lungen: Hyperaemie und Oedem der Unterlappen.

Leber 23 : 18 : 6 cm, Gewicht = 1660 gr, hyperämisch: viel Galle in der Gallenblase.

Milz 92 gr, 18 : 11 : 8 cm, blutreich.

Nieren blutreich.

Blase enthält wenig sauren Harns.

Magen etwas ausgedehnt, leer.

Dünndarm: Schleimhaut congestionirt, Dickdarm enthält geformte Faeces.

Mikroskopische Untersuchung.

1. Grosshirnrinde.

Untersucht wurden an Carmin- und Weigert-Präparaten der Lob. paracentralis der rechten und folgende Windungen der linken Hemisphäre: G. central. ant. und post.; G. frontalis sup. und inf., Insel, G. rectus, G. fornicatus, G. tempor. sup., Lob. parietal. inf., Cuneus. Befund normal.

2. Kleinhirn.

Untersuchung der Rinde und des Nucleus dentatus mit denselben Methoden und gleichfalls normalem Befund.

3. Rückenmark (Taf. VII). (Untersuchung des in Bichromatlösung gehärteten Organs an Carmin-, Lithioncarmin-, Weigert-(Pal-) Präparaten.)

Austritt der I. Cervicalwurzel (Fig. 1).

Schwache Degeneration der lateralen Abschnitte der Goll-schen Stränge. Stärkere Degeneration (Faseratrophie) je eines von der Peripherie her in den Vorderseitenstrang einspringenden Feldes mit einem hakenförmig nach dem Seitenhorn strebenden hinteren Fortsatz.

Austritt der II. Cervicalwurzel (Fig. 2).

Erkrankung der Goll'schen Stränge mit Verschonung des Gebiets des hinteren Septums, ganz schwach degenerirter schmaler Streif inmitten der Burdach'schen Stränge. Erkrankung im Vorderseitenstrang wie oben.

In der Höhe des Austritts der III. Cervicalwurzel ist im Vorderseitenstrang eine Erkrankung nicht mehr nachweisbar; im Hinterstrang derselbe Befund; ebenso in der Höhe von Rad. cerv. V (Fig. 3), cerv. VI, VII, VIII (Fig. 4).

Austritt der II. Dorsalwurzel (Fig. 5).

In den Hinterseitensträngen tritt eine Degenerationsfigur auf, welche der hinteren Grenze der Py.-S.-bahnen entspricht. In den Austrittsebenen der nächsten Dorsalwurzeln ist das ganze Querschnittsfeld der Py.-S.-bahnen mit zunehmender Intensität erkrankt, im Hinterstrang das Gebiet des hinteren Septums nicht ganz frei.

Austritt der VI. Dorsalwurzel (Fig. 6).

Degeneration beider Py.-S.-bahnen. Im Hinterstrang symmetrische Erkrankung je eines medianen an das Sept. postic. grenzenden Feldes und je eines nach vorn mit dem der anderen Seite convergirenden lateralen Streifens. Die Gebiete der hinteren Commissur, längs des Hinterhörner und längs der hinteren Peripherie bleiben, wie bisher, frei. Im Vorderstrang ist jederseits ein Feld, welches wie eine Augenbraue das Vorderhorn überlagert, intensiv erkrankt.

Diese sichelförmige Degenerationsfigur im Vorderstrang findet sich auch in der Höhe des Austritts der VII., VIII., IX. Dorsalwurzel; die übrigen Stränge wie bei Dors. VI.

Austritt der X. Dorsalwurzel (Fig. 7).

Im Hinterstrang stösst der laterale Degenerationsstreif vorn und hinten mit dem medialen zusammen, ist aber in der Mitte unterbrochen; die medialen sind im vorderen Abschnitt des Septums durch eine schmale Brücke verbunden. Erkrankung der Py.-S.-bahnen kaum mehr nachweisbar.

Ebenso verhalten sich Schnitte aus den Austrittsebenen der beiden letzten Dorsalwurzeln.

Austritt der I. Lumbalwurzel (Fig. 8).

Nahezu der ganze Querschnitt der Hinterstränge leicht erkrankt, intensiver je ein medialer Streifen und ein hinteres halbmondförmiges Feld. Intact sind die Gebiete an der hinteren Commissur, dem hinteren Septum, den Hinterhörnern, der hinteren Peripherie.

Austritt der III. Lumbalwurzel (Fig. 9).

Die letztbezeichneten stärker degenerirten Felder sind hier ausschliesslich erkrankt.

Austritt der VI. Lumbalwurzel (Fig. 10).

Ganz schwach erkrankt ist nur ein schmaler Streifen inmitten jedes Hinterstrangs.

Von hier nach abwärts ist der Befund normal. — Die graue Substanz bietet in allen Höhen des Rückenmarks nichts abweichendes, ebenso die Gefässe, die Häute und die Wurzeln. Centralkanal durchweg obliterirt.

4. Ursprungsgebiete der Hirnnerven.

Verlängertes Mark, Brücke und Hirnschenkel wurden auf Serienschnitten an Carmin- und Pal-Präparaten untersucht. Es ergab sich nichts abnormes.

Fall VIII.

Gurzon, Elisa, 50j. Bäuerin.

Aufgenommen in das Manicomio di S. Clemente (Venezia) den 24. IV. 87.

Schlechte Ernährung. Seit Herbst 1886 erkrankt mit allgemeiner Schwäche: seit 14 Tagen Erythem an Händen und Gesicht.

Status: Melancholie; Alle haben sie verlassen, sie muss sterben etc. Zunge roth und runzelig. Sensibilität herabgesetzt. Schwäche in allen Bewegungen.

Blieb confus, angstvoll, hoffnungslos.

Weiterer Verlauf: Profuse Diarrhöen, Decubitus, Gangrän der Labia pudendi.

Exitus 7. V. 87, 5 Uhr Nachm.

Autopsie 8. V.: 18 Stunden post. mort. Magere Frau von 1,46 m Körperlänge. Schädeldach sehr leicht und dünn: Dura intact, starke venöse Injection der weichen Hirnhäute. Am Gehirn nicht Besonderes, Marksubstanz von grossen Blutpunkten durchsetzt: Ventrikel von gewöhnlicher Weite.

Rückenmark: Frisch und makroskopisch nichts auffälliges: einige Knochenplättchen in der Hinterfläche der Arachnoidea.

Herz: Klein, subpericardiales Fettgewebe vorhanden, Musculatur und Klappenapparat intact.

Lungen: Hypostase, Oedem der Unterlappen.

Milz, Nieren normal.

Magen: Schleimhaut hypertrophisch, schleimbedeckt.

Dünndarm: Intensive Röthung mit fleckweisen Ekchymosen der Schleimhaut, flüssiger gelber Inhalt bis gegen den Dickdarm. Dünndarmwand sehr dünn.

Mikroskopische Untersuchung.

1. Grosshirnrinde.

Härtung in Bichromatlösung, Färbung mit Carmin und nach Pal. An dem untersuchten Stück normaler Befund.

2. Kleinhirnrinde.

Behandlung wie sub 1. Nichts abnormes.

3. Rückenmark (Taf. V.. Fig. 3—9). (Härtung in Bichromatlösung. Färbung mit Carmin, nach Weigert und Pal.)

Austritt der I. Cervicalwurzel. Nicht abnormes.

Austritt der II. Cervicalwurzel (Fig. 3). Ganz schwache Degeneration im Goll'schen Strang, die nicht bis an das Sept post. heranreicht.

Austritt der VI. Cervicalwurzel (Fig. 4). Degeneration der Goll'schen Stränge. Das Gebiet an der hinteren Commissur, an der hinteren Peripherie, zum Theil am hinteren Septum bleibt frei. Schwacher schmaler Degenerationsstreif im Centrum der Burdach'schen Stränge. Uebrigen Stränge und graue Substanz hier und im ganzen Halsmark normal.

Austritt der III. Dorsalwurzel (Fig. 5). Degeneration im Hinterstrang nahezu unverändert; derselbe ist reich an Corpp. amylacea.

Austritt der VI. Dorsalwurzel (Fig. 6). Derselbe Befund. Clarke'sche Säulen normal.

Austritt der X. Dorsalwurzel (Fig. 7). Schwache Degeneration der medialen Abschnitte der Hinterstränge und eines schmalen Streifens in der lateralen Partie. Gebiet der hinteren Commissur frei.

Austritt der I. Lumbalwurzel (Fig. 8). Schwache Degeneration der medialen Abschnitte der Hinterstränge: längs des Sept. post.. der hinteren Commissur, der hinteren Peripherie intacte Zonen.

Austritt der II. Lumbalwurzel (Fig. 9). Degeneration der mittleren Partie der Hinterstränge auf ihre vordere Hälfte beschränkt; die Figuren der beiden Seiten schliessen ein intactes Dreieck neben dem Sept. post. ein und stossen vorn, dicht hinter der hinteren Commissur, im Septum zusammen.

Vom Austritt der III. Lumbalwurzel bis in den Conus medullaris keine Erkrankung nachweisbar. Graue Substanz, Rückenmarkshäute und -wurzeln, Gefässe durchweg intact. Centralcanal in allen Höhen obliterirt.

Ursprungsgebiet der Hirnnerven.

Oblongata, Brücke und Hirnschenkel wurden an Serienschnitten untersucht und normal befunden. (Färbung mit Carmin und nach Pal.)

Soweit meine eigenen Beobachtungen. Ich erwähnte oben, dass meine Rückenmarksbefunde bei der Pellagra eine Bestätigung gefunden haben durch Belmondo. Ich finde in dessen Arbeit (unter Beobachtung IX) den Sectionsbefund eines der von mir in Reggio beobachteten Fälle (pag. 31 unter Reggio No. 4) aufgeführt. Ich lasse denselben zunächt hier folgen.

Es handelte sich um einen 57j., mit allen Zeichen pellagröser Geisteskrankheit am 27. IV. 87 in die Anstalt zu Reggio aufgenommenen Bauern: Anämie, grosse Prostration. Diarrhöen. Erythem; ängstliche Verwirrtheit; motorische Schwäche, heftiger Widerstand gegen passive Bewegungen, lebhafte Hautreflexe, sehr gesteigerte Sehnenreflexe an Ober- und Unterextremitäten — das waren die Haupterscheinungen.

Ich fahre mit der Schilderung Belmondo's fort: Die nervösen Symptome verschlimmerten sich zusehends: erhöhte Reflexerregbarkeit auf alle, auch die tactilen Sinnesreize. Schmerzempfindlichkeit eher herabgesetzt. Zeitweise kurze unwillkürliche Contractionen, besonders der Gesichtsmusculatur; fibrilläre Zuckungen in den Lippen. Schlaflosigkeit, Appetitlosigkeit, Obstipation, Meteorismus, unwillkürlicher Harnabgang. Unter den Erscheinungen einer fieberhaften diffusen Bronchitis trat der Tod am 10. Mai 1887 ein.

Sectionsbefund: „Anämie der Dura mater. Viel Flüssigkeit in den Subarachnoïdealräumen. Arachnoïdea getrübt, Pia anämisch. Kleinhirn wenig consistent, Rindensubstanz etwas schmächtig, blass. Markweiss des Centrum semiovale anämisch;

état criblé desselben. Grosse Gefässe der Basis leer. In den Seitenventrikeln vermehrte Flüssigkeit.

Herz von normalem Volumen, Herzfleisch gelblich. Linker Ventrikel leer, Endocardium getrübt. Kleine Atheromflecke an der Basis der Mitralklappen und in der Aorta ascendens. Acutes Oedem der Lungen; bronchopneumonische Herde. Hyperämie der anderen (Bauch-) Organe; Milz vergrössert. Atrophie der Dünndarmwandung; chronischer Darmkatarrh.

Rückenmark: An der Dura nichts bemerkenswerthes. Weiche Häute leicht getrübt und verdickt; Blutgefässe in denselben erweitert und mit Blut gefüllt. Consistenz des Rückenmarks normal. An frischen Schnitten nichts auffälliges; die graue Substanz wölbt sich vor.

Mikroskopische Untersuchung des gehärteten Rückenmarks. Nach Färbung mit den verschiedenen Methoden erscheinen die Py.-S.-bahnen in einem grossen Theil ihres Verlaufs alterirt: schon kenntlich in der Ebene der III. Cervicalwurzel, wird diese Degeneration sehr ausgesprochen im Brustmark; sie verschwindet allmälig in der Lendenanschwellung. Es handelt sich um eine beträchtliche Sklerose mit nur wenigen erhaltenen normalen Nervenfasern.

Die Hinterstränge zeigen nur im Halstheil eine auf den äusseren Abschnitt der Goll'schen Stränge beschränkte Läsion.

Graue Substanz: Diffuse Infiltration mit Leukocyten. Ganglienzellen, besonders im Brustmark, atrophisch, arm an Fortsätzen, überladen mit Pigment. Zahlreiche Leukocyten in den pericellulären Räumen, nicht wenige im Zellleib selbst." —

———

Den von mir mitgetheilten klinischen Beobachtungen habe ich, da sie gleichsam als Belege zu dem eingangs skizzirten Krankheitsbilde dienen, kaum mehr etwas hinzuzufügen. Sie sind ja leider sehr ungleichwerthig und vielfach ganz „cursorisch" im eigentlichen Sinne des Wortes gewonnen. Es befinden sich unter ihnen solche, die ich nur auf die Autorität meiner Gewährsmänner, der betreffenden Anstaltscollegen, hin als Fälle von Pellagra aufführen konnte.

Immerhin repräsentiren sie in ihrer Gesammtheit die gewöhnlicheren Typen der Gruppirung der Symptome und des Krankheitsverlaufes. Sie illustriren zumal die Häufigkeit der Spinalerscheiuungen und unter diesen das Vorwiegen der spastischen und spinal-paralytischen Störungen; aber auch das Fehlen spinaler Ataxie bei Vorhandensein von Hinterstrangsymptomen. Freilich scheitert ja gerade in schwereren und vorgeschritteneren Fällen eine genaue Prüfung der Sensibilität in ihren verschiedenen Qualitäten vielfach an der complicirenden psychischen Störung. Diese letztere trat natürlich in den Fällen meiner Beobachtung, die vorzugsweise aus Irrenabtheilungen stammen, besonders in den Vordergrund und erinnerte ausserordentlich in vielen einzelnen Zügen an die Ergotismuspsychosen.

Die von mir erhobenen anatomischen Befunde habe ich in extenso mitgetheilt, weil sie einen vielleicht nicht unwillkommenen Beitrag zur Frage von der combinirten Erkrankung mehrerer Rückenmarksstränge zu liefern geeignet sind und obwohl ihnen nur unzulängliche klinische Beobachtungen zur Seite stehen.

Ich lasse zunächst eine kurze Recapitulation der 8 anatomisch untersuchten Fälle folgen. Dieselben betreffen 3 Männer (Fall I, II, III) von nahezu gleichem Alter (55, 55, 52 Jahre) und 5 Frauen (Fall IV, V, VI, VII, VIII) im Alter von 55, 57, 56, 46, 50 Jahren.

Fall I (Anelli). Gesammtkrankheitsdauer viele Jahre; remittirender Verlauf: periodische Seelenstörung (Manie), recidivirendes Erythem, abnorme Sensationen, trophische Störungen der Zunge, zunehmende Kachexie, Oedeme.

Tod an Pleuropneumonie.

Befund: Erkrankung der Hinterstränge im Hals- und Brustmark, beschränkt auf die Goll'schen Stränge und einen medialen Streifen in den Burdach'schen Strängen. Körnchenzellen im Hinterseitenstrang des Halsmarks.

Fall II (Scagni). Gesammtkrankheitsdauer 10 Jahre; remittirender Verlauf. Periodische Seelenstörung (Melancholie), recidivirendes Erythem begleitet von Parästhesien. Zunehmende Kachexie, motorische Schwäche, vorübergehende Contracturen. Entwicklung des Krankheitsbildes der Dementia paralytica: permanente Contractur der Oberextremitäten. Oedeme.

Befund: Pachymeningitis int. haemorrhagica, beträchtlicher Faserschwund in der Rinde, besonders der vorderen Abschnitte des Grosshirns. Im Rückenmark beträchtliche Erkrankung in den Hintersträngen, am intensivsten und ausgedehntesten im mittleren Brustmark, nach oben und unten an Intensität abnehmend; Degeneration beider Pyramidenseitenstrangbahnen vom oberen Halsmark bis zum oberen Lendenmark, am intensivsten im mittleren Brustmark, von da nach oben und unten an Intensität abnehmend, die Pyramidenkreuzung cerebralwärts nicht überschreitend. Erhebliche degenerative Erkrankung beider Vorderhörner z. Theil sich fortsetzend in die Hinterhörner, im mittleren und unteren Halsmark, Atrophie einzelner Zellen in Vorderhörnern und Clarke'schen Säulen des oberen Brustmarks. Degeneration der Randzone der erkrankten Vorderhörner in den Vorderseitensträngen. Atrophie vorderer Wurzelfasern im Bereich der Erkrankung der Vorderhörner.

Fall III (Caldara). Gesammtkrankheitsdauer unbekannt. Anamnese und körperlicher Status fehlt. Remittirende Melancholie.

Befund: Erkrankung der Hinterstränge in der ganzen Länge des Rückenmarks, am intensivsten und extensivsten im unteren Brust- und obersten Lendenmark. Mässige Erkrankung der Py.-S.-bahnen, am intensivsten im Brustmark, nach oben abnehmend und über die Mitte des Halsmarks hinaus nicht mehr nachweisbar, nach unten nur bis zum oberen Lendenmark zu verfolgen.

Fall IV (Taschini). Gesammtkrankheitsdauer 20 Jahre. Jedes Frühjahr Erkrankung unter dem gleichen Symptomencomplex: Erythem, Schwächegefühl, Anorexie, psychische Störungen. Schliesslich keine Rehabilitirung mehr: ausgesprochene Melancholie. Abmagerung, Anämie, Entwickelung einer zunehmenden Kachexie. Spinalerscheinungen: Spastische Erscheinungen in der Nackenmusculatur, Parese der Unterextremitäten, Steigerung der Sehnenreflexe, Sensibilitätsstörungen an den Beinen. Entwicklung von Contracturen in den unteren Extremitäten, dann auch im linken Arm; convulsivische Stösse in der Musculatur dieser Glieder. Diarrhöen, Oedeme, Purpura.

Befund: Atrophie der Wand des Dünndarms. Erkrankung der Hinterstränge ihrer ganzen Länge nach, am intensivsten im Brustmark, nach oben und unten abnehmend. Erkrankung der Pyramidenseitenstrangbahnen durch die ganze Länge des Rückenmarks, ebenfalls am intensivsten im Bereich des Brustmarks, über die Pyramidenkreuzung hinaus nicht mehr nachweisbar.

Fall V. (Montanara). Gesammtkrankheitsdauer einige Jahre: Verlauf in Perioden mit folgendem Symptomencomplex: Diarrhöen, Erythem, allgemeiner Muskelschwäche, Sensationen im Kopf; später ausgesprochene psychische Störung (Melancholie), zunehmende Kachexie.

Befund im Nervensystem: Auf das Halsmark beschränkte ganz schwache Degeneration in den Goll'schen Strängen.

Fall VI (Grillenzoni). Gesammtkrankheitsdauer mehrere Jahre; remittirender Verlauf in einzelnen Krankheitsperioden mit Diarrhöen, Erythem, allgemeiner Schwäche. Entwicklung einer ausgesprochenen Melancholie und eines kachektischen Zustandes mit Diarrhöen, allgemeiner Muskelatrophie und folgenden Spinalsymptomen: Motorische Schwäche, Contracturen in den Ober- und Unterextremitäten mit convulsivischen Stössen in denselben bei intendirten Bewegungen, gesteigerte Sehnenreflexe; träge Reaction der Pupillen auf schmerzhafte Eindrücke.

Befund: Erkrankung der Hinterstränge in ihrer ganzen Länge, am intensivsten im mittleren und unteren Brustmark, im Halsmark fast ausschliesslich auf die Goll-schen Stränge beschränkt. Affection der Hinterseitenstränge im Bereich des Hals- und Brustmarks innerhalb des Gebiets der Py.-S.-bahnen; Erkrankung eines bestimmten Feldes im Vorderseitenstrang.

Fall VII (Camaggi). Kachektisches Stadium: allgemeine Atrophie, vorgeschrittenes Erythem, Seelenstörung vom Character der Melancholie. Spinalerscheinungen: motorische Schwäche, Parästhesien, herabgesetzte Schmerzempfindlichkeit. Sehnenreflexe unverändert.

Befund: Erkrankung der Hinterstränge ihrer ganzen Länge nach, am intensivsten in der unteren Hälfte des Brust- und im obersten Lendenmark. Mässige Degeneration der Py.-S.-stränge im mittleren Brustmark, nach unten und oben abnehmend und den Dorsaltheil nicht überschreitend. Degeneration eines Bündels des obersten Halsmarks und je eines Flecks im Vorderstrang, über den Vorderhörnern, des mittleren Brustmarks.

Fall VIII (Gurzon). Kachektisches Stadium: Erythem. Affection der Zunge. Diarrhöen; allgemeine Schwäche, Abmagerung. Gangrän der Labia pudendi; psychische Störung: Melancholie.

Befund: Atrophie der Darmwand, Erkrankung der Hinterstränge ihrer ganzen Länge nach, nahezu vollkommen auf die Goll'schen Stränge beschränkt. —

Bevor ich zu einer ausführlicheren Besprechung der Rückenmarksbefunde übergehe, möchte ich nochmals constatiren, dass, vom Rückenmark abgesehen, welches in allen Fällen erkrankt ist, der Befund im übrigen Nervensystem ein wesentlich negativer war, mit alleiniger Ausnahme des Falles II, der eine besondere

7*

Stellung einnimmt. In den peripherischen Nerven wurden in den daraufhin untersuchten Fällen I. III. VI, von denen die beiden letzteren durch sehr erhebliche Spinalerkrankung ausgezeichnet sind, Veränderungen nicht gefunden, weder in den spinalen Stämmen, noch in den Hautästen, noch im Vagus. In denselben Fällen ergab eine Untersuchung der spinalen und der sympathischen Ganglien keine pathologische Veränderung, abgesehen von einem grossen Pigmentreichthum der Nervenzellen, wie er sich bei älteren Individuen auch sonst findet und höchstens als Theilerscheinung eines Senium praecox anzusprechen wäre.

Die Grosshirnrinde zeigte in allen Fällen ein normales Verhalten der Nervenzellen (abgesehen von dem dem Alter entsprechenden Pigmentreichthum), der Nervenfasern, der Glia und der Gefässe. Auch hier müssen wir uns trotz der schweren psychischen Störungen, wie beim Ergotismus, mit einem negativen Befund bescheiden. Eine Ausnahme macht nur der interessante Fall II, in dem nach vieljähriger Krankheitsdauer die bis dahin unter der Form der periodischen Melancholie verlaufene Seelenstörung sich zu dem Bilde der Dementia paralytica entwickelte. Hier fand sich denn auch neben einer Pachymeningitis interna haemorrhagica ein sehr hochgradiger Rindenfaserschwund, der besonders im Stirnlappen (Convexität und Basis) die höchsten Grade erreicht hatte.

Das Kleinhirn bot in keinem Falle Veränderungen dar.

Im Gebiet der Nervenkerne wurden über das Rückenmark hinaus niemals erhebliche pathologische Veränderungen angetroffen, also weder im verlängerten Mark, noch in Brücke und Hirnschenkel. Die Degeneration der Pyramidenseitenstrangbahn machte, wenn nicht schon unterhalb, so doch in der Höhe der Py.-kreuzung halt, und die Hinterstrangserkrankung erreichte kaum die Hinterstrangskerne. Auch sämmtliche Hirnnervenkerne erwiesen sich bis auf einen reichlichen Pigmentgehalt der Nervenzellen intact, auch in dem complicirten Fall II, der u. A. durch eine intensive Poliomyelitis des Halsmarks ausgezeichnet ist. Dass Corpora amylacea mitunter in grösserer Zahl als gewöhnlich angetroffen wurden, kann auf grössere Beachtung keinen Anspruch machen.

Für das Rückenmark möchte ich zunächst einige gemeinschaftliche Befunde zusammenfassen: den positiven, dass in allen Fällen der Centralkanal seiner ganzen Länge nach obliterirt war, und den negativen, nämlich: völlige Integrität der Rückenmarkshäute, der vorderen und hinteren Wurzeln, der Gefässe (bis auf die Wandverdickung im Hinterstrang von Fall I); ferner das — bis auf eine mehr oder weniger beträchtliche Pigmentüberladung — normale Verhalten der Nervenzellen und der Nervenfasernetze der grauen Substanz, besonders auch der Clarke'schen Säulen, wie auch der Lissauer'schen Randzone an der Spitze des Hinterhorns. Eine Ausnahme macht auch hier nur Fall II mit der sehr intensiven Vorderhornerkrankung im Halsmark, die bis ins Hinterhorn hinabragt und mit ihren Ausläufern bis ins oberste Dorsalmark zu verfolgen ist: hier sind denn auch vordere Wurzelfasern atrophirt.

Was nun den wentlichsten Befund, die Erkrankung der weissen Substanz des Rückenmarks betrifft, so sei eine ziemlich diffuse Verbreitung der Corpp. amylacea als unwesentlich von der Betrachtung ausgeschaltet: ihre gewöhnlichen Prädilectionsstellen bevorzugten sie auch hier, und im erkrankten Hinterstrang waren sie besonders reichlich. Körnchenzellen fanden sich nahezu ausschliesslich in den erkrankten Hinterseitensträngen. Histologisch boten die gefundenen Veränderungen nichts eigenartiges: Ausfall oder Atrophie von Nervenfasern in mässigerem oder beträchtlicherem Grade und Verbreitung der Interstitien, des gliösen Balkennetzes, ohne irgendwie auffällige Kernvermehrung oder Gefässveränderung — dies einförmige Bild der Sklerose bot in allen Fällen die Affection der erkrankten Stränge gleichmässig dar. Im Allgemeinen war bei combinirter Erkrankung der Hinter- und Seitenstränge der Process in den ersteren intensiver, vorgeschrittener, demnach wohl auch älter.

Im Einzelnen gestalten sich die Verhältnisse folgendermaassen: In allen Fällen ist der Hinterstrang Sitz einer beiderseits symmetrischen Erkrankung, in den beiden Fällen V und VIII sogar ausschliesslich. In Fall V (Montanara) beschränkt sich die Affection auf die vordere Hälfte der Goll'schen Stränge, im oberen und mittleren Halsmark, unter Verschonung des Gebietes an der hinteren Commissur und am hinteren medianen Septum. In Fall VIII (Gurzon) haben wir eine nahezu isolirte Erkrankung der Goll'schen Stränge vor uns ihrer ganzen Länge nach. Daneben findet sich nur noch ein ganz bescheidener Streifen inmitten der Burdach'schen Stränge im unteren Halsmark und im Brustmark leicht erkrankt. Auf die Verschonung des Gebietes an der hinteren Commissur, an der hinteren Peripherie und — wenigstens zum Theil — längs des hinteren Septum sei schon hier aufmerksam gemacht. In allen übrigen 6 Fällen findet sich neben der Hinterstrangaffection eine beiderseits symmetrische Erkrankung in den Hinterseitensträngen. In Fall I (Anelli) ist dieselbe nur durch den Körnchenzellenbefund angedeutet, in Fall VII (Camaggi) auf den Brusttheil beschränkt. in Fall III (Caldara) reicht sie vom mittleren Hals- bis zum obersten Lendenmark. in den übrigen Fällen (II Scagni. IV Taschini, VI Grillenzoni) erstreckt sie sich vom oberen oder obersten Halsmark bis ins Lendenmark hinab. Diese Degeneration der Hinterseitenstränge zeigt folgende Eigenthümlichkeiten: sie ist durchgehends im Brustmark am intensivsten und nimmt nach oben und nach unten an Intensität ab: zwischen beiden Seiten ergeben sich gelegentlich geringfügige Intensitätsunterschiede. Das erkrankte Feld entspricht der Lage, der Grösse des Querschnitts und den Grenzen nach den Pyramidenseitenstrangbahnen: Die periphere Zone des Hinterseitenstrangs (Kleinhirnseitenstrangbahn) und die hintere Grenzschicht der grauen Substanz bleibt frei. der Querschnitt des Feldes nimmt von oben nach unten fortschreitend an Umfang ab.

Zu dieser combinirten Erkrankung der Hinter- und der Pyramidenseitenstränge gesellt sich endlich in Fall II (Scagni) noch eine bilateral symmetrische Erkrankung der grauen Substanz. vorzugsweise der Vorderhörner, so dass hier. wenigstens im Bereich der Halsanschwellung und des unteren Halsmarks, das Bild der myatrophischen Lateralsklerose und Hinterstrangerkrankung entsteht.

Die Missbildung des Rückenmarks I erkannten wir als artificiell.

Bevor wir für unsere Befunde zu der Frage der combinirten Systemerkrankung Stellung nehmen, drängt die ausserordentlich grosse Uebereinstimmung der Degenerationsfiguren in den Hintersträngen mit gewissen Marklinien aus der Zeit der fötalen Entwicklung einerseits, mit bekannten Degenerationsfiguren im Hinterstrang andererseits zu einer Analysirung der hier befallenen Partien, ev. Systeme. Eine Identität mit dem tabischen Process kann dabei ebenso wie beim Ergotismus von vornherein ausgeschlossen werden. schon wegen der Integrität der hinteren Wurzeln, der grauen Substanz, der Lissauer'schen Randzone. der peripherischen Nerven und des Fehlens jeglicher Schrumpfung.

Flechsig[1]) ist auf Grund der successiven Markscheidenentwicklung im fötalen Hinterstrang zur Aufstellung folgender Systeme

---

[1]) Ist die Tabes eine Systemerkrankung? Neurol. Centralbl. 1890. No. 2 u. 3.

Rückenmark eines menschlichen Foetus von 35 cm Länge nach Flechsig.

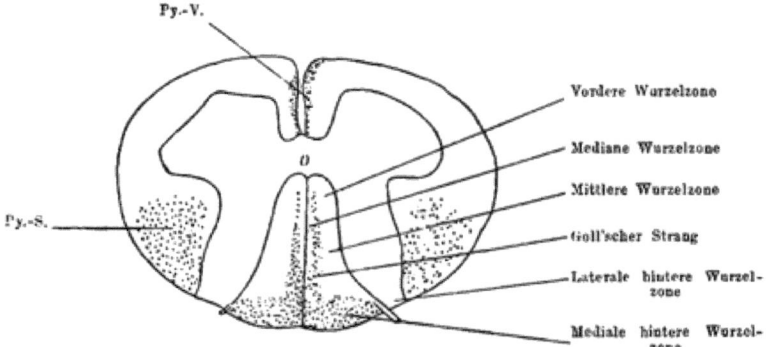

Fig. 1. Mitte der Halsanschwellung.

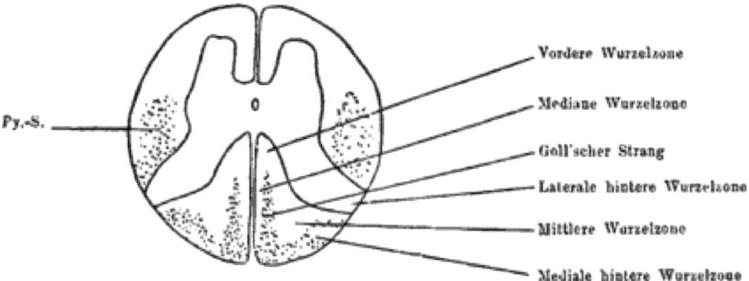

Fig. 2. Mitte des Dorsalmarks.

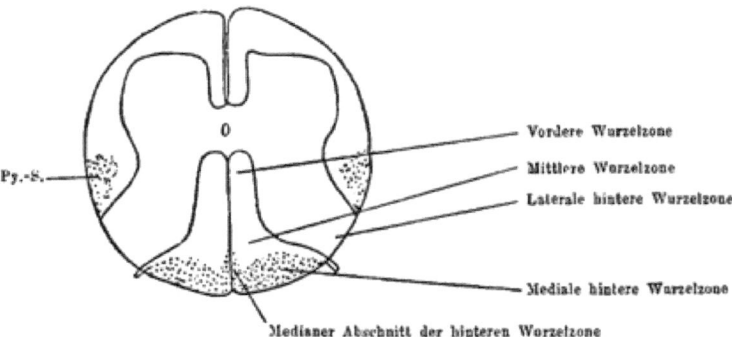

Fig. 3. Lendenanschwellung.

in demselben gelangt, deren Lage in den verschiedenen Höhen des Rückenmarks nach den Flechsig'schen Bildern hier wiedergegeben ist: Vordere Wurzelzone (ventrales Hinterstrangsfeld), welches an der hinteren Commissur liegt und längs der Hinterhörner sich fortsetzt; mittlere Wurzelzone (mittlere Partie der Burdachschen Stränge); mediale hintere Wurzelzone (ovales Feld an der hinteren Peripherie der Burdach'schen Stränge); laterale hintere Wurzelzone (Lissauer'sche Randzone); Goll'sche Stränge; mediane Wurzelzone (längs des Sept. median. post.). Im Lendenmark gliedert sich die mediale hintere Wurzelzone in einen lateralen ovalen, an der hinteren Peripherie gelegenen Abschnitt und in eine mediane, neben dem Sept. med. post. gelegenen Zacke, welche mit dem gleichen Feld der andern Seite zu einem mit der Spitze nach vorn gerichteten Dreieck zusammentritt. In den Degenerationsfiguren der Hinterstränge bei Tabes incipiens erkannte Flechsig die fötalen Marklinien wieder und erblickt darin eine Unterstützung und Erweiterung der Strümpell'schen[1]) Auffassung von der Tabes als einer combinirten Systemerkrankung.

Man braucht nun keine besondere Begabung im Wittern von „Systemerkrankungen" zu besitzen, um überrascht zu sein sowohl durch die Aehnlichkeit, die in der Topographie und Begrenzung der Hinterstrangerkrankung zwischen unseren einzelnen Fällen besteht, als auch durch die Uebereinstimmung der Degenerationsgrenzen mit den fötalen Marklinien.

Nach Flechsig's Nomenclatur sind erkrankt, und zwar beiderseitig symmetrisch, in:

Fall I: Goll'scher Strang und ein medialer Streif der mittl. W.-Z.:

frei bleiben: vord. W.-Z., med. W.-Z, lat. hint. W.-Z., med. hint. W.-Z.

Fall II erkrankt: Goll'scher Strang und mittl. W.-Z., letztere zum Theil in ihrem ganzen Querschnitt:

frei bleiben: vord. W.-Z., med. W.-Z., lat. hint. W.-Z., med. hint. W.-Z.

Fall III erkrankt: Goll'scher Strang und (in einem Theil des Querschnitts) mittl. W.-Z.:

frei bleiben: vord. W.-Z., med. W.-Z., laterale und med. hint. W.-Z.

---

[1]) Die Pathologische Anatomie der Tabes. Arch. f. Psychiatrie XII.

Fall IV erkrankt: Goll'scher Strang, mittl. W.-Z., med. hint. W.-Z. im unteren Brust- und im Lendenmark, hier auch in typischer Weise das mediane Feld der med. hint. W.-Z.;

frei bleiben: vord. W.-Z., med. W.-Z. zum Theil, lat. hint. W.-Z.

Fall V erkrankt sind nur die Goll'schen Stränge zum Theil.

Fall VI erkrankt: Goll'scher Strang, Antheile der mittl. W.-Z., med. hint. W.-Z. im Brust- und Lendenmark:

frei bleiben: vord. W.-Z., med. W.-Z., lat. hint. W.-Z.

Fall VII erkrankt: Goll'scher Strang, mittl. W.-Z. (zum Theil), med. hint. W.-Z. vom unteren Dorsaltheil bis zur Lenden-anschwellung:

frei bleiben: vord. W.-Z., med. W.-Z. zum Theil, lat. hint. W.-Z.

Fall VIII erkrankt: Goll'scher Strang, mittl. W.-Z. (ganz unbedeutend);

frei bleiben: vord. W.-Z., med. W.-Z. zum Theil, lat. hint. W.-Z., med. hint. W.-Z.

Ausserdem ist fast durchweg in allen Fällen eine ganz schmale Zone an der hinteren Peripherie im Hals- und Brustmark von normaler Marksubstanz eingenommen.

Stets intact gefunden wurden die vord. W.-Z., die lat. hint. W.-Z. und (bis auf einzelne locale Ausnahmen) die med. W.-Z. Die vord. W.-Z., das Gebiet längs hinterer Commissur und Hinter-horn, welches nach Lenhossek[1]) Commissurenfasern führt, nimmt von jeher, selbst in Fällen intensivster Erkrankung des ganzen übrigen Querschnitts der Hinterstränge, durch seine Immunität eine besondere Stellung ein.

Ausser dem einen Fall (V) isolirter Erkrankung der Goll-schen Stränge stimmen unsere Fälle unter einander überein durch die combinirte Erkrankung der Goll'schen Stränge und der mitt-leren Wurzelzonen in ihrem ganzen Querschnitt oder nur in einem Theil desselben. Hierzu tritt in Fall IV, VI und VII noch eine Affection der medialen hinteren Wurzelzone im unteren Theil des Rückenmarks.

Die Degeneration der Goll'schen Stränge hält sich genau an die aus zahlreichen Beobachtungen bekannten Grenzen. Das Rückenmark VIII, das eine fast uncomplicirte isolirte Erkrankung

---

[1]) Der feinere Bau des Nervensystems im Lichte neuester Forschungen Berlin, Kornfeld. 1893.

der Goll'schen Stränge darbietet, gestattet uns, die Lage derselben im Lendenmark aufzusuchen; es ergiebt sich hierbei eine volle Uebereinstimmung mit den Befunden anderer Autoren, z. B. Westphal's[1]) und Strümpell's (s. u.). Mit Bezug auf Lage und Grenzen der medialen hint. Wurzelzone im Lendenmark und ihrer medianen Zacke sei auf die grosse Uebereinstimmung zwischen unseren Figuren Taf. II 7, Taf. III 7. Taf. IV 10. Taf. V 9, Taf. VI 7, Taf. VII 9 einerseits und Flechsig's Fig. 3 andererseits aufmerksam gemacht. Diese Zone ist in einigen Fällen intact. in anderen erkrankt und das so sehr innerhalb identischer Grenzen, dass mit Bezug hierauf die Figg. 7 Taf. II und III und 9 Taf. V geradezu das Negativ darstellen von Figg. 10 Taf. IV, 7 Taf. VI, 9 Taf. VII. —

Ein Vergleich mit anderweitigen Darstellungen von Hinterstrangserkrankung ergiebt zahlreiche Analogien in den Degenerationsfiguren. So entsprechen Figg. 7 und 8 unserer Taf. II und und Figg. 7 und 8 Taf. III den Figg. 6 und 8 der Taf. VII in Westphal's Abhandlung „Ueber einen Fall von Spinalerkrankung mit Erblindung und allgemeiner Paralyse. Frühzeitige Diagnose durch Nachweis des Fehlens des Kniephänomens" (Arch. f. Psych. XV).

Die grosse Arbeit von Krauss[2]) über die Tabes bietet ein weiteres ergiebiges Vergleichungsmaterial: unsere Figg. Taf. II 7, Taf. III 7. Taf. V 9 entsprechen den Krauss'schen Figg. I 1, IV 1, VI 2 auf Taf. VIII: unsere Figg. 8. 6. 2 der Taf. III den Krauss-schen Fig. III 1. 2, 3 derselben Tafel: unsere Figg. 9, 6. 3 Taf. VII den Krauss'schen Figg. I 1. 2, 3 (erstere im Negativ).

Neben der Erkrankung im Hinterstrang und in den Pyramidenseitensträngen begegnen wir in einigen Fällen noch der Affection einiger anderer Markfelder:

Im oberen Halsmark von Fall VII (Taf. VII, Fig. 1 und 2) finden wir im Vorderseitenstrang beiderseits symmetrisch ein Feld erkrankt, welches so sehr einer Erkrankung des Tractus lateralis anterior ascendens in einem Fall von Tabes entspricht, welchen der Entdecker dieses Bündels, Gowers[3]), beschreibt, dass ich nicht anstehe, hier eine Degeneration des „Gowers'schen Bündels" zu

---

[1]) Ueber die Fortdauer des Kniephänomens bei Degeneration der Hinterstränge etc. Arch. f. Psych. XVII, Taf. VII.

[2]) Beiträge zur patholog. Anatomie der Tabes. Arch. f. Psych. XXIII.

[3]) Handb. der Nervenkrankheiten, deutsch von Grube. Bonn, Cohen 1892. Bd. I. p. 422, Fig. 114.

constatiren. Dieselbe Bedeutung dürfte in Fall VI der Degenerationsfigur im Vorderseitenstrang des oberen Halsmarks zukommen, (Taf. VI, Fig. 1) welche mit der vorderen Grenze der erkrankten Py.-S.-bahn zusammenfliesst.

Die Vorderseitenstrangdegeneration, welche in Fall II die erkrankten Vorderhörner des Halsmarks (Taf. II. Fig. 3, 4, 5) umsäumt, muss ich als eine secundäre infolge des Schwunds fast sämmtlicher Vorderhornzellen ansprechen. Dieser Auffassung stehen u. A. die experimentellen Befunde von Singer[1]) und Münzer[2]) zur Seite, welche nach dem Vorgang von Ehrlich und Brieger durch temporären Verschluss der Bauchaorta die graue Substanz des Rückenmarks zur Degeneration brachten und an den Schwund der Vorderhornzellen sich eine secundäre Degeneration in den Vorderseitensträngen anschliessen sahen (s. Fig. 4 der Singer'schen und Fig. 21 der Singer- und Münzer'schen Abhandlung).

Endlich sei noch der fleckweisen Degeneration im Vorderstrang des mittleren Dorsalmarks von Fall VII (Taf. VII, Fig. 6) gedacht, die beiderseits symmetrisch über das Vorderhorn ausgespannt ist. Obwohl ich eine Analogie hierzu in einer Arbeit Leyden's[3]) und in Fig. 2c der Belmondo'schen Schrift finde, sehe ich doch zunächst keine Berechtigung, hier von der Erkrankung eines besonderen Fasersystems zu sprechen.

Die klinische Ausbeute aus unseren Rückenmarksuntersuchungen ist leider sehr bescheiden. Für die Fälle I, III, V. VIII müssen wir auf eine klinische Parallele völlig verzichten. In den Fällen II, IV, VI, VII fanden sich, entsprechend der Erkrankung der Py.-S.-bahnen, Züge der spastischen Spinalparalyse: motorische Schwäche bis zu deutlicher Paraplegie, Muskelspannungen und Contracturen, convulsivische Stösse in der contracturirten Musculatur. Ueber die Sehnenreflexe besitze ich Angaben in 3 von diesen Fällen.

In Fall IV waren dieselben beträchtlich gesteigert. was bei der die sehr intensive Lateralsklerose begleitenden ansehnlichen Hinterstrangerkrankung bemerkenswerth ist, insbesondere mit Bezug

---

[1]) Singer. Ueber die Veränderungen am Rückenmark nach zeitweiser Verschliessung der Bauchaorta (Sitzungsber. d. Kais. Wien. Akad. d. W. 1887. Bd. XCVI, III. Abth.)

[2]) Singer und Münzer. Beitr. z. Anat. d. Centralnervens. Wien, 1890.

[3]) Ueber chronische Myelitis und die Systemerkrankungen im Rückenmark; Zeitschr. f. klin. Med. XXI., H. 1 u. 2. Taf. I.

auf das Kniephänomen: als Erklärung hierfür müssen wir uns nach den Westphal'schen Feststellungen die Thatsache genügen lassen. dass die Affection im Uebergangstheil und im oberen Lendenmark nur schwach ist und die Wurzeleintrittszone zum Theil wenigstens intact lässt. Auch in Fall VI waren die Sehnenreflexe gesteigert: hier würden die gleichen Erwägungen zutreffen. In Fall VII wird notirt: Sehnenreflexe unverändert. Hier bleibt nur die Annahme übrig. dass die übrigens wenig intensive Affection der Hinter- und der Hinterseitenstränge sich das Gleichgewicht gehalten habe.

Nur in Fall VI und VII finden wir Sensibilitätsstörungen erwähnt. die unter einiger Reserve mit der Hinterstrangerkrankung in Beziehung gebracht werden könnten.

Mehr positives ist zu sagen über die anatomische Stellung der Rückenmarksaffection zumal gegenüber den Systemerkrankungen. Ueber diese befindet sich zur Zeit die Discussion in vollem Fluss. Sie nahm ihren Ausgang von den bekannten Friedreich'schen Fällen von hereditärer Ataxie. welche in Fr. Schultze ihren anatomischen Bearbeiter fanden (Virch. Arch. Bd. 75) und in ihrer Combination einer Erkrankung der Hinterstränge, der Pyramidenbahnen und der Kleinhirnseitenstrangbahnen. die Clarke'schen Säulen mit eingeschlossen, von Kahler und Pick und von Strümpell zu einem freilich nicht unangefochtenen Typus von combinirter Systemerkrankung erhoben wurden. Die ersteren[1]) beschrieben einen anatomisch ganz analogen Fall. für den sie auch eine Entwicklungshemmung als disponirende Ursache zur Erkrankung in Anspruch nahmen. Sie definirten (l. c. p. 284): „Combinirte Systemerkrankung im Rückenmark ist die gleichzeitige und durch gemeinsame Krankheitsursache bedingte Erkrankung mehrerer Fasersysteme; derselben muss ein ebenso genau zu umschreibendes Krankheitsbild entsprechen als der isolirten Erkrankung einzelner Fasersysteme." Aetiologisch wussten sie vorderhand nur die Heredität aufzuführen.

Westphal[2]) stand dieser Auffassung skeptisch gegenüber und erkannte auch seinen eigenen Fällen. in welchen Strangerkrankungen in wechselnden Combinationen. freilich nicht immer streng systematisch und gelegentlich complicirt durch eine ringförmige Randerkrankung. zur Beobachtung kamen. trotz ihrer bilateral symme-

---

[1]) Ueber combinirte Systemerkrankung des Rückenmarks. Arch. f. Psych. VIII.

[2]) Ueber combinirte (primäre) Erkrankung der Rückenmarksstränge, Arch. f. Psych. VIII und IX.

trischen Anordnung die Bedeutung einer combinirten Systemerkrankung nicht zu. Uebrigens zeigte er, dass in der histologischen Qualität der Erkrankung ein Unterschied zwischen Seitenstrang und Hinterstrang nicht oder höchstens insofern existirt. als meist nur der erstere Körnchenzellen führt als Zeichen eines jüngeren Datums der Erkrankung. Auch später, obwohl er selber einen Fall der „typischen" Combination einer Erkrankung der 3 langen Bahnen (Py.-S., Kl.-S., Goll'scher Strang) beibrachte,[1]) vertrat er den Standpunkt, dass eigentlich nur die Hinterstrang- und Pyramidenseitenstrangerkrankung der Paralytiker als „combinirte Systemerkrankung" aufzufassen sei.

Inzwischen war Strümpell[2]) in die Discussion eingetreten unter Beibringung eigener Beobachtungen. Er betonte die Uebereinstimmung der Grenzen der Strangdegeneration in den einzelnen Fällen, ihre absolute Symmetrie auf beiden Seiten, die Uebereinstimmung der Grenzen mit denen, die durch die Markscheidenentwicklung und die secundäre Degeneration gegeben sind. Er machte darauf aufmerksam, dass bei der comb. S.-erkrankung immer die langen Bahnen, die zuletzt mit Mark sich umhüllen, afficirt sind. dass, entgegen dem Verhalten bei der secundären Degeneration, die Erkrankung der Pyramidenbahn von unten nach oben fortschreitet und vor der Oblongata halt macht. Er empfahl für die comb. Systemerkrankung einen weiteren, auch differente Beobachtungen einschliessenden, anatomischen Gesichtspunkt: „wo eine Erkrankung von vornherein eine systematische ist. ist stets die Möglichkeit gegeben, dass bei hinlänglich langer Krankheitsdauer mehrere Systeme ergriffen werden." Auch brauche bei streng systematischer Erkrankung ein befallenes System nicht in seiner ganzen Längs- und Querausdehnung ergriffen zu sein.

Ungefähr gleichzeitig theilte Sioli einen Fall mit[3]) von combinirter Erkrankung der Pyramidenbahnen, Kleinhirnseitenstrangbahnen incl. Clarke'scher Säulen, des Hinterstrangs und der Vorderhörner. besonders der medialen Zellgruppen. Auch hier nahm die Degeneration der Py.-S.-bahnen von unten nach oben ab.

Strümpell. der unterdessen seine Auffassung der Tabes als einer systematischen Erkrankung auf breite Basis gestellt hatte,

---

[1]) Ueber einen Fall von sog. spastischer Spinalparalyse etc. Arch. f, Psych. XV.
[2]) Ueber combinirte Systemerkrankung im Rückenmark. Arch. f. Psych. XL.
[3]) Ein Fall von combinirter Erkrankung der Rückenmarksstränge mit Erkrankung der grauen Substanz. Arch. f. Psych. XI.

erweiterte und präcisirte in einer späteren Arbeit[1] seine frühere Auffassung von der combinirten Systemerkrankung. Py.-, Kl.-S.-bahnen und Hinterstrang brauchen in ihrer typischen Combination nicht gleichzeitig befallen zu sein. sondern können, je nach der Entwicklung des Falles. gemeinschaftlich oder einzeln ergriffen werden — meist zuerst die Py.-S.-bahn und im Hinterstrang besonders stark die Goll'sche Bahn, nicht selten combinirt mit Erkrankung des „hinteren äusseren Feldes" (mediale hintere Wurzelzone Flechsig's). Die primäre systematische Atrophie der Pyramidenbahnen ist eine aufsteigende, die prim. syst. Atrophie der Kleinhirnseitenstrangbahnen und der Goll-schen Stränge ist eine absteigende Degeneration.

Klinisch walten die Züge der spastischen Spinalparalyse vor. wobei längere Zeit die Symptome auf motorische Schwäche und Steigerung der Sehnenreflexe beschränkt sein können.

„Die spastische Form der combinirten Systemerkrankung kann den andern Typen derselben, nämlich der Tabes und der hereditären Ataxie angereiht werden" (l. c. p. 238).

Acceptablere Gesichtspunkte sind seitdem nicht aufgestellt. Namentlich erschien das Bestreben Grasset's[2] alle Fälle von Rückenmarksleiden. welche klinisch die Züge der Tabes mit denen der Lateralsklerose vereinigen. anatomisch eine Combination von Hinterstrangs- und Hinterseitenstrangserkrankung darbieten. als „combinirte Tabes" zusammenzufassen. nicht berechtigt: es ist es auch nicht von seinem eigenen Gesichtspunkt aus, welcher die Fälle anatomisch für eine Combination von Tabes, einer Systemerkrankung. mit einer diffusen Myelitis der Hinterseitenstränge, „welche allerdings mitunter ungefähr auf die Region der Py.-S.-bahnen beschränkt bleibt," auffasst und zwar deshalb, weil thatsächlich in vielen der Fälle die Hinterstrangsymptome ganz in den Hintergrund treten. Von Interesse ist dagegen die Grasset'sche Zusammenstellung der bisher für die comb. Systemerkrankungen registrirten aetiologischen Momente; neben der Heredität und dem Trauma sind es nämlich Infectious- und Intoxications-zustände: Syphilis. Tuberculose. Skrophulose. Diabetes. —

Gowers bringt in seinem Handbuch der Nervenkrankheiten,

---

[1] Ueber eine bestimmte Form der primären combinirten Systemerkrankung des Rückenmarks. Arch. f. Psych. XVII.

[2] Du tabes combiné ataxo-spasmodique ou sclérose postéro-laterale de la moëlle. Arch. de Neurolog. 1886, No. 32—34.

Bd. I. Rückenmarks-Abbildungen von 2 Fällen von hereditärer Ataxie. Er setzt sie als „hereditäre atactische Paraplegie" der nicht auf Heredität beruhenden combinirten Hinter- und Hinter-seitenstrangerkrankung, welche er als „atactische Paraplegie" bezeichnet, zur Seite. Letztere unterscheide sich von der Tabes mit Hinterseitenstrangerkrankung durch öfteres Freibleiben der Hinter-stränge im Lendentheil und geringere Betheiligung der Wurzel-zone. — Warum ich aus klinischen Erwägungen die allgemeine Bezeichnung der atactischen Paraplegie nicht für zweckmässig halte, habe ich oben angedeutet.

Werfe ich hiernach einen Rückblick auf meine eigenen Befunde, so muss ich dieselben unter die combinirten Systemerkrankungen subsumiren. Die Concession, dass hierbei die Systeme in wechseln-den Combinationen erkrankt sein können und nicht in ihrer ganzen Längen- und Querausdehnung ergriffen zu sein brauchen, muss ich freilich auch für sie in Anspruch nehmen.

Die Degeneration ist überall symmetrisch auf beiden Seiten.

Im Hinterstrang hält sich die Affection an gut characterisirte Systeme, der Goll'sche Strang ist vorzugsweise und zwar primär (cf. besonders Fall V und VIII) erkrankt: die hinteren Wurzeln, die peripherischen Nerven, sind intact.

Die Hinterseitenstrangerkrankung hält die Grenzen der Py.-S.-bahnen inne, nimmt von unten nach oben an Intensität ab, macht vor der Oblongata halt. Beide Stränge sind am intensivsten im Dorsaltheil erkrankt, wenigstens in der Mehrzahl der Fälle. Die Kleinhirnseitenstrangbahnen sind frei: in einigen der Beobachtungen Belmondo's, welcher ältere, vorgeschrittenere, intensivere Fälle untersuchte, war auch sie befallen.

Zweimal (Fall V und VII) fanden sich die Hinterstränge allein erkrankt: ob vielleicht auch hier, wie in Fall I, im Hinter-seitenstrang als Zeichen beginnender Degeneration Körnchenzellen vorhanden gewesen sind, war nicht mehr zu constatiren. Es scheint hiernach der Hinterstrang zuerst zu erkranken; auch in den andern Fällen überwog meist die Hinterstrangaffection, und fanden sich Körnchenzellen nur in den Seitensträngen; andererseits ist nicht zu übersehen, dass in der Mehrzahl der frischen Fälle von Pellagra die Sehnenreflexe gesteigert sind, was auf eine — zunächst func-tionelle — Läsion der Seitenstränge deutet. In den Fällen III und IV liegt eine reine Combination von Hinter- und Py.-S.-strang-erkrankung vor. In VI und VII tritt hierzu — wenn meine oben gegebene Auffassung zutrifft — eine partielle Erkrankung des Gowers'schen Bündels — eine Combination, wie sie neuerdings Wilh. Hofmann[1]) beschreibt. In VII besteht gleichzeitig eine umschriebene fleckweise Entartung — eine u. A. auch von Westphal erwähnte Complication.

In dem sehr intensiven Fall II haben wir eine auf Hals- und oberes Brustmark beschränkte Betheiligung der grauen Substanz der Vorderhörner und (weniger) der Clarke'schen Säulen. Dadurch entsteht eine Combination, welche einem von Erlicki und Rybalkin[2]) beschriebenen Fall sehr nahe kommt. Ob es sich hier um eine weitere primäre oder um eine fortgeleitete, ein weiteres Glied im System befallende, oder um eine fleckweise Erkrankung handelt. die nur. wie auch sonst gelegentlich, bilateral symmetrisch auftritt, darüber kann man verschiedener Ansicht sein.

Dafür, dass in all meinen Fällen von der Pyramidenbahn nur der Seitenstrangantheil erkrankt war, weiss ich. abgesehen von den individuellen Eigenthümlichkeiten im Verlauf dieser Bahn, nur anzuführen. dass im gewöhnlichen Bereich der Pyramidenvorderstrangbahnen die Py.-bahn überhaupt nur sehr wenig afficirt war.

Ich bin am Ende meiner Mittheilungen angelangt und hoffe. dass dieselben einen nicht werthlosen Beitrag liefern zu der Lehre von den toxischen Psychosen und von den Intoxicationskrankheiten des Rückenmarks. Wie beim Ergotismus und Lathyrismus erkranken auch hier unter dem Einfluss eines Giftes Fasergruppen. die durch Entwicklungsgeschichte und Pathologie die Bedeutung von Systemen haben und somit auch in ihrer chemischen Structur, in ihrer verschiedenen Widerstandsfähigkeit gegen chemische Schädlichkeiten sich von andern Fasergruppen unterscheiden. Auch hier setzen wieder. wie bei den hereditären Formen, die langen Bahnen, die zuletzt mit Markscheiden versehen werden. der Schädlichkeit den geringsten Widerstand entgegen.

In Uebereinstimmung mit den Strümpell'schen Erfahrungen fanden wir bei der combinirten Erkrankung der Hinter- und Hinter-

---

[1]) Ueber combinirte Systemerkrankung des Rückenmarks. Diss. München, 1892.

[2]) Zur Frage über die combinirte Systemerkrankung des Rückenmarks. Arch. f. Psych. XVII.

seitenstränge die klinischen Symptome lange Zeit auf motorische Schwäche und Steigerung der Sehnenreflexe beschränkt. Nach den Beobachtungen italienischer Forscher und meinen eigenen dürfen wir das Bestehen einer comb. Systemerkrankung im Rückenmark bei einem grossen Procentsatz der Pellagrakranken voraussetzen und zwar in wechselnden Combinationen vom einzelnen bis zu mehreren Systemen; weitere Erfahrungen werden die verschiedenen Formen auch klinisch zu sichten wissen.

Auch die pellagröse Rückenmarkskrankheit ist wie die des Ergotismus nicht eigentlich progressiv; neue Schübe werden durch neuen Angriff der Noxe verursacht und oft erst unter Hinzutritt weiterer Schädlichkeiten, zumal eines kachektischen Zustandes. macht das Leiden, immerhin langsam, weitere Fortschritte.

Wie die Giftwirkung zu Stande kommt, warum einzelne Systeme bevorzugt werden, welche organischen Veränderungen den anderen, nicht spinalen Symptomen zu Grunde liegen — das und vieles andere in dem interessanten Krankheitsbild der Pellagra sind noch ungelöste Fragen.

Der Theorie ist in den schwer heimgesuchten Landstrichen des schönen Italiens die Praxis mit wohlthätigen und umsichtigen, wenn auch noch verbesserungsfähigen, prophylactischen Maassregeln vorausgeeilt.

Erklärung der Tafeln.

1. Kärtchen von Italien zur Darstellung der Verbreitung der Pellagra.

2. Taf. I—VII Rückenmarksbefunde bei Pellagra in 8 Fällen nach eigenen Untersuchungen.

3. Taf. VIII

    Fig. 1 Contour des Querschnitts der linken Zungenhälfte eines Pellagrösen (Fall I);

    Fig. 2 Contour eines gleichen Querschnitts von einer normalen Zunge;

    Fig. 3 Querschnitt durch die Haut des Handrückens bei Pellagra (Fall VI); schwache Vergrösserung;

    Fig. 4 daselbe bei stärkerer Vergrösserung.

4. Taf. IX Hautaffection bei Pellagra (nach einer Photographie).

Druckfehler.

Seite 32 Zeile 11 von unten lies 6) statt 4).

Druck von W. & S. Loewenthal, Berlin C. Grünstr. 4.

Verbreitung der Pellagra in Italien.

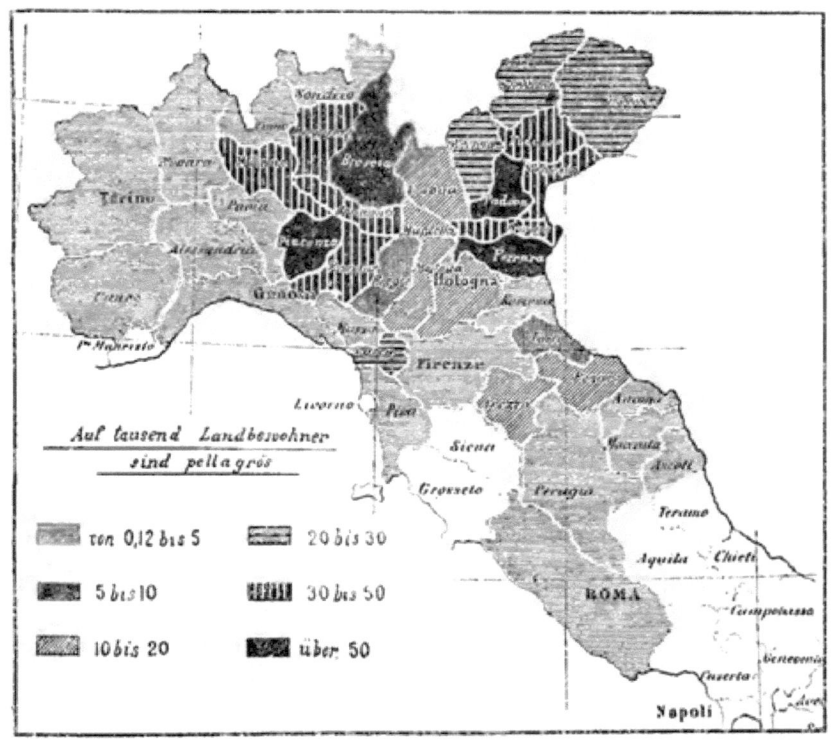

Fall I (Anelli)

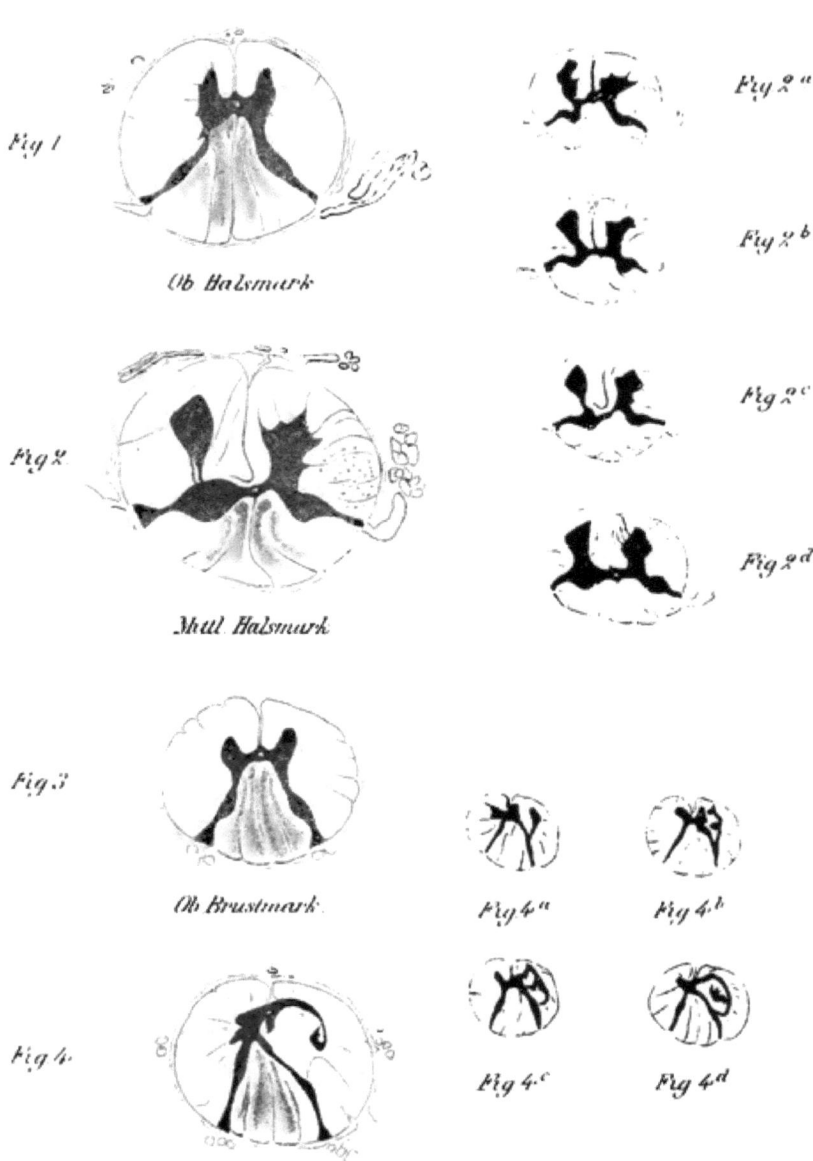

Fig 1

Ob Halsmark

Fig 2

Mittl Halsmark

Fig 3

Ob Brustmark

Fig 4

Mittl Brustmark

Fig 2 a

Fig 2 b

Fig 2 c

Fig 2 d

Fig 4 a

Fig 4 b

Fig 4 c

Fig 4 d

Fall II (Scagu)

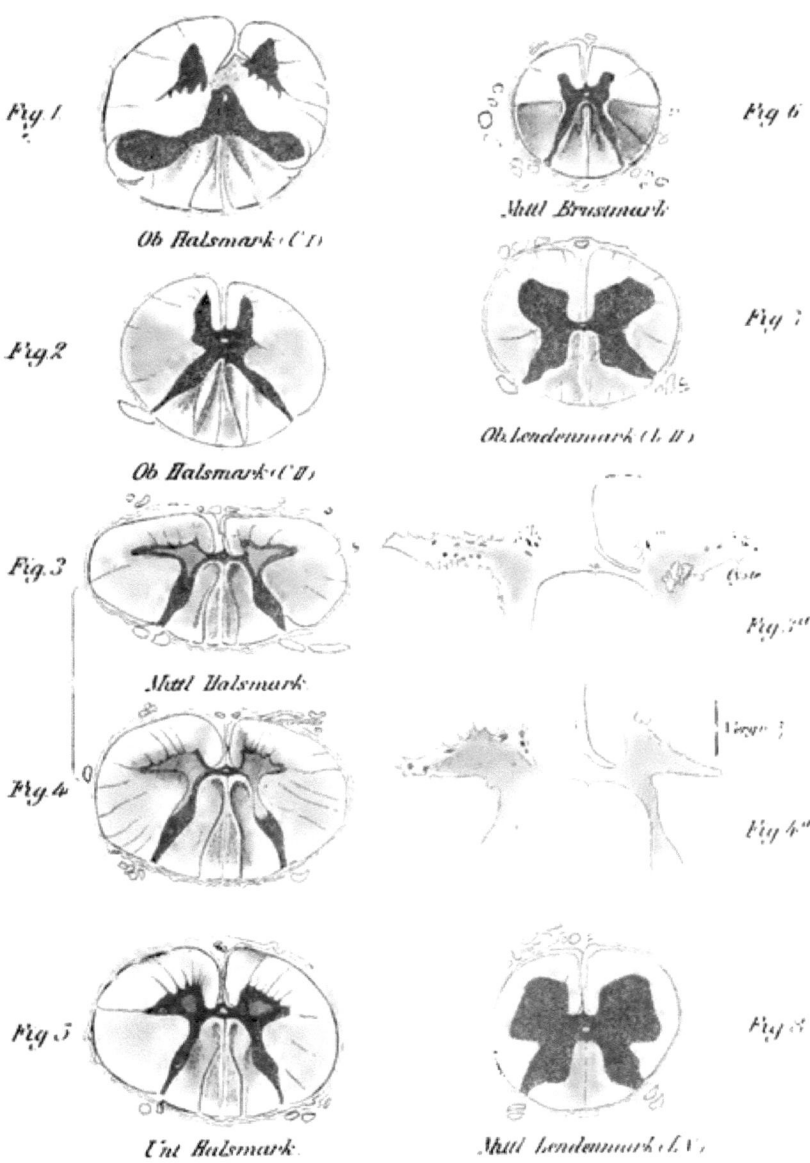

Fig 1

Ob Halsmark (C I)

Fig 2

Ob Halsmark (C II)

Fig 3

Mttl Halsmark

Fig 4

Fig 5

Unt Halsmark

Fig 6

Mttl Brustmark

Fig 7

Ob Lendenmark (L II)

Fig 3"

Fig 4"

Fig 8

Mttl Lendenmark (L V)

Verlag v Fischer vorm Buch 2 Nversch Berlin

Fall III (Caldara)

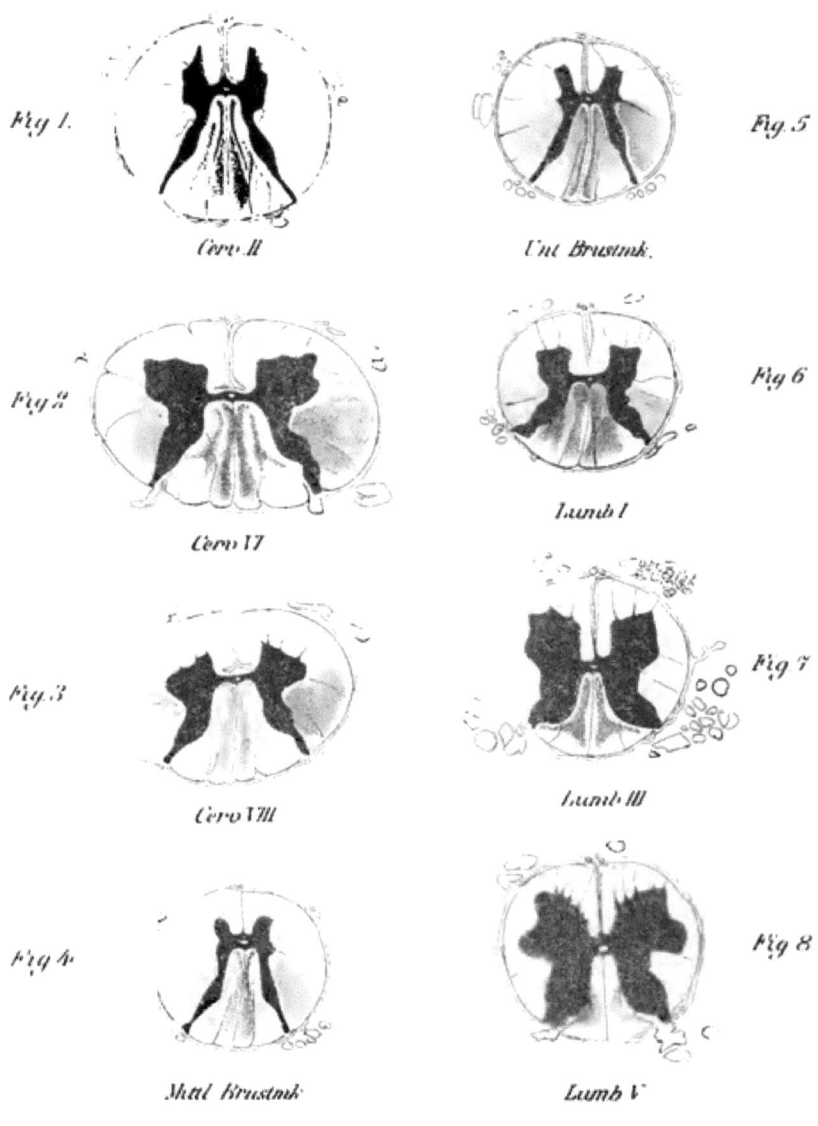

Fig. 1.   Cerv. II

Fig. 5.   Unt. Brustmk.

Fig. 2.   Cerv. VI

Fig. 6   Lumb. I

Fig. 3.   Cerv. VIII

Fig. 7   Lumb. III

Fig. 4.   Mittl. Brustmk.

Fig. 8   Lumb. V

Tuczek del.   Verlag v. Fischer's med. Buchh. H. Kornfeld. Berlin.

Fall IV (Taschim.)

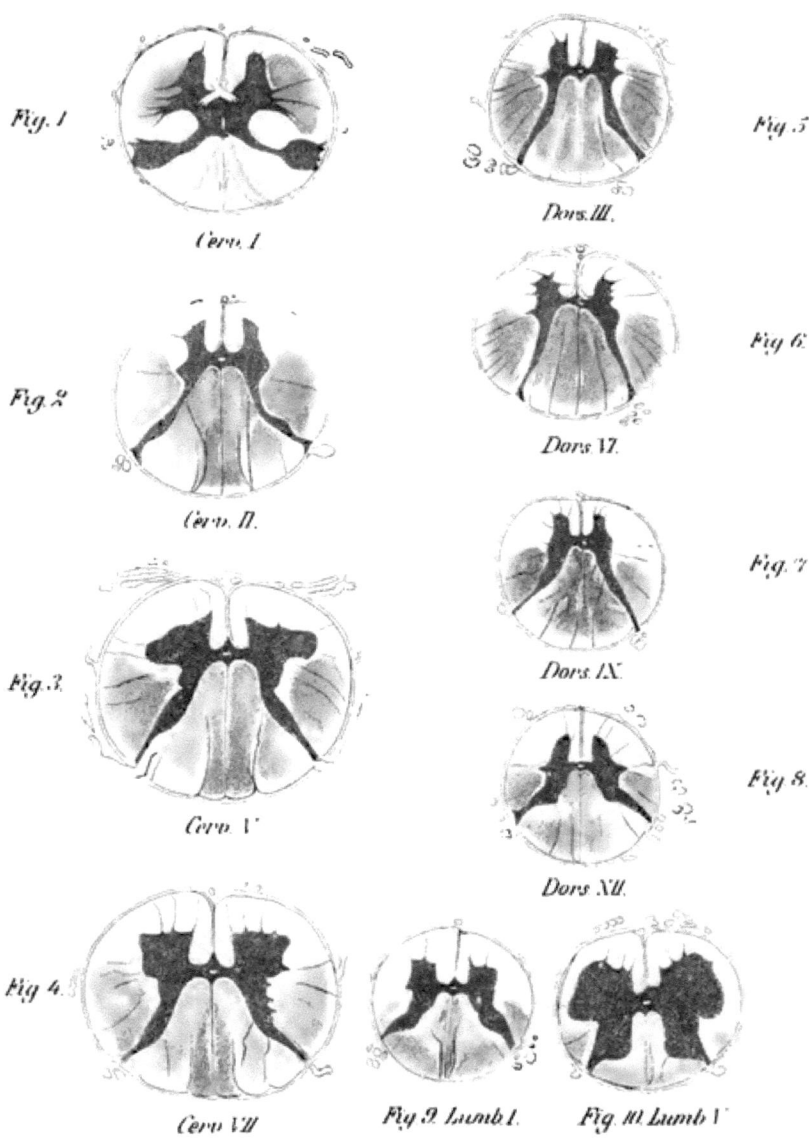

Tuczek, del.

Verlag v. Fischer med. Buch EK...tz Berlin

Lith Anst v. Pr. Werner, Berlin.

Fall V (Montanara.)

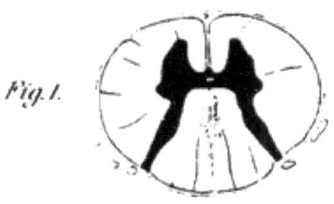

Fig. 1.

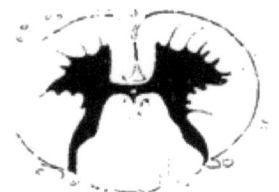

Fig. 2.

Ob. Halsmark.

Mittl. Halsmark.

Fall VIII (Gurzon.)

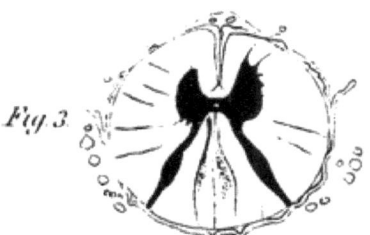

Fig. 3.

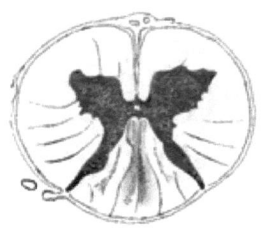

Fig. 4.

Cerv. II.

Cerv. VI.

Fig. 6.

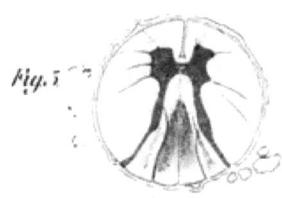

Fig. 5.

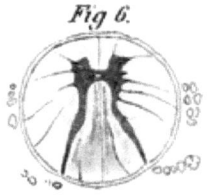

Fig. 7.

Dors. III.

Dors. VI.

Dors. X.

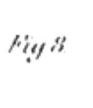

Fig. 8.

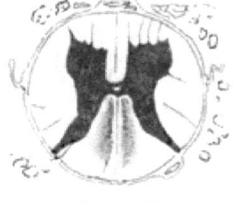

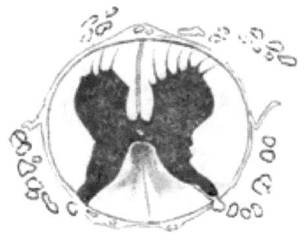

Fig. 9.

Lumb. I.

Lumb. II.

Tuczek del.

Verlag v. Fischer med. Buch. F. Harsfeld Berlin.

Fall VI (Grillenzoni.)

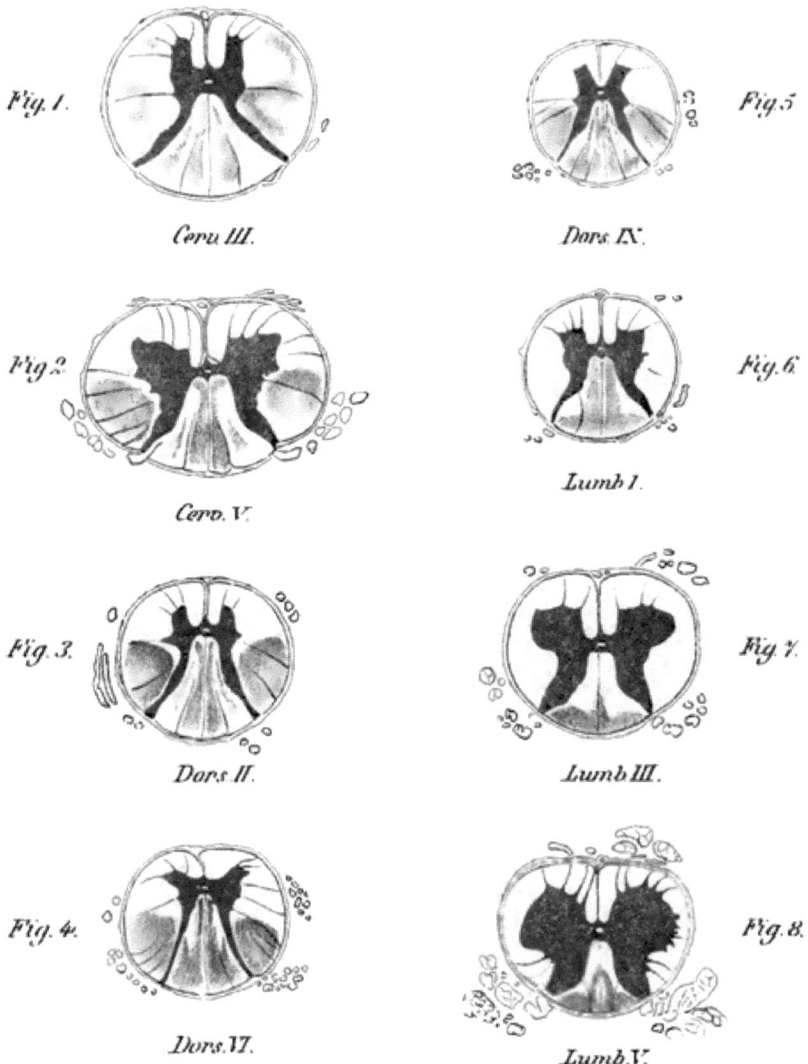

Fall VII (Camaggi)

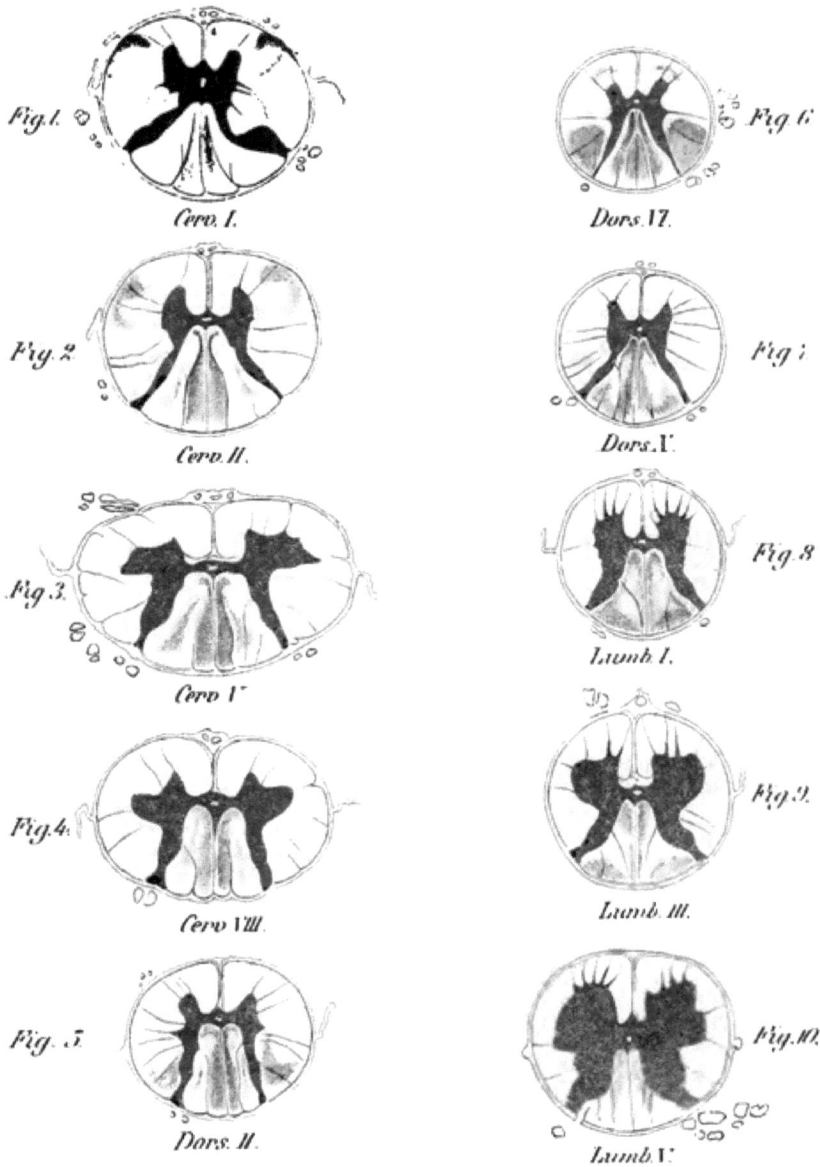

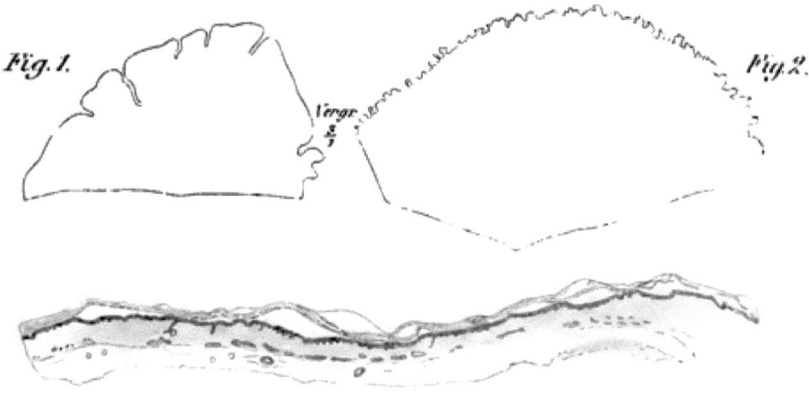

Fig. 1.

Fig. 2.

Vergr. $\frac{2}{1}$

Fig. 3. (Vergr. $\frac{2}{1}$)

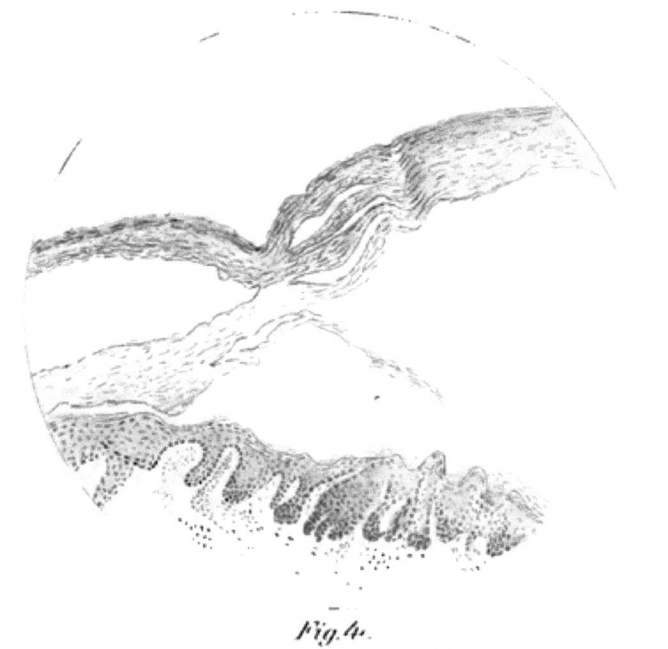

Fig. 4.
(Hartn. Obj. IV Oc. III.)

Tuczek del.

Verlag v Fischer's med. Buch. F Hirschwald Berlin.

Lith Anst v Dr Wiesner, Berlin.

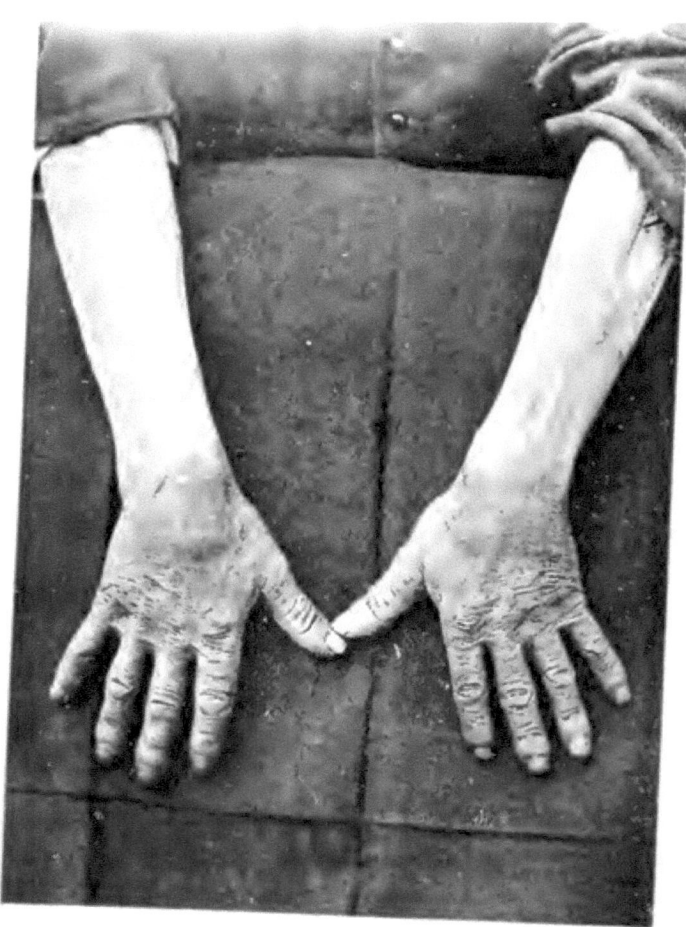

DIE PELLAGRA.

VON

Dr. VICTOR BABES

PROFESSOR DER PATHOLOGISCHEN ANATOMIE UND BACTERIOLOGIE AN DER UNIVERSITÄT,
DIRECTOR DES PATHOLOGISCH-BACTERIOLOGISCHEN INSTITUTES IN BUKAREST

UND

Dr. V. SION

EHEM. ASSISTENTEN AM PATHOLOGISCH-BACTERIOLOGISCHEN INSTITUT IN BUKAREST,
SUPPL. PROFESSOR DER HYGIENE AN DER UNIVERSITÄT ZU JASSY.

MIT 9 ABBILDUNGEN IM TEXT UND 2 TAFELN, DAVON 1 IN FARBENDRUCK.

WIEN 1901.

ALFRED HÖLDER

K. U. K. HOF- UND UNIVERSITÄTS-BUCHHÄNDLER
I. ROTHENTHURMSTRASSE 15

Druck von Friedrich Jasper in Wien.

Inhaltsverzeichniss.

Verzeichniss der Abbildungen im Text.

I. Geschichte, Geographie und Statistik.

Es ist wahrscheinlich, dass die Pellagra lange Zeit vor ihrer wissenschaftlichen Beschreibung in Europa bestanden habe. Dieselbe wurde aber offenbar mit verschiedenen anderen Krankheitsformen zusammengeworfen, so wahrscheinlich mit verschiedenen Hautkrankheiten, mit allgemeinen Erkrankungen, mit chronischen Intoxicationen, namentlich mit chronischen Darm- und Nervenkrankheiten und Psychosen. Besonders Erkrankungen mit den so wechselvollen Symptomen der Pellagra wurden oft als leprőse oder scorbutische Manifestationen aufgefasst. Es wäre demnach schwierig festzustellen, ob die Pellagra vor der Einführung des Maises in Europa hier vorhanden war. In Amerika wurden erst in neuerer Zeit Fälle von Pellagra bekannt, während aus früheren Jahren keinerlei Berichte über ein derartiges Leiden vorliegen. Dennoch sprechen alle Anzeichen dafür, dass dieselbe mit der Einführung des Maises in Europa zusammenhängt, indem auch die ersten Beschreibungen der Krankheit von Caspar Casal (1730) eben aus dem westlichen Spanien, aus Asturien stammen. Bald verbreitete sich dieselbe in Galicien, später in Castilien, Rom und Aragonien. Besonders in Navarra und Galicien ist dieselbe noch heutzutage sehr verbreitet. Hier war offenbar auch Lepra vorhanden und betrachtete man die Krankheit als eine Form der Lepra, Lepra asturiensis, während das Volk dieselbe Mal de la Rosa, Mal del Sole oder Mal de la Misera nannte, womit charakteristische Symptome, sowie ein wichtiges ätiologisches Moment derselben gekennzeichnet sind. Die Aerzte fuhren im XVIII. Jahrhundert fort, dieselbe mit anderen Krankheiten zu verwechseln, so nannte sie Caspar Casal Lepra escorbutica. Etwas später wurde die Krankheit auch in den unter spanischer Oberherrschaft befindlichen nördlichen Provinzen Italiens beobachtet, besonders in der Umgebung des Lago maggiore. Die ersten Angaben, welche sich auf den Zusammenhang der Pellagra mit Maisnahrung beziehen, stammen von Maffei, welcher schon im Jahre 1600 bemerkt, dass die Menschen, welche sich ausschliesslich mit Mais nähren, eine gewisse Schwäche zeigen. Namentlich Frapolli war der Erste, welcher die lombardische volksthümliche Benennung »Pellagra« von pella und agria (rauhe Haut), in die Wissenschaft einführte, indem er im Jahre 1771 eine vorzügliche Beschreibung lieferte. Schon vor der Einführung des Maises bestand aber in Italien eine Krankheit, welche Pellarella genannt wurde, und welche Frapolli für Pellagra erklärt, indem er auf Grund dessen voraussetzt, dass die Krankheit schon in der vorcolumbischen Zeit vorhanden gewesen sei. Etwa zur selben Zeit wurde die Krankheit namentlich von Odoardi als Scorbutus alpinus im Venetianischen beschrieben (1776), während etwas später Pujati nachzuweisen suchte, dass sich die verschiedenen Bezeichnungen der Pellagra auf ein und dieselbe Krankheit bezogen. Die grössten Verdienste um die Erforschung der Krankheit erwarb sich Strambio, der Director des von Josef II. gegründeten Pellagra-Asyls in Legnano. Zu Ende des XVIII. Jahrhunderts hatte sich dieselbe auch in Piemont und in Ligurien verbreitet. Bald darauf wurden auch Mittheilungen über Pellagra in Frankreich bekannt, namentlich Hameau beschrieb im Jahre 1818 die Pellagra in den Landes unter dem Namen Mal de teste, während das Volk sie Mal de misère nannte; auch nannte man sie hier noch Dartres malignes, Mal de Saint-Rose, Mal de Saint-Maris, nach verschiedenen heiligen Orten, in welchen die Kranken Heilung suchten. Marchand beschrieb dieselbe im Jahre 1826 in den südlichen Provinzen Frankreichs. Namentlich war sie in den Landes, in der Gironde, in den Pyrenäen, in der Haute-Garonne und in Ande verbreitet. Indem hier der Mais durch andere Getreidearten verdrängt wurde, nahm die Zahl der Pellagrösen seit Mitte des XIX. Jahrhunderts bedeutend ab.

Erst später wurde die Krankheit auch in Rumänien constatirt, indem die Maiscultur hier im Jahre 1810 eingeführt wurde. Es ist nicht genau nachzuweisen, auf welchem Wege der Mais nach Rumänien eingeführt wurde, wahrscheinlich durch Küstenschiffer wohl aus Italien, oder vielleicht auch aus den Balkanländern. In seiner Inaugural-Dissertation beschreibt sie zunächst Vârnav im Jahre 1836 und dann Julius Theodori im Jahre 1858. Hier wurde dieselbe vom Volke Buba trânjiloi genannt, heutzutage sind die Benennungen Jupniala, Pârleala (Abschälung, Sonnenbrand) oder auch Boala saracilor (Krankheit der Armen) üblich. Wir wollen die neueren Versuche, die Pellagra nach verschiedenen Symptomen zu benennen, nicht weiter erörtern, und glauben, dass die Bezeichnung Pellagra zweckentsprechend ist, indem sie eine ganz specielle Krankheit mit eigenthümlichem Symptomencomplex bezeichnet.

Bouchard beschreibt Pellagra auch in Mexiko, ferner ist dieselbe in Brasilien, Argentinien und Uruguay bekannt, ebenso in Afrika; besonders im Nilthale soll dieselbe nach neuen Angaben unter den

Fellahs verbreitet sein. Auch die Zulukaffern leiden an einer wohl als Pellagra zu bezeichnenden Krankheit.

Aus Spanien liegen wenige statistische Daten vor; so erwähnt Battella 64 Fälle in Galicien. Die Verbreitung der Pellagra, namentlich in Italien, ist von Regierungsenquêten und statistischen Bureaux sorgfältig festgestellt worden. Namentlich in gewissen Gegenden ergreift die Krankheit mehrere Procente der Bevölkerung; im Ganzen war die Zahl der Pellagrösen im Jahre 1879 auf 97.855 geschätzt, im Jahre 1887 auf 10.467. Im Jahre 1883/84 wurden je 6000—7000 Leprôse in den Krankenhäusern beobachtet, von welchen 700—1000 jährlich verstarben. Nach der officiellen Statistik des Ministeriums des Innern in Italien kommen auf 10.000 Todesfälle in Venetien etwa 500 Pellagröse; die Zahl derselben nahm von 1881 allerdings bedeutend ab. An zweiter Stelle steht die Lombardei mit 300 Todesfällen, dann Emilia mit etwa 200 Todesfällen. Aber auch Piemont und Umbrien, Toscana und die Marken liefern über 5%/₀₀ Todesfälle an Pellagra. Im Ganzen waren in der officiellen Statistik von 1881 in der Lombardei 40.000, in Venetien 29.000, in Emilia etwa 19.000, in Toscana 4300, in den Marken und Umbrien 2100 Pellagröse. In gewissen Jahren steigt die Zahl der Pellagrösen oft um mehr als das Doppelte, um in den nächsten Jahren wieder auf die Hälfte oder selbst auf ein Drittel zurückgehen. Vor wenigen Jahren kam in der Provinz Bergamo sogar ein Pellagröser auf 107 Einwohner, in Mailand auf 157, in Brescia auf 41 und in Cremona selbst auf 24. Die Krankheit verbreitete sich erst in den letzten Jahrzehnten von Oberitalien nach Süditalien, indem hier erst seit 1881 Pellagra festgestellt wurde. Die umseitig stehende Figur zeigt die Verbreitung der Pellagra in Italien nach Tuczek. Von Italien und namentlich von Venedig aus verbreitete sich die Krankheit nach Friaul, wo nach Neusser unter 36.588 Einwohnern im Jahre 1886 1086 Fälle von Pellagra beobachtet wurden. Namentlich in Görz und Gradisca, nachdem das früher wohlhabende Land in Folge von Elementarereignissen stark herunterkam, nahmen die Pellagrafälle überhand, indem im Jahre 1888 unter 65.000 Einwohnern 800 Pellagröse vorhanden waren, während im Jahre 1893 die Anzahl derselben auf 452 zurückging. Zugleich verbreitete sich die Pellagra in Serbien, Bulgarien und in der Türkei, ebenso wurde Korfu ergriffen. Sandlerth in Kairo berichtet, dass er in den Jahren 1893—1898 500 Krankheitsfälle beobachten konnte. In Algier ist die Pellagra ebenfalls ziemlich verbreitet.

Im Jahre 1892 constatirte J. Felix etwa 4500 Pellagröse in Rumänien, während im Jahre 1885 10.626 Pellagröse gezählt wurden und im Jahre 1886 schon 19.797 vorhanden waren bei einer Bevölkerung von 5.300.000. Die Statistik von 1898 weist 21.272 Pellagröse auf, welche sich hauptsächlich auf die Bezirke Prahova, Dimbovitza, Teleorman, Botuschan, Roman, Tekutsch und Covurlui vertheilen. Am stärksten betroffen ist der Bezirk Roman, dann Tekutsch, Teleorman und Tutova. Hier sind 1—2°/₀ der Bevölkerung pellagrös. Im Jahre 1899, in welchem Rumänien eine Missernte und eine ökonomische Krisis durchmachte, hat sich nun plötzlich die Zahl der Pellagrösen verdoppelt, indem in diesem Jahre etwa 40.000 Pellagröse constatirt werden konnten.

Fig. 1.

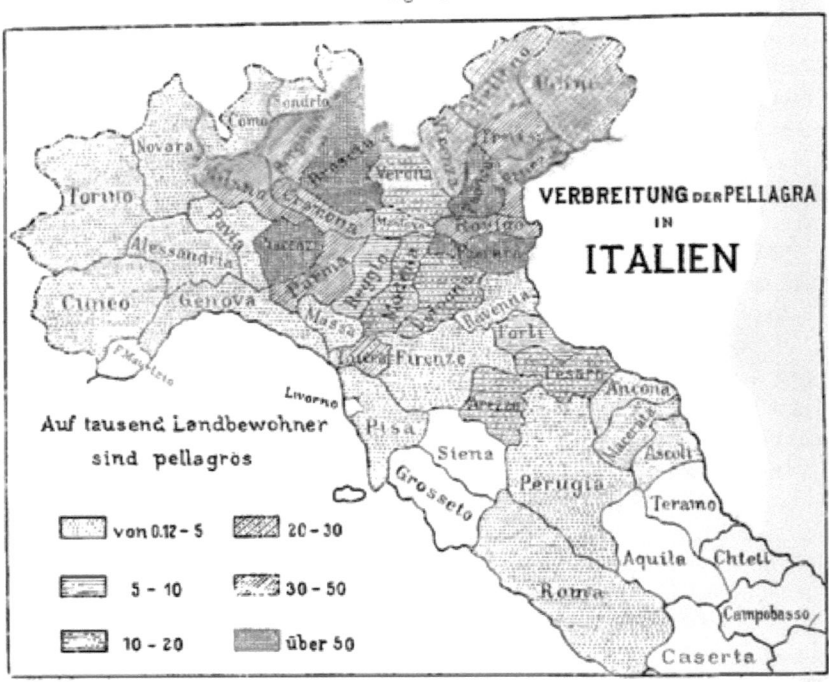

In Betreff des Geschlechtes, wurden in Rumänien im Jahre 1898 9011 Männer und 12.261 Frauen krank befunden. Ueberhaupt leidet das weibliche Geschlecht mehr an Pellagra und liefert verhältnissmässig auch mehr Todesfälle als das männliche Geschlecht. So sind in Italien im Jahre 1881 unter einer ackerbautreibenden Bevölkerung von 3,354.968 Männern und 2,105.422 Frauen 56.615 pellagröse Männer (1·69°/₀) und 47.452 pellagröse Frauen (2·25°/₀) gefunden worden. Im Jahre 1897 waren in Rumänien 19.279 Ackerbauer und nur etwa 500 Städtebewohner von der Krankheit ergriffen. Im Beginn der Erkrankung befanden sich 8452, auf der Höhe der Erkrankung 9915 und im Endstadium der Krankheit 1400. Die letzteren Daten zeigen, dass die Pellagra eben im Steigen begriffen ist, indem dort, wo dieselbe abnimmt, das Krankheitsverhältniss ein umgekehrtes ist. J. Felix hat für die vergangenen Jahre folgende Statistik zusammengestellt, die das Steigen der Krankheit als sicher erscheinen lässt:

Im Jahre 1892 waren 16.488 Pellagröse: im nächsten Jahre sank die Zahl, um dann allmälig wieder zu steigen: 1893 7091, 1894 6694,

Fig. 2.

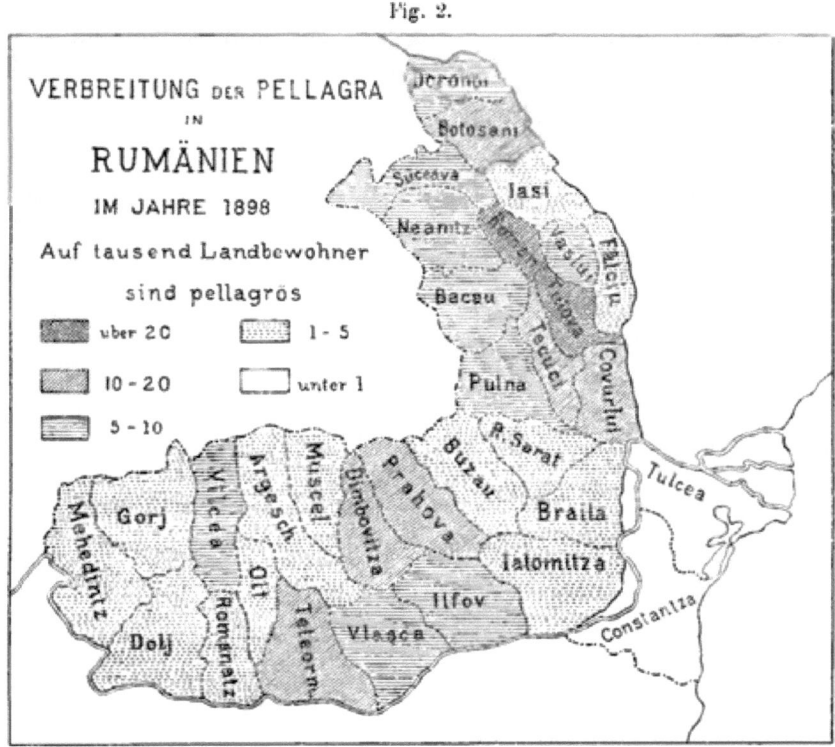

1895 7531, 1896 17.912, 1897 19.796, 1898 21.272. Hier sowie anderwärts ist ein Zusammenhang zwischen Missernten und der Zunahme der Krankheitsfrequenz nicht zu verkennen. Von Rumänien ausgehend, ververbreitete sich die Pellagra in der Bukowina, in Siebenbürgen, im Banat sowie in Ungarn unter den aus der Bukowina eingewanderten Ungarn, ferner in Bessarabien, besonders unter der rumänischen Bevölkerung. Ueberhaupt ist die Pellagra hauptsächlich in der lateinischen Race verbreitet, sowie in jenen Breitegraden, in welchen der Mais cultivirt wird und zur menschlichen Nahrung dient.

Während die ersten Beobachter einen Zusammenhang zwischen Maisnahrung und Pellagra nicht constatirten, wurde ein solcher von Pujati, Odoardi und Fanzago angenommen und auf Grund dessen wurden im Jahre 1776 vom venetianischen Gesundheitsrath strenge Massregeln gegen den Genuss von unreifem oder verdorbenem Mais erlassen. In der Folge entstanden verschiedene Hypothesen zur Erklärung der Krankheit, indem zunächst Landouzy im Jahre 1862 wieder behauptete, dass die Maisnahrung zur Entstehung der Krankheit nicht nöthig ist, indem er in der Umgebung von Reims, wo kein Mais genossen wurde, Fälle von Pellagra treffen konnte. Roussel, welcher sich speciell mit Pellagra beschäftigte, und dessen Monographie den grossen Preis der französischen Akademie erhielt, stellte hingegen unzweifelhaft den Zusammenhang zwischen Pellagra und Mais fest, indem er einen eigenthümlichen von Ballardini beschriebenen, als Sporisorium maïdis benannten Parasiten des Maises, welcher vom Volke Verderame genannt wird, als den Erreger der Krankheit betrachtet; zugleich zeigt Roussel, dass die von Landouzy beschriebene Krankheit nicht eigentliche Pellagra war, sondern ein squamöses Erythem, das manchmal von Diarrhöe begleitet war, welches Krankheitsbild er als Pseudopellagra bezeichnete. Seitdem erscheint der Zusammenhang der Krankheit mit der Maiskrankheit unzweifelhaft und die Streitfrage drehte sich zunächst darum, ob die Krankheit überhaupt der Maisnahrung als einem ungenügenden Nahrungsmittel oder dem Genusse von verdorbenem Mais zuzuschreiben sei. Ferner ob ein specifischer Parasit, etwa Ustilago sclerotica oder Sporisorium maïdis (Verderame), Penicillium glaucum oder aber verschiedene Bacterien als die Ursachen der Krankheit zu betrachten seien. Andere Autoren beschreiben chemische Substanzen, welche im verdorbenen Mais in Folge der Einwirkung verschiedener Parasiten auftreten. Endlich erhielten andere Autoren verschiedene Parasiten und deren Producte aus scheinbar unverdorbenem Mais, indem dieselben behaupten, dass der Mais überhaupt nicht derart conservirt wird, dass sich in demselben keine Parasiten oder deren Stoffwechselproducte entwickeln, welch letztere eben als die Ursache der Pellagra aufzufassen seien. Alle diese Hypothesen bildeten den Gegenstand eingehender Discussionen in den italienischen und französischen Akademien, ohne aber unsere Kenntniss wesentlich zu fördern. Im Gegentheil konnten noch in neuerer Zeit ganz abenteuerliche Hypothesen aufgestellt werden und sich eine Zeit lang erhalten. So jene, nach welcher die Pellagra eine Metamorphose der Syphilis oder eine Form des Alkoholismus oder aber eine sehr lang andauernde, fortschreitende Inanition sei.

Das klinische und anatomische Studium der Pellagra wurde von Neusser, Tuczek und von Billot gepflegt; als das wichtigste neuere

Werk über Pellagra ist aber die Monographie von Lombroso zu betrachten, welche im Jahre 1898 auch in deutscher Bearbeitung von Kurella vorliegt. Lombroso betrachtet die Pellagra als eine vom ausschliesslichen Genuss verdorbenen Maises herrührende Krankheit, indem sich in Mais toxische Substanzen, namentlich der Pellagrozein genannte Extractivstoff befindet. Nachdem chemische Analysen des Maises nachgewiesen hatten, dass der Mais als ein vollkommenes und gut verdauliches Nahrungsmittel angesehen werden kann, hat in der That die Inanitionshypothese jede Basis verloren, während auch die bacteriologischen Untersuchungen an Pellagrösen keinerlei specifisches Bacterium nachweisen konnten. Es musste demnach als wahrscheinlich angenommen werden, dass die Pellagra als eine mit der Maisnahrung zusammenhängende chronische Vergiftung anzusehen sei, wofür auch unsere eigenen histologischen und experimentellen Untersuchungen sprechen.

Zum Theil ist schon aus den vorhergehenden Angaben ersichtlich, dass die Pellagra als eine chronische und periodisch wiederkehrende Intoxicationskrankheit aufzufassen sei, welche durch eine im mehr oder minder verdorbenem Mais gebildete, specifisch giftig wirkende Substanz verursacht wird, welch letztere, fortwährend und in grossen Mengen genossen, besonders das Nervensystem in eigenthümlicher Weise schädigt.

II. Aetiologie.

1. Der Mais als ungenügendes Nahrungsmittel.

Bereits im Jahre 1776 hatte die »Società patriotica di Milano« einen Preis für die Lösung der Frage »über die Ursache und Bekämpfung der Pellagra« ausgeschrieben, und auch die Ephorie des grossen Hospitals in Mailand stiftete einen Preis von 500 Ducaten für die Beantwortung derselben Frage. Einen Theil dieses zweiten Preises erhielt Dr. Videmar, welcher behauptete, die Pellagra sei eine Folge der schlechten Ernährung und des Elends der ackerbautreibenden Bevölkerung. Im Jahre 1810 weist Marzari in einer grösseren Arbeit nach, dass die Maisnahrung die Ursache der Pellagra sei, nachdem schon früher Strambio sen. behauptet hatte, dass der Mais als ungenügendes Nahrungsmittel die Pellagra verursache.

Indem wir zunächst davon absehen, ob Mais überhaupt oder blos verdorbener Mais Pellagra verursache, wollen wir im Kurzen jene Beobachtungen mittheilen, welche den Zusammenhang mit fast ausschliesslicher Maisnahrung nachweisen.

Zunächst haben wir gesehen, dass Pellagra überall dort vorkommt
wo in Europa Mais in grösserer Menge cultivirt wird und als Volks-
nahrung dient. Es erstreckt sich dieses Gebiet nordwärts bis zum 47°
nördlicher Breite, westlich bis 10° und westlich bis 25° von Paris.
Andere Schädlichkeiten, Elend und Schmutz finden sich ja überall in
der Landbevölkerung, aber nur in den Gebieten, wo ausserdem noch Mais
consumirt wird, findet sich die Pellagra als Volkskrankheit. Wir werden
sehen, dass sporadisch Fälle mit ähnlichem Symptomencomplex allerdings
auch anderwärts vorkommen können. Gewöhnlich entsteht die Pellagra
nicht gleich nach der Einführung des Maises, sondern es vergehen Jahrzehnte bis zur Entwicklung der Krankheit, was wohl zum Theil wenigstens mit der Angewöhnung an die Maisnahrung oder mit einer
Vorbereitung der Bevölkerung für die Krankheit zusammenhängt.
Beweisend für den Zusammenhang der Maisnahrung mit Pellagra
sind verschiedene Enquêten, welche nachweisen, dass inmitten der ergriffenen Gegenden einzelne Dörfer von Pellagra frei bleiben, wenn
deren Einwohner keinen Mais geniessen. So fand Lombroso in Friaul
nur ein Dorf ganz frei von Pellagra, indem blos die Einwohner dieses
Dorfes sich fast ausschliesslich von Fischen nähren. In Rumänien sind ähnliche Erfahrungen gemacht worden; so ist ein Dorf im Bezirke Suceava
vorhanden, das, selbst von Pellagra frei, von pellagrösen Dörfern umgeben ist. Das Dorf ist von russischen Skopzen bewohnt, welche keinen
Mais geniessen. In der Nähe von Bukarest im Bezirke Ilfov, in welchem
etwa 3000 Pellagröse leben, wo fast alle Dörfer Pellagra aufweisen, ist
das Dorf Jilava frei, indem hier zahlreiche Backöfen existiren und blos
in diesem Dorf grösstentheils Brot, Käse und Milch verzehrt werden
(Neagoe und Th. Popescu).

Die sogenannte zeistische Theorie, nach welcher der Mais
als ungenügendes Nahrungsmittel Pellagra verursacht, stützte sich allerdings auf ungenügende Analysen des Maises und sucht nachzuweisen,
dass selbst die Gefangenen, welche sich blos mit Brot nähren, doch
eine genügende Stickstoffmenge erhalten, während im Mais stickstoffhaltige
Substanzen nur in ungenügender Menge vorhanden seien. Seit aber genauere
Analysen vorliegen, ist diese Ansicht natürlich gründlich widerlegt, und
kein ernster Forscher kann heutzutage diese aufrecht erhalten. Strambio sen.
und Marzari constatirten, dass die Pellagra nicht contagiös und nicht
erblich sei, und dass namentlich der spät gesäete und geerntete Quarantin-
Mais, welcher nicht vollständig reift, schädlich sei, indem derselbe noch
weniger Stickstoff enthält, als der gut gereifte Mais. Gegen diese Auffassung wendeten sich schon früh die meisten Forscher, indem auch
Roussel namentlich nicht nur die Abhängigkeit der Pellagra von der Maisnahrung, sondern besonders von beschädigtem Mais betonte. Thatsächlich

consumiren die meisten Landleute selbst in Pellagragegenden ausser Mais noch andere Nahrungsmittel, so dass auch die Annahme, dass ausschliessliche Maisnahrung oder Missbrauch derselben die Krankheit verursache, nicht stichhaltig ist, indem Lombroso, Bodio, Pavesi, Jacini, Calderini, Camis etc. nachgewiesen haben, dass selbst in den am meisten ergriffenen Gegenden neben Mais, Weizenkuchen, Reis, Fisch, Schweinefleisch, Käse, Milch, Sardinen, Bohnen, Kastanien reichlich consumirt werden. In der von Pellagra sehr heimgesuchten Provinz Ferrara verzehrt der Landarbeiter täglich in der Zeit der schweren Arbeit 160 g Polenta, 400 g Weizenbrod, 400 Stück Maccaroni, 60 g Fleisch, 20 g Käse, während in acht Monaten des Jahres 1000 g Polenta und blos 100 g Weizenkuchen, 10 g Fleisch und 20 g Fisch consumirt werden.

In Rumänien nährt sich der Bauer sehr kümmerlich und besonders während der sehr lange dauernden Fasten in absolut ungenügender Weise, indem während der Fasttage etwa 39 g Albumen, 19 g Fett und 310 g Kohlehydrate verzehrt werden, also weniger als die Näherinnen in London, welche als Typen der unterwerthigen Ernährung betrachtet werden können. In der Zeit der Arbeit nährt sich die Familie etwas besser, selbst während des Fastens, indem 140 g Albumen, 85 g Fett und 732 g Kohlehydrate genossen werden. Dieses entspricht etwa 1 kg Maisbrei, $\frac{1}{2}$ kg Bohnen, $\frac{1}{7}$ kg Zwiebel und $\frac{1}{2}$ kg saure Gurken oder Sauerkohl. Ausserhalb der Fasten consumirt ein armer Landmann etwa $\frac{1}{2}$ kg Maisbrod, 50 g Reis und Sauerkohl oder saure Gurken oder aber $\frac{1}{4}$ kg gesalzene Fische. In einer pellagrösen Familie, bestehend aus Mann und Frau, wurde nach Constantin Popescu wöchentlich Folgendes genossen: Im ersten Tage $\frac{1}{2}$ kg Brot und fünf Stück saure Paprika; am zweiten Tage $\frac{1}{2}$ kg Brod; am dritten Tage $\frac{1}{2}$ kg Maisbrei, $\frac{1}{4}$ kg Fisolen und kleine Paprika; am vierten Tage $1\frac{1}{2}$ kg Maisbrei und $\frac{1}{2}$ kg Fisolen; dasselbe am fünften Tag; am sechsten Tage $\frac{1}{2}$ kg Maisbrod, $\frac{1}{3}$ kg gedörrte Pflaumen, $\frac{1}{4}$ kg süsses Kraut, 10 g Oel; im Ganzen also verzehrt eine Person täglich 81 g Albumen, 39 g Fett, 622 g Kohlehydrate, während ein Arbeiter im Durchschnitt 180 g Albumen braucht.

Diese Angaben zeigen ausserdem, dass sich selbst die Pellagrösen nicht ausschliesslich vom Mais nähren, so dass die Ursache der Pellagra nicht die ausschliessliche oder excessive Maisnahrung sein kann.

Auch Roussel weist nach, dass die an Pellagra leidende französische Bevölkerung neben Mais noch Roggen, Hirse, Hammel- und Schweinefleisch und Gemüse consumirt. Allerdings ist dort, wo eine reichliche und wechselvolle Nahrung genossen wird, Pellagra nicht vorhanden, andererseits fehlt sie häufig auch dort, wo fast ausschliesslich Mais consumirt wird. Die Ansicht, dass Pellagra dadurch entsteht, dass Mais ein ungenügendes Nahrungsmittel sei, ist auch deshalb zu verwerfen, weil ja

der grösste Theil der Menschheit sich von Vegetabilien nährt, welche
einen geringeren Werth als Mais besitzen, ohne dass bei denselben
Pellagra auftritt. In der That leben wohl die meisten Menschen von
Reis und eine kleine Minderheit geniesst ein grösseres Quantum Fleisch.
Pflanzenfressende Thiere, welche sich blos von Mais nähren, zeigen
immer eine bedeutende Gewichtszunahme und befinden sich wohl dabei.
Die Untersuchungen von Dr. Gähring, von Dietrich und König zeigen
in der That, dass das Maismehl zu den nahrhaftesten Cerealien gehört;
blos Roggen enthält etwas mehr stickstoffhaltige Substanzen, während
Mais bei Weitem mehr enthält als Reis. Besonders Fette sind im Mais
in grösserer Menge vorhanden als in allen anderen Cerealien. Noch vor-
theilhafter stellt sich der Mais in Bezug auf seine Verdaulichkeit dar,
indem eben die stickstoffhaltigen Substanzen des Maises leichter ver-
daulich sind als die der anderen Cerealien.

Allerdings hängt viel davon ab, wie der Mais gemahlen wird,
indem Rubner gezeigt hat, dass der ungenügend gemahlene Mais in
Folge der holzigen Hülle schlecht ausgenützt wird. Ebenso existiren
gewisse Unterschiede im Nährwerth der verschiedenen Maissorten. So
enthält gesunder rumänischer Mais über acht bis neun Theile stickstoff-
haltiger Substanzen, während der verdorbene Mais nur etwa 6—6$\frac{1}{2}$%
und der Cinquantino-Mais etwa blos 5% enthält. Auch die Schwere des
Maiskornes ist sehr verschieden, indem nach König 100 Körner ameri-
kanischen Maises 31 g, türkischen Maises 26 g, bulgarischen 23$\frac{1}{2}$ g, rumänischen 21 g, bessarabischen 16$\frac{1}{2}$ g und Cinquantino blos 12 g wiegen. In
der That findet sich Pellagra dort, wo leichtere Maissorten existiren; dieselben
sind oft auch in höherem Grade verdorben als die schwereren Sorten. Allerdings gedeiht in Rumänien der Cinquantinomais sehr gut und ist in Folge
der Dünne des Kolbens weniger feucht und verdorben als anderer Mais.

Neben diesen Thatsachen, können wir noch gegen die Annahme
des Maises als ungenügendes Nahrungsmittel anführen, dass die Erscheinungen der Pellagra durchaus nicht die einer reinen Inanitious-
krankheit sind, indem Pellagröse oft gut genährt erscheinen und indem
durch die Annahme einer reinen Inanition die eigenthümlichen Erscheinungen der Pellagra nicht erklärt werden können.

Nachdem aber dennoch der Zusammenhang zwischen Pellagra und
Maisnahrung unzweifelhaft ist, bleiben noch zwei Möglichkeiten übrig,
zunächst jene, dass im Mais, auch im gesunden Mais, Substanzen vorhanden sein können, welche unter gewissen Bedingungen auf den Organismus schädlich wirken können, oder dass die Krankheit durch verdorbenen Mais verursacht wäre. Allerdings haben sorgfältige Enquêten
in allen von Pellagra heimgesuchten Ländern nachgewiesen, dass gewöhnlich dort die Pellagra auftritt, wo der Mais unreif geerntet oder

durch Feuchtigkeit verdorben ist; doch gibt es auch zahlreiche Pellagragegenden, wo anscheinend gesunder Mais genossen wird.

Es erscheint mir unzweifelhaft, dass diesen beiden letzteren An-
nahmen eine Bedeutung in der Aetiologie der Pellagra zukommt, nur
mit der Beschränkung, dass der anscheinend gesunde Mais oft ebenfalls
von Schimmelpilzen und Bacterien angegriffen ist, und bleibt es dahin-
gestellt, ob auch in ganz intactem und gesundem Mais giftige Substanzen
enthalten sind. So viel ist sicher, dass je augenfälliger der Mais verdorben ist, derselbe desto mehr giftige Substanzen enthält.

In Bezug auf den scheinbar gesunden Mais sind die Untersuchungen von Pelizzi interessant. Zunächst constatirt derselbe auch im gesunden Mais zahlreiche Mikroorganismen, oft mehr als in augenscheinlich
verdorbenem. Allerdings, wenn der Mais mehrere Tage bei 70° in
Trockenöfen verweilt, enthielt er sehr wenige Bacterien. Reinculturen
derselben waren für Thiere unschädlich, blos jene der zahlreich vorhandenen Fäulnissbacterien waren giftig. Wichtiger sind die Resultate,
die mit Extracten aus Polenta und Maisbrod erzielt wurden, indem
namentlich 10 g wässerige Extracte, auf 1 kg Versuchthier intravenös
eingeführt, der Pellagra ähnliche Erscheinungen, also gastro-intestinale
Störungen, manchmal mit psychischer Verwirrtheit, erzeugen. Es handelt
sich wohl um Fermente, welche von verschiedenen Mikroorganismen in
einer bestimmten Phase ihrer Entwicklung producirt werden.

Trotzdem diese Untersuchungen nicht als abgeschlossen betrachtet
werden können, stimmen sie doch mit den statistischen Daten Lombroso's und unseren eigenen überein, nach welchen kaum bei 25%
der Pellagrösen festgestellt werden kann, dass dieselben sich von verdorbenem Mais nähren.

Auch betont Lombroso, dass geheilte Pellagröse, selbst wenn
sie zu einer einwandfreien Maisnahrung zurückgreifen, immer wieder
pellagrös werden. Es scheint demnach, dass die Pellagrösen in gewissen
Jahreszeiten eine besondere Empfänglichkeit selbst gegen ganz geringe
Mengen pellagrogener Substanzen darbieten. Im Allgemeinen zeigen diese
Versuche, dass man keine scharfe Grenze zwischen gesunden und verdorbenen Mais ziehen kann, und dass überhaupt der Mais bei der gewöhnlichen Art der Conservirung immer zahlreiche Mikroorganismen und
deren Producte enthalte, indem gewisse feuchte Theile des Kornes,
namentlich der Embryo, einen günstigen Nährboden für die Bacterien
bildet, so dass auch Lombroso zugibt, dass der meiste, anscheinend
gesunde Mais in gewissem Sinne als verdorben betrachtet werden kann.
Insofern kann man also annehmen, dass der Mais im Allgemeinen wohl
nicht als solcher, aber in Folge seiner leichten Zersetzbarkeit als pella-
grogen angesehen werden darf.

2. Der verdorbene Mais als Ursache der Pellagra.

Wir gelangen nun zur Besprechung des augenscheinlich verdorbenen
Maises, welcher nach der zeï-toxischen Theorie die Pellagra verursacht.

Schon im Jahre 1776 verordnete der Gesundheitsrath von Venedig
Massregeln zur Verhütung der Pellagra, welche von der Ansicht ausgehen, dass die Pellagra von verdorbenem Mais verursacht werde. Es
wurde absolut verboten, den Mais aus überschwemmten Gegenden zu
ernten, ebenso der Gebrauch des verdorbenen Maises für die Nahrung
der Menschen und der Thiere. Solcher Mais durfte nicht mit gutem Mais
vermengt und nicht verkauft werden. Die öffentlichen Makler waren verpflichtet, der Gesundheitsbehörde anzuzeigen, so oft sie von solchem Mais
Kenntniss erhielten; dieselbe Pflicht oblag den Müllern, die derartigen
Mais nicht mahlen durften. Auch die Einfuhr verdorbenen Maises musste
von Seite der Behörde dem Gesundheitsrath angezeigt werden.

Denselben Vorschriften unterlag das verdorbene Maismehl. Alle
Aerzte waren verpflichtet, die Pellagrösen daraufhin zu untersuchen, ob
dieselben verdorbenen Mais consumirt haben. Diejenigen, die diesen
Vorschriften zuwider handelten, oder welche verdorbenen Mais im Ge-
heimen verkauften, wurden mit »processo di inquisizione e si rice-
verano denonzie secrete« bedroht. Endlich wurden die Geistlichen an-
gewiesen, an Feiertagen diese Verordnungen öffentlich bekannt zu machen.

Alle Autoren, welche sich in der neueren Zeit namentlich mit
Pellagra befassen, mit Ausnahme jener, welche Pseudopellagra mit Pellagra verwechseln, bestätigten immer von Neuem die Abhängigkeit der
Pellagra vom Genuss des verdorbenen Maises. Doch gehen die Meinungen
derselben in Bezug der Art der Verderbniss des Maises weit auseinander
und glauben wir, der Wahrheit am nächsten zu kommen, indem wir
annehmen, dass, wie schon früher betont wurde, der Mais sehr häufig
von Mikroorganismen heimgesucht ist, selbst wenn derselbe gesund erscheint; also auch gesund erscheinender Mais kann pellagrogene Zersetzungsproducte enthalten und zur Pellagra Anlass geben, nicht, weil
er ein ungenügendes Nahrungsmittel, sondern weil er eben schwer con-
servirbar und leicht zersetzlich ist. Allerdings sprechen zahlreiche Erfahrungen noch dafür, dass die Pellagra umso sicherer auftritt, je augenfälliger die Verderbung des Maises ist, besonders nach Missernten, wo
die Bevölkerung gezwungen ist, auch unreifen, zersetzten Mais zu geniessen, indem noch ausserdem in der That der geringe Nährwerth des
unreifen Maises, sowie der Mangel an Nahrungsmitteln im Allgemeinen
als begünstigende Momente hinzutreten.

Ueberhaupt ist nachgewiesen, dass dort, wo der Mais nicht genügend
trocken gehalten wird, und wo ausserdem Nahrungsmangel herrscht,

die Pellagra sich am stärksten manifestirt. Oft wurde behauptet, dass der von aussen eingeführte Mais besonders zu Pellagra disponire; besonders jener, der auf dem Wege der Küstenschifffahrt eingeführt wird und gewöhnlich einem höheren Grade von Feuchtigkeit und in Folge dessen von Zersetzung ausgesetzt ist, selbst wenn der Mais ursprünglich vollkommen gesund war. So wird z. B. aus Rumänien nur guter, gesunder Mais ausgeführt, und muss eben Alles angewendet werden, um die Verderbniss derselben während der Ueberfahrt zu verhindern.

Auch die Möglichkeit, dass der feucht gehaltene Mais im Frühjahr zu keimen und Toxine zu bilden vermöge, verdiente näher untersucht zu werden.

a) Morphologische Charaktere des verdorbenen Maises.

Wir müssen zwischen unreifem und reifem verdorbenem Mais unterscheiden. Das unreife Maiskorn ist weisslich oder schmutzigweiss und fast im Ganzen geschrumpft, indem blos an der Aussenfläche eine geringe Schichte durchscheinender harter Substanz besteht, so dass der Embryo und das Perispor schmutzigbraun oder schwärzlich erscheint. Der Embryo liegt oft in einer Höhle, welche oft ein braunes, schwärzliches Pulver oder eine krümelige, zerfallene Substanz enthält. Auch oberflächlich ist das Korn oft verschimmelt oder von schwarzen Punkten besetzt. An der Oberfläche und im Innern der Höhlen findet man oft kaum mit freiem Auge sichtbare Milben (Acarus farinae); dieselben nagen das Korn an, worauf dann Schimmelpilze ins Innere eindringen.

Das reife verdorbene Maiskorn ist oft aufgesprungen oder runzelig, oft blos von rundlichen, schwarzen Flecken bedeckt, glanzlos, die Wurzel des Kornes ist geschrumpft und schwärzlich, manchmal grünlich gefleckt; der Embryo ist oft geschrumpft und in der Umgebung desselben sind oft Höhlen, welche ein grünliches Pulver, Käfer und Milben enthalten. Das verdorbene Maismehl ist nach Lombroso weisslichgelb oder grünlichbraun, mit schimmeligem Geruch und bitterem oder scharfem Geschmack. Ebenso hat auch das verdorbene Maiskorn, wenn dasselbe in der Hand erwärmt wird, nicht den angenehmen Geruch der gekochten Polenta.

Wir haben den verdorbenen Mais an mikroskopischen Schnitten untersucht und fanden, dass die oberflächlichen schwarzen Punkte aus Colonien von dicken Bacillen bestehen, welche sich ins Innere der Wurzelsubstanz in Form von Strängen fortsetzen.

Die Verderbniss des Maises hängt von abnorm grosser Feuchtigkeit sowie davon ab, dass derselbe oft unreif geerntet wird, ferner davon, dass der geerntete Mais nicht sorgfältig behandelt und getrocknet wird, sondern auf einem Haufen in schlecht vor Feuchtigkeit geschützten Magazinen aufbewahrt wird. Besonders schädlich ist noch die Gewohnheit. Maisbrei während mehrerer Tage oder gar Wochen zu bewahren, welcher dann offenbar in Gährung übergeht und verschimmelt.

b) Die Mikroorganismen des verdorbenen Maises.

Indem wir die braunen und schwarzen Punkte an der Oberfläche der gerunzelten und gesprungenen Maiskörner bacteriologisch im Vereine mit Elena Manicatide genau untersuchten, fanden wir dass dieselben aus kurzen, etwas abgerundeten Bacterien von 0·8 μ Dicke, manchmal kleine Ketten bildend oder parallel angeordnet, mit kleinen Sporen an den Extremitäten bestehen. Auf Agar-Agar konnten aus diesen Punkten zweierlei Bacillen gewonnen werden, zunächst orangegelbe feuchte Colonien von kurzen Bacillen, welche nach Gram entfärbt werden und keine Sporen bilden. Die Culturen sind, namentlich auf Agar mit Maismehl, sowie auf Kartoffeln sehr reichlich, gelatinös, durchscheinend und bilden am Grunde ein schleimiges Präcipitat. Auf Blutserum entstehen reichliche, glänzende Colonien mit Erweichung des Serums. Gelatine wird nicht verflüssigt. Bouillon wird getrübt und bildet ein körniges Präcipitat. Die Bacterien bilden keine Gase und entwickeln sich auch in der Tiefe im luftleeren Raum. Aus diesen Culturen konnten keine Toxine gewonnen werden und Injectionen der Culturen waren für Kaninchen nicht pathogen.

Eine zweite Bacillenart bildet Sporen und wird nach Gram gefärbt. Die Culturen bilden auf Agar-Agar einen matten, gerunzelten Ueberzug, ebenso auf Agar und Glycerin. In der Tiefe färbt sich derselbe braun. An der Oberfläche entstehen Tropfen einer schleimigen Substanz. Die Bouillon bedeckt sich mit einer runzeligen Haut, welche nach unten stalaktitenähnliche Fortsätze bildet. Auf Kartoffeln entsteht eine runzelige reticulirte Haut, welche in der Tiefe rosaroth wird. Auf Bouillon und Lactose entsteht eine reticulirte seidenartige Membran, ebenso auf Agar mit Zucker. Die Milch wird coagulirt und bildet einen weissen matten Ueberzug. Gelatine wird verflüssigt mit schleimigem Präcipitat. Auch dieses Bacterium ist für Kaninchen nicht pathogen; dasselbe entspricht wohl dem Bacillus mesentericus oder dem von Heider und Paltauf geschilderten Bacillus maïdis. Derselbe Bacillus konnte auch aus Maismehl und Maisbrot gewonnen werden. Auch in den Fäces von Pellagrösen, aber auch von Gesunden, konnte derselbe isolirt werden. Wir konnten uns aber nicht überzeugen, dass die Fäces Gesunder weniger dieser Bacterien enthalten, als jene der Kranken. Blos in den Fällen von Enteritis bei Pellagra konnten diese sowie andere Bacillen in reichlicher Anzahl aufgefunden werden, ebenso bei Enteritiden aus anderer Ursache.

Als Bacterium maïdis beschrieb Majocchi im Jahre 1881 sehr bewegliche Bacillen, welche derselbe im Blute Pellagröser im Beginn der Krankheit gefunden haben will. Offenbar handelt es sich um ver-

schiedene Pilze und Verunreinigungen. Cuboni, welcher denselben
Pilz im verdorbenen Mais in grosser Menge fand, constatirte dessen
Resistenz gegen Siede-temperatur, doch handelt es sich vielleicht in seinen
Untersuchungen um verschiedene Bacterien. Genauer wurde ein Bacterium
maïdis von Paltauf und Heider untersucht. Nach deren Beschreibung
handelt es sich ebenfalls um den Kartoffelbacillus oder den Bacillus
mesentericus, welchen auch wir im verdorbenen Mais gefunden haben.
Derselbe findet sich aber nicht immer im Darm der Pellagrösen; er erzeugt Ammoniak, Schwefelwasserstoff, ein Trimethylamin. Stärke wird
saccharificirt. Zucker wird in eine aldehyd- und ketonähnliche Substanz
verwandelt unter Bildung von Essig-, Butter- und Bernsteinsäure. Die
Injection der Culturen dieses Bacillus war ebenfalls nicht infectiös, wohl
aber das alkoholische Extract des mit diesem Bacillus inficirten Mais-
mehls, welches Narkose, Lähmungen und den Tod von Mäusen verursachte.
Wir selbst konnten aber ausser diesem Bacillus mehrfach Bacillen aus
der Coligruppe sowie Protei constatiren, neben verschiedenen anderen
unschädlichen Bacterien, wie solche auch in unreinem Wasser vorkommen
und welche das Getreide zersetzen können, wie dies Monti und Tirelli
nachgewiesen haben. Auch Lombroso beschreibt eine Reihe von Bacterien, Diplococcen, und verschiedene Bacillen, welche nichts Charakteristisches zeigen. Unsere Versuche, mittelst Culturen dieser Bacterien bei
Thieren pellagraähnliche Symptome zu erzielen, schlugen regelmässig fehl.

Die Verderbniss des Maises ist aber jedenfalls nicht blos von
Bacterien abhängig, sondern von verschiedenen Schimmelpilzen, von
Ustilago maïdis, Uredo carbo, Sporisorium maïdis, Penicillium
glaucum, Oïdium maïdis, Eretium mesentericum, Sporotrichum
maïdis, Aspergillus etc. Unter diesen hat besonders das Sporisorium
maïdis oder Verderame eine Zeit lang eine Rolle gespielt, indem
Balardini mittelst desselben bei Menschen Gastritiden und Diarrhöen,
bei Hühnern Abmagerung und Ausfall der Federn feststellen konnte.
Roussel namentlich, sowie verschiedene gleichzeitige Beobachter (Tardieu, Castallat) bestätigen dessen Befunde, während aber bald verschiedene Autoren und Balardini selbst eingestehen mussten, dass das
Sporisorium ein äusserst seltener Parasit ist, also keinesfalls die Pellagra
verursacht, obwohl Thierversuche, namentlich an Hunden, zeigen, dass
man mittelst Injection dieser Pilze Vergiftungserscheinungen erzielen
kann, welche ebenfalls manche Charaktere zeigen, die auch bei Pellagra
vorkommen.

Viel häufiger ist das Penicillium glaucum, welches sich in Form
eines bläulich-grünen Pulvers im Keime, sowie an der Oberfläche der
Körner findet. Die übrigen erwähnten Parasiten sind ebenfalls nur ausnahmsweise im Mais gefunden worden.

So viel ist sicher, dass keiner dieser Parasiten im Körper der Pellagrösen in Causalnexus zur Erkrankung zu finden ist. Dass gewisse Parasiten, welche im Mais vorkommen, auch in den Fäces gefunden werden, ist durchaus nicht beweisend, indem sich diese Bacterien auch in den Fäces, der Haut, der Schleimhaut von Individuen finden, welche weder Mais genossen haben, noch an Pellagra erkrankt sind. Wenn also ein Parasit zur Pellagra in ursächlicher Verbindung steht, so kann er nur insofern wirken, als er zur Zersetzung des Maises beiträgt, in Folge dessen offenbar schädliche Substanzen erzeugt werden.

c) Die chemischen Zersetzungsproducte des verdorbenen Maises.

Der Hauptvertreter der zeï-toxischen Theorie ist Lombroso, welcher behauptet, dass verschiedene Parasiten, namentlich das Bacterium maïdis, das Penicillium glaucum u. s. w., eine Zersetzung des Maises unter Bildung von giftigen Substanzen hervorbringe. Neusser stellt sich die Vergiftung derart vor, dass er annimmt, der verdorbene Mais enthalte ein nicht toxisches Zersetzungsproduct, welches vom Bacillus maïdis hervorgebracht würde und wahrscheinlich in die Gruppe der Glukoxyde gehöre. Erst im Darme der Pellagrösen soll dieser Körper sich zersetzen und eine toxische Substanz erzeugen. Auch im zersetzten Maisbrei und im Maisbranntwein soll diese Zersetzung sich ausbilden, so dass in Folge dessen dieselben direct toxisch wirken. Neusser nimmt noch an, dass nur der schon kranke Darm die schädliche Substanz des Maises zu Giften umwandelt, während der gesunde Darm die Vorstufe dieses pellagrösen Giftes ausscheiden soll. Diese Meinung stützt sich auf Versuche, indem blos die Destillate des verdorbenen saueren Maises einen sehr flüchtigen aldehydartigen Körper enthalten, welcher Frösche unter progressiver Lähmung und Narkose tödtet.

Nach unseren Untersuchungen hat die Auffassung Neusser's keine genügende experimentelle Basis, indem man auf verschiedenem Wege auch direct aus verdorbenem Mais giftige Substanzen erhalten kann, wobei nichts uns zwingt, anzunehmen, dass das Gift nicht als solches im Mais vorhanden war. Es besteht auch keine genügende Basis, um anzunehmen, dass blos Personen mit krankem Darm Pellagra bekommen können, und ist auch die Thatsache, dass nicht alle jene Personen, welche sich von Mais nähren, Pellagra bekommen, ungezwungen und sicherer auf eine anderweitige Prädisposition zurückzuführen.

Lombroso versuchte, die giftigen Substanzen direct aus dem verdorbenen Mais zu gewinnen und digerirte zunächst rumänischen, durch Cabotage importirten Mais in Alkohol, wobei die weisse Farbe des Maises und des Alkohols sich in intensives Roth verwandelte, während gesunder Mais gelb blieb und der Alkohol citronengelb ward. In verdünnter Kalilauge wird nach Lombroso die Schale des verdorbenen Maises und später die ganze Flüssigkeit braun und tritt ein intensiver Geruch von verdorbenem Mais auf. Neutralisirt man die Flüssigkeit durch Säure, so fallen kaffeebraune Flocken aus, die in verdünntem Alkohol löslich, in Wasser und Aether unlöslich sind. Diese Beschreibung ist jedenfalls nicht im Allgemeinen für verdorbenen Mais giltig, indem wir diese Reactionen im verdorbenen rumänischen Mais aus Pellagragegenden nicht erhalten konnten. Die rothe, von Lombroso gewonnene Tinctur des verdorbenen Maises, von bitterem Geschmack, ist in Alkohol und Aether löslich, in Wasser unlöslich, gibt mit Metallsalzen keinen Niederschlag, hinterlässt auf Papier einen fettigen Fleck und verharzt an der Luft. Lombroso nennt diese Substanz das rothe Oel des verdorbenen Maises. Eine zweite Substanz, ebenfalls rothbraun, zäh, bitter, von neutraler Reaction, ist in verdünntem Alkohol löslich, nicht aber in absolutem, noch in Aether. Sie fällt Kupfersulfat mit grüner Farbe. Mit viel Wasser behandelt, spaltet sie sich in zwei Theile, einen, der als braunes Pulver niederfällt, und einen anderen, der sich auflöst und gelb färbt. Es ist dieses letztere das Pellagrozeïn. Eine dritte Substanz ist leimartig, in Alkohol und Kalilauge löslich, in Wasser, absolutem Alkohol gänzlich unlöslich, verflüssigt sich in der Wärme mit weisser Farbe. Diese beiden ersten, aus verdorbenen Mais isolirten Substanzen sind jenen aus Mutterkorn isolirten ähnlich. Die Tinctur aus gesundem Mais gibt nach Lombroso nicht ein rothes, sondern ein gelbes Maisöl. Eine andere Substanz ist ebenfalls gelb, gibt mit absolutem Alkohol und in Jod-Jodkalium kein flockiges Präcipitat, wohl aber unter der Einwirkung von Kalilauge und Schwefelsäure ein flüssiges, ätherlösliches Präcipitat. Endlich enthält der gesunde Mais auch die beschriebene leimartige Substanz. Wir selbst haben bei ähnlichen Verfahren die Reactionen Lombroso's nicht finden können.

Die Untersuchungen von Dr. Aurel Babes, dem Chemiker des Bacteriologischen Institutes zu Bukarest, zeigen, dass die am meisten verdorbenen Maiskörner keinerlei rothe Extracte oder Tincturen lieferten. Jedenfalls hängt die rothe Färbung von einer anderen Eigenschaft des Maises ab, wohl von einer Varietät. Dennoch wurden auch von uns giftige Extracte erzeugt, indem wir bestrebt waren, den Mais so zu behandeln, wie derselbe zur Consumation bereitet wird.

Der Mais wurde zunächst gekocht, etwas angesäuert oder alkalisch gemacht, die wässerigen Extracte wurden zu syrupöser Consistenz eingedickt und mit Wasser aufgenommen. Wenn der Mais zuvor einer Gährung von einigen Tagen ausgesetzt wurde, waren auf diese Weise stark giftige Substanzen zu gewinnen. Auch der Feuchtigkeit ausgesetzter gesunder Mais, welcher dadurch fleckig und rissig wurde, gab ebenfalls toxische Producte. Aber auch der verdorbene Mais aus Pellagragegenden, direct gekocht und mit Wasser extrahirt, eingedickt und mit Wasser aufgenommen, zeigt entschieden toxische Eigenschaften. Ebenso wurde genau nach Lombroso alkoholisches Extract dargestellt, welches ebenfalls toxische Eigenschaften besitzt. Noch giftiger ist das Extract aus solchem Mais, welcher einer künstlichen Gährung ausgesetzt wurde. Das Präcipitat der saueren Lösung in 96°igem Alkohol in Excess, separirt und von Neuem in 56°igem Alkohol präcipitirt, ist in Wasser löslich, gibt Peptonreaction und enthält Spuren von Serumalbumin.

Die Arbeiten von Lombroso wurden von Erba forgesetzt. Derselbe liess grosse Mengen von Mais längere Zeit unter Wasser gähren und faulen, worauf er aus 100 kg verdorbenen Maises 15 l Tinctur und 800 g Pellagrozeïn erhielt. Ferner fand er im alkoholischen Extract der Embryonen von verdorbenem Mais eine sehr bittere, stickstoffhaltige Substanz mit den Reactionen eines Alkaloids, welches sich in Alkohol und Oel auflöst, im Uebrigen aber dem Strychnin ähnlich ist, doch krystallisirt dasselbe nicht und ergibt auch nicht Chinolin, wie das Strychnin. Auch sind die Farbenreactionen verschieden: nur der stark verschimmelte, im Sommer verarbeitete Mais soll die charakteristische Farbenreaction des Strychnins geben.

Auch Heider konnte aus verdorbenem Mais eine Substanz extrahiren, die die Reaction der Alkaloide bot.

3. Experimentelle Pathologie.

a) Versuche mit Mais und aus Mais gewonnenen Nahrungs- und Genussmitteln.

Schon Strambio, sowie später Hebra betonen die Aehnlichkeit der Pellagra mit dem Ergotismus. In der That wurden in Pellagragegenden Fälle von Ergotismus beobachtet, mit Convulsionen, Menorrhagien, pustulösen und vesiculösen Eruptionen, Desquamation, Diarrhöen und Heisshunger, sowie verschiedene nervöse Erscheinungen, welche zu Manie, Melancholie, furiösen Delirien und Demenz führen können. Auch besteht hier das charakteristische Ameisenlaufen (Kriebeln) in den Extremitäten. Während Neusser glaubt, dass unter diesen Erscheinungen namentlich Menorrhagien und Uteruskoliken, sowie das Ameisenlaufen bei Pellagra nicht vorkommen sollen, zeigt E. Manieatide, dass diese Erscheinungen auch bei Pellagra durchaus nicht selten sind.

Die Meinung Selmi's, dass die Pellagra durch ein cyanur- oder nitritähnliches Gift verursacht wird, entspricht nicht den Symptomen, indem bei letzteren Vergiftungen spectroskopische Veränderungen des Blutes, charakteristische Athmungs- und Kreislaufsbeschwerden auftreten.

Der Pellagra ähnliche Erscheinungen bringt Amygdaleïn hervor, welches nur bei Pflanzenfressern wirkt, während es bei Fleischfressern unschädlich ist. Jedenfalls gehört die Pellagra in die Gruppe der chronischen Intoxicationen, indem, wie wir ja gesehen haben, auch Lombroso, Pelizzi, Erba und wir selbst aus dem aus Pellagragegenden stammenden Mais ein Gift erhalten konnten, und auch die Verfütterung verdorbenen Maises an Thiere verursacht öfters ähnliche pellagraähnliche Krankheitssymptome.

Lombroso experimentirte mit grossen Mengen verdorbenen Maises, in welchem Aspergillus, Rhizopus, Bacterium maidis und Milben vorhanden waren. Zugleich wurden den Versuchshunden auch Milch, Brot und Fleischreste verabreicht. In den meisten Fällen war nur allmälige Gewichtsabnahme und Temperatursteigerung festzustellen. In seltenen Fällen steigerte sich das Gewicht der Hunde, auch das Fieber, sowie die Gewichtszunahme sprechen entschieden gegen die Annahme einer Inanitionskrankheit. Manchmal entstand Anämie und Hypoglobulie, häufig fand sich auch tonische Muskelspannung mit Steigerungen der Reflexe und in zwei von zehn Fällen war Tetanus eingetreten.

Ebenso trat gewöhnlich psychische und musculäre Torpidität auf, in einigen Fällen Anästhesie und Tremor. In sieben unter zehn Fällen entstand auch Diarrhöe, und nur bei einem unter zehn Hunden, wo keine Anämie, Torpor und Spasmen eintraten, entstand ein Erythem. Im Ganzen fanden sich beim Hunde Erscheinungen, welche verschiedenen Pellagraformen entsprechen. Auch die Fütterung mit verschimmeltem Maisbrot ergab ähnliche Resultate, indem hier das Erythem, der Stupor und die Dysphagie zurücktraten. Bei Hühnern war das Gewicht vorübergehend erhöht, dann traten aber besonders Atrophie der Federfollikel ein und wurden mehrere ganz zahme Hühner wild oder sie verkrochen sich.

Aehnliche Resultate wurden auch mit Extracten und Oelen aus verdorbenem Mais gewonnen. So gab Lombroso zwölf gesunden Individuen täglich Maistinctur des durch Aspergillus verdorbenen Maises, worauf bei den meisten pellagraähnliche Symptome auftraten, namentlich Heisshunger in zwei Fällen, Jucken am Rücken und Gesicht in acht Fällen, Gewichtsabnahme in acht Fällen, spärlicher röthlicher Urin in acht Fällen, Diarrhöe in sechs Fällen, Schläfrigkeit, Muskelschwäche und Desquamation in fünf Fällen, Kopfschmerzen in vier Fällen, dann in einzelnen Fällen Herzklopfen, Enteralgien, Brennen und Röthe der Haut, Ohrensausen etc. Jedenfalls sind diese Versuche nicht beweisend, indem diese Erscheinungen nicht blos für Pellagra charakteristisch sind. Antoniu nährte vier Arbeiter und drei Landleute mit verdorbenem Mais und zugleich mit Fleisch und Käse. Dieselben verloren im Frühjahr den Appetit und Einige sollen pellagrös geworden sein. Allerdings ist es

fraglich, ob die Betreffenden nicht schon früher pellagrös waren, indem
dann im Frühjahr die Krankheit von Neuem auftrat. Allerdings gelang
es Antonio, durch Fütterung mit verdorbenem Mais bei Hühnern
Apathie, Abmagerung und Anomalien der Eier hervorzubringen, während
Hunde, welche sechs Monate mit solchem Mais genährt wurden, Haarausfall und Erythem zeigten.

Die Erba'schen Pellagrozïnextracte waren noch toxischer, indem auch
bei Fröschen nach Injection von 50 cg Convulsibilität, Steigerung der
Reflexe, Tetanus, dann Narkose und Anästhesie eintrat. Auch hier wurde
beobachtet, dass das im Sommer bereitete Extract giftiger war als das im
Winter hergestellte. Bei Ratten entstand bei Injection von 12 cg Torpor,
Appetitlosigkeit, Paralyse der Hinterbeine und dann Lähmung, indem der
Tod nach 1—13 Stunden eintrat. Schon $1\frac{1}{2}$ cg verursachten den Tod
einer Katze nach 10 Stunden unter Starre der Hinterbeine, Tremor,
Temperatursteigerung und Narkose. Bei Hunden trat schon nach $2^0/_{00}$
des Gewichtes des Thieres Erbrechen, Contractur der Hinterbeine, Erweiterung der Pupillen, Steigerung der Reflexe, Puls- und Respirations-
beschwerden, dann Lähmungen, verlangsamte Athmung und nach
einigen Stunden der Tod ein. Bei der Section fand sich Hyperämie im
Gehirn, einmal Erweichung des Lendenmarkes. Auch das Oel des verdorbenen Maises bringt oft Tetanus hervor, oft mit Lähmung und Narkose,
Urin und Blut von Säugethieren, selbst wenn dieselben nach Injection
des Oeles nicht erkranken, soll bei Fröschen Tetanus hervorrufen. Bei
Hühnern namentlich erzeugt das Oel, subcutan injicirt, Diarrhöe und nach
mehreren Wochen choreatische Bewegungen. 5 g des Oeles, Ratten
injicirt, erzeugen Temperaturabfall, Contractur, Lähmung der Hinterbeine,
Gewichtsabnahme, ebenso bei Katzen. Bei einem Hunde verursachten
20 g Oel nach zwei Stunden Tonus, Klonus und Parese, welche aber bald
zurückgingen. Weniger giftig ist das wässerige Extract, im Ganzen aber
verursacht dasselbe ähnliche Erscheinungen wie das alkoholische. Endlich
wurde das von Erba aus dem Oel gewonnene strychninähnliche Alkaloid
an Fröschen versucht, indem 2 mg nach 20—30 Minuten Tetanus
hervorbringen, und nach 40 Minuten das Thier tödteten. Aber auch
nach der Extraction des Alkaloids aus verdorbenem Maisbrod blieben
noch giftige Substanzen zurück.

Unsere eigenen Versuche zeigten ebenfalls, dass der verdorbene
Mais Toxine enthält. Das alkoholische Präcipitat von Maisextracten ist
aber in einer Dosis von 0·02—0·05 bei Kaninchen von 1 kg unschädlich.
Das wässerige Extract aus verdorbenem Mais scheint in einer Dosis von
1 g auf 2 kg Versuchsthier unschädlich, während 2 g Diarrhöe, Gewichtsabnahme, allgemeine Schwäche und den Tod nach drei Wochen unter
progressiver Kachexie hervorbringen. 3 g verursachen ebenfalls Diarrhöe

und progressive Schwäche. sowie den Tod nach 18 Tagen mit bedeutender Hyperämie des Darmes. welcher blutige Fäcalien enthält.

3 g wässerigen Extractes aus einer Maisprobe verursachen bei Kaninchen Fieber. Gewichtsabnahme, Parese der hinteren Extremitäten mit Convulsionen und den Tod nach 12—14 Tagen. während 1 g die Thiere unter Fieber und Gewichtsabnahme zwar krank macht. doch erholen sich dieselben. Im Rückenmark der verendeten Thiere konnte Oedem. Gliose. namentlich auch Chromatolysis und Atrophie der Nervenzellen constatirt werden. Die Nieren zeigen Hyperämie. Schwellung der Epithelien mit Kernschwund namentlich in den Tubuli contorti, ferner gelbes Pigment in den Epithelien. Die Leber zeigt eigenthümliche Coagulationsnekrose mehrerer Acini. sowie an Stelle mancher Läppchen eine coagulirte Substanz mit Kernfragmenten. Im Innern der Gefässe befinden sich zahlreiche hyaline Thromben. Die Lunge ist hyperämisch. in allen Organen findet sich in der Umgebung von Gefässen Zellenanhäufung.

Versuche mit alkoholischem Extract zeigen ähnliche Veränderungen. 5 g. einem 1 kg schweren Kaninchen injicirt. verursachen den Tod nach 18 Tagen, indem zunächst Fieber. Diarrhöe. Gewichtsabnahme. dann Parese. Convulsionen auftreten. Die Organe sind hyperämisch. die Milz etwas vergrössert. die Gefässe der Parenchyme von Granulationszellen umgeben: die Parenchymzellen enthalten gelbes Pigment. Besonders die Milzzellen sind degenerirt. Mäuse gehen nach Injection von 1 g in ein bis zwei Tagen unter spastischen und narkotischen Erscheinungen zu Grunde.

Extract aus künstlich fermentirtem Mais ist im Allgemeinen giftiger. indem 1 g 1 kg Kaninchen innerhalb 14 Tagen. 5 g schon nach mehreren Stunden und höchstens einem Tage tödtet: bei der Section der letzteren konnten blutige Stühle und bedeutende Darmhyperämie festgestellt werden.

Diese Untersuchungen. sowie jene Husemann s. welcher Maisgifte extrahirte und mittelst derselben feststellen konnte, dass es sich um ein Hirngift handle. das nach Art des Pikrotoxin oder Solanin wirke. zeigen blos, dass man eben aus zersetztem Mais verschiedene giftige Substanzen gewinnen kann, welche bei Thieren Veränderungen hervorrufen. die einigermassen an Pellagra erinnern können. ebenso wie die Einbringung derselben beim Menschen manche pellagraähnliche Symptome erzeugt. Andererseits aber ist es ja bekannt und haben unsere Versuche von Neuem constatirt. dass auch Extracte von anderen verdorbenen Gramineen und deren Präparaten. aus verdorbenem Brod. aus Mutterkorn. ebenfalls ähnliche giftige Eigenschaften besitzen.

b/ Antitoxine bei Pellagra.

Die Untersuchungen von Mario Serena. welcher zeigte. dass Thiere durch allmälige Vorbereitung mittelst Steigern der Dosen von Maisgiften eine gewisse Resistenz gegen grössere Dosen erlangen, indem deren Serum zugleich antitoxische Eigenschaften erlangt, beweisen zwar, dass diese toxischen Substanzen ähnliche Wirkungen auslösen wie verschiedene andere Toxine, doch beweisen dieselben durchaus nicht, dass dieselben pellagraerzeugende Agentien darstellen. Wir mussten uns sagen, dass es anderer stärkerer Beweise bedarf, um der zeï-toxischen Theorie eine sichere Grundlage zu geben und glauben wir eine Methode gefunden zu haben, welche die Specificität der Maistoxine erweist. Es ist nun V Babes im Verein mit Elena Manicatide gelungen, die toxische Wirkung der Maisextracte mittelst Serums gekräftigter und geheilter Pellagröser zu neutralisiren.

Zunächst verschafften wir uns grössere Mengen von giftigen Extracten, welche bei Thieren, namentlich bei Mäusen, Meerschweinchen, Kaninchen und Hunden pellagraähnliche Erscheinungen hervorbringen, also Appetitlosigkeit, Diarrhöe, hämorrhagische Darmentzündung, allgemeine Schwäche, Paralysen, an den hinteren Extremitäten beginnend, ferner tetaniforme und klonische Krämpfe, Opisthotonus, Hautaffectionen, namentlich auch Desquamationen und Haarausfall. Nachdem aber ähnliche Erscheinungen auch durch andere Toxine entstehen, versuchten wir diese Vergiftung daraufhin zu untersuchen, ob die toxischen Producte des Maises durch antitoxische Substanzen, welche von geheilten Pellagrösen gewonnen wurden, neutralisirt werden können, indem blos bei positivem Ausfall der Versuche der Zusammenhang zwischen den Toxinen und der Pellagra erwiesen werden könnte.

Auf diese Hypothese gestützt, injicirten wir zunächst nach der Methode der „contrabalancirten Toxine" einer Gruppe von Kaninchen eine einfache toxische Dosis und einer andern dieselbe mit dem Blutserum von Individuen, die an Pellagra gelitten haben, vermischte Dosis. Wir verwendeten das Serum einer Frau, die an pellagröser Manie gelitten hatte, und eines Mannes, der sich in einem fortgeschrittenen Zustand pellagröser Kachexie befand und sich erholt hatte; bei beiden wurde das Serum nach ihrer Wiederherstellung entnommen.

Während nun die Thiere, denen blos das Extract injicirt wurde, rasch abmagerten und am 9., respective 17. und 20. Tage verendeten, lebten die mit dem Gemisch von Toxin und dem Blutserum geheilter Pellagröser injicirten 32. respective 60 Tage, während ein drittes Versuchsthier noch monatelang weiterlebte. Controlversuche wurden derart angestellt, dass dieselbe Toxindosis allein und mit dem Serum gesunder Menschen Kaninchen und Mäusen injicirt wurde, allein die Resultate waren lange nicht so zufriedenstellend, wie die vorhin angeführten Versuche.

Die mit einfachem Extract injicirten Mäuse verendeten schon in den ersten zwölf Stunden mit Darmblutungen; war das Toxin mit dem Blutserum Gesunder vermischt, so starben die Thiere nach 15—17 Stunden.

während die Thiere, denen mit dem Toxin das Blutserum geheilter Pellagröser einverleibt wurde, 36 Stunden bis 17 Tage am Leben blieben.

Die mit reinem Extract injicirten Kaninchen verendeten am 9. Tage,
mit Ausnahme eines einzigen Thieres, das von Tag zu Tag schwächer
wurde, bis zuletzt sich eine Parese der hinteren Extremitäten einstellte
und Harn und Fäcalien nicht mehr zurückgehalten werden konnten. Von
den zwei Kaninchen, die mit einem Gemisch von Extract und dem Blutserum
Gesunder injicirt wurden, verendete das eine, das stark kachektisch wurde,
am 15. Tage, während das andere nach 37 Tagen mit ausgesprochener
Kachexie verendete. Am letzten Tage stellten sich Convulsionen ein, die
von einer spastischen Paralysis mit Opisthotonus gefolgt war.

Die beiden mit einem Gemisch von Extract und dem Blutserum
Pellagröser injicirten Kaninchen blieben wohl und zeigten nicht den
geringsten Gewichtsverlust, während die anderen von Tag zu Tag ab-
nahmen. Gleichzeitig wurden die ersteren resistenter und konnten grössere
Toxindosen vertragen.

In einer anderen Reihe von Versuchen haben wir das normale
Serum durch antidiphtherisches Heilserum ersetzt, wobei das gleiche
Resultat erzielt wurde. Weder das antidiphtherische Heilserum, noch
dasjenige tuberculinisirter Thiere besitzt irgend einen Einfluss auf das
giftige Maisextract. Die Wirkung des alkoholischen Extractes des durch
Feuchtigkeit verdorbenen Weizens oder der Cadaveralkaloide konnte mittelst
des Serums geheilter oder gebesserter Pellagröser nicht attenuirt werden.

Es kann also nicht bestritten werden, dass im Blute Pellagröser eine Substanz vorhanden ist, die die Eigenschaft besitzt,
die toxische Wirkung des Extractes aus verdorbenem Mais
aufzuheben.

Diese Substanz kann im Blutserum geheilter oder gebesserter
Pellagröser gefunden werden. Sie besitzt specifische Eigenschaften, indem
sie auf die toxischen Extracte des aus pellagrösen Gegenden stammenden
verdorbenen Maises, nicht aber auf andere Toxine wirkt, während andere
Sera diese Wirkung nicht ausüben.

4. Die sogenannte sporadische Pellagra und die Pellagra bei Geisteskranken.

Während die Pellagra als Volkskrankheit in der Regel endemisch
auftritt, gibt es doch auch anscheinend sporadische Fälle mit allen
Charakteren der Pellagra, welche wohl auch mit Maisnahrung zusammenhängt. Demgegenüber beschreiben Landouzy (1852) und Bouchard
(1862) Krankheitsfälle in Gegenden, wo kein Mais genossen wird, und
welche angeblich mit Pellagra identisch sein sollen. Schon früher, im
Jahre 1841 wurde von Roussel ein solcher Krankheitsfall beschrieben.

welcher die Charaktere der Pellagra aufwies. Allerdings erklärt später
Roussel, dass sein Fall nicht gut beobachtet war, während die sogenannte Schule von Reims mit Landouzy an der Spitze fortwährend
neue angebliche Pellagrafälle ohne Maisgenuss publicirte. Es handelt sich
gewöhnlich um in Elend lebende Individuen, besonders aus den Armen-
häusern, welche periodisch chronische Erytheme an Händen und Füssen,
oft auch blos an den Gelenken, an den Ohren zeigten, manchmal an
den Handflächen, oder aber handelt es sich um Frühjahrsdiarrhöen, mit
Schwächezuständen und Scorbut, in denen in manchen Fällen allerdings
kurz andauernde maniakalische, congestive Zustände des Gehirnes auftraten. Auch Fälle von Tuberculose, von Abdominaltyphus, von Gehirn-
congestionen wurden in dieser Epoche, namentlich von Landouzy, als
pellagrös bezeichnet. Nur selten finden sich in den Beschreibungen
Krankheitscomplexe, welche der eigentlichen Pellagra entsprechen, in
keinem Falle aber zeigten die Kranken das charakteristische Gesammt-
bild Pellagröser, indem die Beobachtungen sehr summarisch beschrieben
sind. Jedenfalls findet man heutzutage kaum mehr Beschreibungen von
Pseudopellagra, während früher blos in Reims jährlich zahlreiche Fälle
beschrieben wurden. Wir wollen hier auf die Symptome nicht näher
eingehen und begnügen uns mit der Bemerkung, dass diese verschiedenen
Krankheiten ohne Mais, ohne nervösen Störungen, ohne Elend, ohne Sonne
nicht der Pellagra entsprechen und nicht gegen den Zusammenhang der
Pellagrakrankheit mit dem verdorbenen Mais zu plaidiren vermögen.

Derartige ungenaue Beobachtungen müssen scharf zurückgewiesen
werden, indem dieselben die so schwer errungene Basis für die Erforschung
der Krankheit zu erschüttern versuchen. So kommt Winternitz auf Grund
derartiger Beobachtungen zu ganz negativen Resultaten, indem er behauptet, dass es überhaupt keine Pellagra als specifisches Krankheitsbild
gibt, sondern dass als solche zahlreiche Haut-, Unterleibs-, Geisteskrankheiten, sowie Tuberculose, Scorbut etc. zusammengeworfen werden, indem
dieselben ganz verschiedenen Ursachen ihre Entstehung verdanken und
in keinem Zusammenhang sind, während allerdings Noth und Elend
dieselben veranlassen. Es ist demnach ein grosses Verdienst Roussel's,
mit allen derartigen Angaben gründlich aufgeräumt und das charakteristische Krankheitsbild der Pellagra ein für allemal festgestellt zu haben.

Die Pellagra bei Geisteskrankheiten ist zum Theile offenbar wirkliche
Pellagra, da diese zu Geisteskrankheiten führt, zum Theil aber entstehen
offenbar bei Geisteskrankheiten Symptome, welche auch bei Pellagra
vorkommen, ohne aber auf Pellagra zu beruhen. Schon im Jahre 1847
fand Baillarger, dass nicht selten Paralytiker Erytheme an den Händen
bekommen, während Billod im Jahre 1855 behauptet, dass bei Geisteskrankheiten eine Varietät der Pellagra auftrete. Eine Commission der

Académie de Médecine constatirte übrigens alsbald. dass die sogenannte Pellagra bei Geisteskrankheiten nichts mit der eigentlichen Pellagra zu thun habe. indem die bei Demenz manchmal auftretenden pellagraähnlichen Erscheinungen durchaus nicht das gesammte Krankheitsbild der Pellagra darstellen. In der That sind die Eytheme und Diarrhöen. welche bei Geisteskrankheiten auftreten, gewöhnlich nicht mit dem charakteristischen Allgemeinzustand der Pellagrösen verbunden und die meisten sogenannten Pellagrösen zeigen nichts als irgend ein oft ganz locales Erythem. Billod selbst erkennt an. dass es sich um eine Varietät der Pellagra handelt, welche mit pustulösen, papulösen und furunculösen Eruptionen beginnt, also anders als die eigentlich Pellagra. Nebstbei sei erwähnt, dass Billod auch verschiedene andere Eruptionen. so Herpes tonsurans. soläre Eytheme etc. als Pellagra der Académie de Médecine vorstellte. welche dann den Irrthum feststellte. Wir können also auch diese Formen nicht als wirkliche Pellagra anerkennen, so dass die Ursache und die Erscheinungsweise der Pellagra als ein streng umschriebenes Krankheitsbild. welches durch Maisnahrung erzeugt wird. auch durch diese Fälle nicht erschüttert werden kann. Eine Commission der Akademie der Wissenschaften zu Paris (Referent Tardieu) verdammte übrigens die Ansicht Billod's und seiner Anhänger durch folgende Conclusionen: »Wir wollen uns nicht bei den angeblichen. in Irrenhäusern endemischen sogenannten Pellagrafällen aufhalten. Nie zeigte sich klarer die Confusion zwischen verschiedenen Krankheitsarten. Namentlich die letzteren Fälle, mit Erythem an den Extremitäten und kachektischen Diarrhöen. welche in der letzten Periode der depressiven Verrücktheit, der Demenz. der allgemeinen, progressiven Paralyse. der lypemaniakalischen Stupidität auftreten, haben aber nicht die geringste Beziehung zu der wirklichen Pellagra.«

5. Prädisposition zur Erkrankung an Pellagra.

Wenn wir auch verschiedene banale Schädlichkeiten als Ursache der Pellagra streng ausschliessen müssen. sind wir doch genöthigt. eine Anzahl derartiger prädisponirender Momente anzunehmen. indem wir überzeugt sind. dass beim Menschen die Wirkung der Maistoxine ohne jene nicht zur Geltung gelangen könne. In erster Linie müssen wir eine angeborene Schwäche oder eine Anomalie des Nervensystems als vorbereitende Ursache ins Auge fassen.

a) Angeborene Anomalien. In der That wurde schon früh erkannt und besonders von Lombroso betont, dass Cretins. Cagots. Epileptiker zu Pellagra veranlagt sind. Auch haben unsere histologischen Untersuchungen gezeigt. dass in einer Anzahl von Fällen von Pellagra Anomalien im Gehirn und Rückenmarke zu finden waren. welche nament-

lich aus Unregelmassigkeiten der Anordnung der grauen Substanz bestanden. Auch konnten wir constatiren, dass manche Pellagröse schon vor
dem Auftreten der Pellagra an Geistesschwäche oder geringen Graden
von Melancholie, oder an neurasthenischen Erscheinungen litten.

b) Vererbung. Viel auffallender sind die Entartungserscheinungen,
welche die Descendenten der Alkoholiker, der Pellagrösen, Syphilitischen
und der an chronischer Malaria Leidenden zeigen und welche offenbar
die wichtigsten, zu Pellagra prädisponirenden Momente darstellen. In
der That ist namentlich in Rumänien der Zusammenhang zwischen
Alkoholismus und der Pellagra nicht zu verkennen, indem die Topographie des Alkoholismus mit jener der Pellagra oft zusammenfällt, und
indem noch nachgewiesen werden kann, dass die Alkoholiker sowie die
Nachkommen der Alkoholiker, sowie der Syphilitiker und der Pellagrösen
ganz besonders von Pellagra heimgesucht werden.

Es ist anzunehmen, dass diese Krankheiten in der That ein günstiges
Terrain für die Pellagra vorbereiten, indem deren Ursachen besonders
auf das Nervensystem einwirken und auch den Descendenten ein ge-
schwächtes Nervensystem hinterlassen. Enquêten, welche wir in Rumänien über diese Krankheiten anstellten, zeigten in der That das häufige
Befallensein der Nachkommen von Pellagrösen und Alkoholikern.

Ebenso wie der geheilte Pellagröse selbst gegen Maisnahrung ungemein empfindlich ist, so zeigen auch die Descendenten desselben dieselbe Empfänglichkeit.

c) Geschlecht, Alter, verschiedene Krankheiten, Excesse
und Uebermüdung. Das weibliche Geschlecht ist, wie wir gesehen
haben, entschieden für Pellagra mehr disponirt, und hängt dies wahrscheinlich damit zusammen, dass zunächst das Nervensystem der Frauen
empfindlich ist, und sie namentlich in der Landbevölkerung durch Arbeit,
Schwangerschaft, Stillen viel mehr überbürdet sind, als die Männer. In
der That beginnt die grössere Frequenz der Pellagra bei Weibern erst
nach dem 20. und bis zum 40. Lebensjahre, also in der Zeit des Ge-
schlechtslebens der Frau. Ueberhaupt befinden sich die meisten Pellagrösen in diesem Alter, obwohl auch viele Kinder pellagrös sind. Es
hängt auch dies offenbar damit zusammen, dass im Alter von 20—40 Jahren
die Landbevölkerung am meisten angestrengt ist, indem sich dieselbe
nicht im Verhältniss zur geleisteten Arbeit besser nähren. In der Pellagra der kleinen Kinder besteht wohl immer ein congenitales oder ein
ererbtes Moment, wozu die schlechte Ernährung und die Vernachlässi-
gung derselben wesentlich beiträgt.

Schon Strambio hatte beobachtet, dass verschiedene Krankheiten
sowie die Schwangerschaft zum Ausbruch der Pellagra Anlass geben.
Namentlich sind rachitische, malarische oder chlorotische Kinder sehr

zu Pellagra disponirt; derselbe beobachtete Fälle, wo die Pellagra nur während der Schwangerschaft und des Säugens auftrat und dann abheilte.

Wir können diese Angaben vollauf bestätigen, müssen aber hauptsächlich noch betonen, dass wohl die wesentlichste Disposition für Pellagra im allgemeinen Elend oder in irgend welcher Schwächung, besonders des Nervensystems zu suchen ist.

d) Klima und Insolation. Eine andere Frage ist es, inwiefern klimatische Einflüsse zur Pellagra disponiren. Dass die Krankheit in bestimmten Breitegraden existirt, hängt einfach mit der Maisnahrung zusammen, und ist es unzweifelhaft, dass die Insolation, welche offenbar die Erytheme verursacht, nicht als Ursache der Krankheit, sondern blos als jene dieses Symptomes betrachtet werden kann, indem ich durchaus nicht leugnen will, dass das Erythem in der Regel durch den Einfluss der Sonne manifest wird. Es ist aber klar, dass im Frühling, wenn das Erythem erscheint, die Sonne weniger brennt, als in späteren Monaten und zeigt uns Bouchard, dass auch im Schatten Pellagra auftritt, wo das Erythem allerdings weniger ausgesprochen ist. »Der Allgemeinzustand, welcher das Wesen der Krankheit bildet, ist offenbar eine Ernährungskrankheit und nicht jener der Insolation.«

e) Unreinlichkeit, Elend, kachektische Schwächezustände und Alkoholismus. Schon von Anfang an war man sich darüber einig, dass dem Elend und der Unreinlichkeit eine grosse Rolle in der Aetiologie der Pellagra zukommt, wohl zunächst deshalb, weil das Elend den Körper und namentlich das Nervensystem bedeutend schwächt und in Folge der Disproportion zwischen Nahrung und Arbeitsleistung das in Elend lebende und geschwächte Individuum den Krankheitseinflüssen mehr zugänglich ist. Besonders deshalb sind diese Einflüsse für die Aetiologie der Pellagra wichtig, weil dieselben die Betreffenden veranlassen, sich ausschliesslich mit den billigsten, also mit verdorbenen Nahrungsmitteln zu nähren und namentlich in den maisbauenden Gegenden fast ausschliesslich verdorbenen Mais zu geniessen. Auch kommt hiezu, dass im Elend lebende Individuen zu Alkoholmissbrauch hinneigen und Alkoholiker in Elend verfallen, indem beide Momente besonders als begünstigende Ursachen betrachtet werden müssen.

III. Pathologische Anatomie der Pellagra.

Entsprechend den verschiedenen Erscheinungsweisen der Pellagra sind die anatomischen Veränderungen sehr verschieden. Gewöhnlich ist ein hoher Grad von allgemeiner Kachexie und Anämie vorhanden. Bei pellagrösen Selbstmördern hingegen findet sich oft ein mässig guter Ernährungs-

zustand, während bei dem pellagrösen Typhus der wohl nur selten zur
Beobachtung kommt, congestive Zustände vorherrschen. Gewöhnlich finden
sich die schwersten Veränderungen im Gastrointestinaltractus und im
Centralnervensystem, während auch die Haut, selbst wenn sie keine acuten
Erscheinungen mehr darbietet, dennoch wohl immer bedeutende Atrophie
und Pigmentationen oder Sklerose erkennen lässt.

a) Veränderungen an der Haut.

Die makroskopischen Hautveränderungen werden besser im Capitel
der Symptomatologie abgehandelt werden. Hier wollen wir blos erwähnen,
dass die Haut im Ganzen, wie dies schon Griffini constatirte, in verschiedenen Schichten atrophirt oder hypertrophirt ist, indem die Epidermis in früheren Stadien oft etwas verdickt oder auch verdünnt sein
kann, später aber immer im Stadium der Desquamation verdickt
ist, indem das Stratum corneum in den Fällen von Griffini zwar kaum
verändert war, wohl aber in unseren Fällen, in welchen wir im chronischen
Desquamationsstadium bedeutende Verdickung constatirten. Ebenso ist die
Malpighi'sche Schichte manchmal verdickt oder verdünnt. Im Stadium
der Desquamation entwickeln sich durch Structur- und Farbenreaction
verschiedene Schichten; namentlich nimmt ein grossmaschiges Netzwerk
den grössten Theil des Stratum corneum ein (siehe Tafel I, Fig. 2). In
älteren Fällen wird die Oberfläche sehr ungleich, die Papillen vergrössert.

Die eigenthümlichen Erytheme der Pellagrösen sind wohl tropho-
neurotischer Natur, oft sind dieselben hämorrhagisch, oft tritt zu
Ende der Krankheit, besonders bei Kindern, eine wahre Purpura auf.
Ausser Hyperämie konnten wir in excidirten Hautstücken geringe Serum-
transsudation mit wenigen Leukocyten und einer eigenthümlichen
metachromatischen, homogenen, diffusen Masse (wohl Albuminate) erkennen, während namentlich die Schweissdrüsen zellreicher und metachromatische Granulationen enthaltend, angetroffen werden. An den
kleinsten Nerven konnte man ebenfalls ausser einer mässigen Durchtränkung mit homogener, blass färbbarer Masse und verhältnissmässiger
Armuth an myelinen Fasern nichts Aussergewöhnliches constatiren.

Viel bedeutender sind die Veränderungen im Stadium der desquamativen
und namentlich der chronischen pigmentären abschuppenden Hautverdickung.
Hier erkennt man ganz auffällige Wucherungsvorgänge des Epithels
(siehe die farbige Tafel I, Fig. 2), indem verschiedene, gut unterscheid-
bare Schichten homogenen, dichten oder lockeren Materiales gebildet
werden. Die inneren Epithelschichten enthalten viel gelbes Pigment,
die Papillen sind in Zellwucherung begriffen und mit zahlreichen Plasmazellen versehen; die Schweissdrüsen sind gewuchert und die erweiterten
Talgdrüsen enthalten oft reichliche Colonien von kleinen Diplobacterien.

in deren Umgebung Granulationsgewebe diffus oder herdförmig gelagert
auftritt. In demselben prävaliren gewucherte Endothelien und Plasmazellen. Die bedeutende Verdickung der Haut wird durch ein eigen-
thümliches, massenhaft eingelagertes Gewebe bedingt, welches zum Theil
aus hyalinen, wellenförmigen, dicken, brüchigen Fasern und von denselben ausgehenden rundlichen Massen, vielleicht zum Theil Exsudat,
zum grössten Theil aber entartetem, elastischem Gewebe gebildet ist. In
diesem Gewebe, welches zum grossen Theil nach der Weigert'schen
Färbung die Reaction der elastischen Fasern zeigt, in denen aber ein
Theil desselben die Farbe nur schwach festhält und durch Hämatoxylin-

Fig. 3.

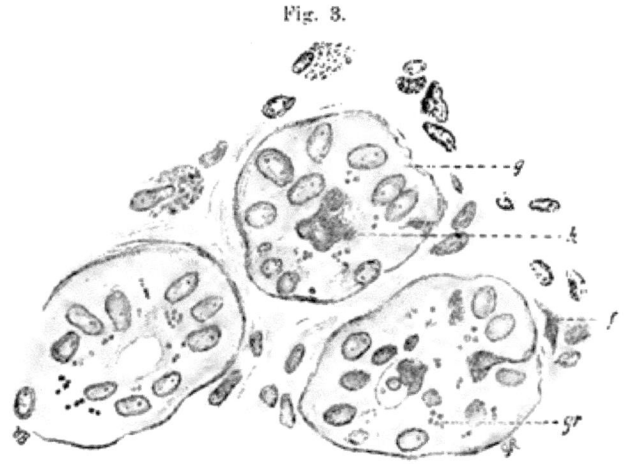

Veränderungen der Schweissdrüsen: *h* hyaline Massen im Innern derselben; *gr* metachromatische Granulationen im Innern der Zellen; ausserhalb der Schläuche geringe Zellwucherung und Plasmazellen.

Eosin diffus blassblau gefärbt erscheint, findet man zahlreiche blasse,
dicke Stäbchen oder Doppelstäbchen, welche an Bacillen erinnern, durch
Anilinfarben aber nur schwach gefärbt werden (siehe Tafel 1, Fig. 1).
Es handelt sich also hier um einen eigenthümlichen Irritations- und
Exsudationszustand der Haut, welcher im Beginn allenfalls mit einem
durch bestimmte Nahrungsmittel bei disponirten Personen erzeugbaren
Erythem verglichen werden könnte, während später ein eigenthümlicher,
die Function der Haut schädigender, sklerotischer, desquamativer Process
auftritt.

b) Veränderungen im Nervensystem.

Die meisten Forscher constatiren gewisse chronische, irritative
Processe der Gehirn- und Rückenmarkshäute, am häufigsten milchige
Trübung der Pia, sowie partielles oder totales Hirnödem. Auch Injection

oder Verdickung der Häute, chronischer Hydrocephalus internus, manchmal Ekchymosen, selten Erweichung der Hirnsubstanz und manchmal Hämorrhagien, besonders in Fällen, welche sich mit Scorbut compliciren.

So wie in der Haut, so finden sich auch häufig in den Gehirn- und Rückenmarkshäuten Pigmentirung. Nicht selten ist auch eine Arachnitis ossificans der Rückenmarkshäute, manchmal auch jener des Gehirnes anzutreffen, und muss bemerkt werden, dass diese Veränderungen auch bei jüngeren Individuen auftraten. Unter zwölf Fällen hatte ich blos einmal eine chronische Encephalomeningitis und Adhäsionen in der Gegend des Stirnlappens constatiren können.

In den Ganglien, namentlich in den Sympathicusganglien, fanden sich ebenso wie in den Nervenzellen des Rückenmarkes häufig Anhäufungen von Pigment.

Während in den kleinen peripherischen Nerven ausser der erwähnten mässigen Quellung durch seröse Durchtränkung nichts Besonderes gefunden wurde, constatirten wir stellenweise geringe Reizungszustände der sympathischen Nervenganglien, vornehmlich des Bauchsympathicus und des Auerbach'schen Plexus, welche besonders im Auftreten reichlicher Sternzellen zum Ausdruck gelangten; hingegen konnten wir uns nicht von einer besonderen Menge von Pigment in den Zellen überzeugen. Fox constatirte hingegen in den sympathischen Ganglien Gefässerweiterung, Verfettung mancher Nervenzellen und eine Sklerose des interstitiellen Gewebes. Déjèrine und Hardy konnten in einem Falle bei Pellagra zahlreiche sogenannte leere Nervenfasern erkennen.

Während in den meisten Fällen in den Nervenstämmen und Rückenmarkswurzeln nichts Besonderes zu erkennen war, fanden sich in anderen Fällen bedeutende Veränderungen, namentlich in den hinteren Wurzeln. In einem Falle waren dieselben von einer breiten Zone eines Granulationsgewebes umgeben, welches besonders aus Plasmazellen und gequollenen endothelialen Elementen, dann aus gequollenen fixen Zellen und wenig kleinen mononucleären Rundzellen besteht.

In anderen Fällen handelt es sich um eine Entartung der Nervenfasern selbst, indem die Wurzeln, besonders die hintere nach dem Austritte aus dem Ganglion, nach Weigert-Pál viel blasser gefärbt sind als die eintretenden Fasern. Die Myelinhülle enthält eben statt der schwarzblauen Masse eine blassbraune granulirte Substanz, während am Achsencylinder selbst blos stellenweise Quellung oder Vacuolisirung beobachtet werden kann.

Wieder in zwei anderen Fällen sind die hinteren Wurzeln der Sitz bedeutender, chronischer, atrophischer und irritativer Veränderungen, indem namentlich ein grosser Theil der Nervenbündel, besonders die mehr hinten, median gelegenen, mittelst der Pál-Weigert'schen Färbung ganz blass gefärbt werden. Blos vereinzelt findet man in diesen Bündeln dicke, schwarz gefärbte Fasern. Bei genauer Untersuchung dieser Bündel erkennt man, dass die meisten Fasern zu sogenannten »leeren Fasern«, also ohne Myelin und Achsencylinder geworden sind, zwischen welchen ziemlich derbes, homogenes, manchmal schwieliges Gewebe mit wenigen Zellen lagert. Blos in der Umgebung der theils geschrumpften, theils erweiterten Gefässe findet man oft eine Zone von mononucleären Rundzellen.

Man kann also in mehr als der Hälfte der Fälle Perineuritis, sowie parenchymatöse oder chronische interstitielle Neuritis der hinteren Spinalwurzeln unterscheiden.

Die Spinalganglien sind oft bindegewebsreicher und erkennt man oft in der Umgebung der Nervenzellen, welche wenig verändert erscheinen, reichliche Nervenfasernetze, wie es uns schien, zum Theil neuer Bildung.

Die interessantesten Veränderungen constatirten wir aber im Bereiche des Centralnervensystems. Dasselbe und namentlich das Rückenmark wurde schon früher von Bouchard, Bronetti, Tonnini, Golgi, Hieronimus, Belmondo, Marchi, Tuezek und P. Marie untersucht. Namentlich Tonnini betont, dass sechsmal unter 51 Fällen die beiden Hälften der Spinalachse, namentlich der grauen Substanz, bedeutende Asymmetrie zeigten. In einem Falle konnte derselbe Polyomyelitis anterior constatiren. Besonders auffallend war die bedeutende Pigmentirung der Zellen der Vorder- und Hinterhörner, und betont Tonnini die Aehnlichkeit der Befunde mit jenen bei Ergotismus. Hieronimus beschreibt kleinzellige Wucherung und endotheliale Wucherung des Ependyms. Belmondo untersuchte 26 Fälle und fand namentlich bei Pellagratyphus Leukocyteninfiltration der Meningen und eine Meningomyelitis acuta, ferner immer eine Degeneration der gekreuzten Pyramidenstränge bis zur intensiven Sklerose, sowie häufig eine Degeneration der Goll'schen und der Burdach'schen Stränge, ähnlich wie bei Tabes, mit dem Unterschiede, dass bei dieser die intensivsten Läsionen im Lendenmark constatirt werden, während hier mehr die oberen, namentlich die cervicodorsalen Antheile am meisten ergriffen sind. Im Ganzen gewinnt man oft den Eindruck einer combinirten Sklerose. Von Tuezek und P. Marie wurden eigenthümliche Veränderungen beschrieben, namentlich Strangdegenerationen gewisser Gegenden, welche mit jenen der beim Fötus zuletzt mit Myelin versehenen Bahnen gewisse Analogien aufweisen.

Nach diesen Forschern sind bei Pellagra neben den Goll'schen Strängen die Pyramidenbahnen, die hintere Wurzelzone, das Schultze'sche Komma entartet, was auf einen endogenen Ursprung der Läsionen bei Pellagra hinweisen würde. Unsere Befunde bei zehn Fällen von Pellagra decken sich indess nur zum Theil mit jenen der erwähnten Autoren.

Zunächst haben wir ja das häufige Ergriffensein der hinteren Wurzeln betont, welches der Annahme eines rein endogenen Processes widerspricht, indem der aufsteigende Verlauf der Entartung von den Wurzeln aus deutlich verfolgt werden kann, wenn auch zugegeben werden darf, dass der Verlauf der Entartung von jenen des tabischen Processes gewöhnlich abweicht. In der That sind bei Pellagra die Lissauer'sche Zone, sowie die vorderen Wurzelzonen weniger ergriffen als bei Tabes, während aber die Clarke'schen Säulen bei beiden Processen tief verändert sind.

Wenn indessen der krankhafte Process im Rückenmarke weit vorgeschritten ist, findet sich das gesammte Gebiet der Hinterstränge ziemlich diffus ergriffen, indem allerdings noch Reste von schwarzen Fasern

Fig. 4.

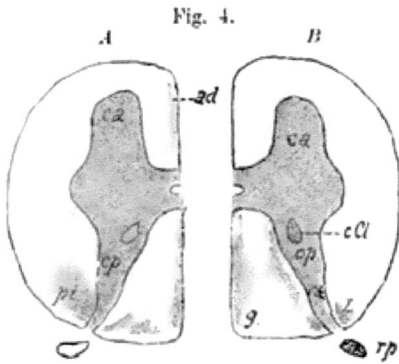

A Schema der zuletzt myelinhaltigen Antheile des Rückenmarkes beim Fötus; *ad* und *pc* Pyramidenbahnen.
B Schema der Veränderungen der weissen Substanz (*v*), der hinteren Wurzeln (*rp*) und der Clarke'schen Säulen (*cCl*) bei Tabes.

in der Lissauer'schen Zone, zwischen den Burdach'schen und Goll'schen Strängen, sowie an der medianen Grenze der Hinterhörner übrig bleiben.

Auch die Art der Veränderung ähnelt jener bei Tabes, indem es sich hauptsächlich um Schwund und Atrophie der Nervenfasern mit Auftreten reichlicher Neurogliamassen mit spärlichen Zellen, besonders im Zusammenhang mit den verdickten Gefässen handelt; dennoch kann man behaupten, dass bei Pellagra eine Erblassung mit körnigem Zerfall der Nervenfasern prävalire, indem blos in späten Stadien das histologische Bild mit jenem bei Tabes zusammenfliesst.

Während nun die Veränderungen der weissen Substanz einigermassen gewürdigt worden waren, sind jene der grauen Substanz und namentlich der Gesammtconformation derselben bis zu unseren Untersuchungen fast unbekannt geblieben, obwohl eben die Localisation der

Veränderungen in der weissen Substanz auf wesentliche Veränderungen auch der grauen Substanz hinweisen.

Zunächst fanden wir in mehreren Fällen eine Fortsetzung der Veränderungen der hinteren Wurzeln in die Hinterhörner, so in einem Falle bedeutende Gefässverdickung, in einem anderen das Auftreten einer ausgedehnten homogenen Schwiele im Anschluss an sklerotische Veränderung der Hinterwurzeln. Wieder in anderen Fällen setzte sich das die Gefässe umgebende Granulationsgewebe aus den Wurzeln in die Hinterhörner und in die hintere Wurzelzone fort.

Besonders ausgesprochene Veränderungen konnten wir manchmal an verschieden gelegenen Stellen wahrnehmen, welche einen Theil der

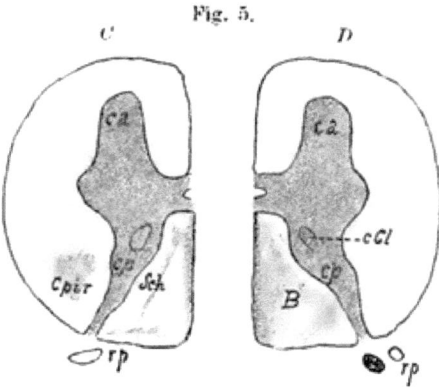

Fig. 5.

C Schema der Veränderungen bei Pellagra nach Tuczek-Marie; es sind die gekreuzten Pyramidenstränge (Cpcr), die hintere Wurzelzone, die Goll'schen Stränge und das Schultze'sche Komma ergriffen. D Schema der von Babes in den meisten Fällen gefundenen Veränderungen. Dieselben erstrecken sich fast auf die gesammten Hinterstränge mit Ausnahme der vorderen Wurzelzonen und der Lissauer'schen Zone. Auch sind die hinteren Wurzeln (rp) und die Clarke'schen Säulen (cCl) ergriffen.

Vorder- oder Hinterhörner einnahmen und wohl localen Ursprunges sein dürften. Es handelt sich um chronisch entzündliche Herde öfters mit Adhäsion der Meningen, mit oft ungemeiner Verdichtung oder Sklerose der Grundsubstanz, mit Schwund des feinen Nervengeflechtes, mit Schwund oder gelber Atrophie der Nervenfasern und mit ungemeiner Verdickung und oft Verstopfung der Gefässe. Es sind dies Veränderungen, welche makroskopisch deutlich zu erkennen sind und sich oft auch auf die umgebende weisse Substanz erstrecken. Freilich muss man sorgfältig suchen, um diese nekrotischen oder sklerotischen Herde zu finden: dieselben sind aber offenbar für einen Theil der Veränderungen der weissen Substanz verantwortlich.

Eine andere wesentliche Veränderung betrifft grössere Zellgruppen der grauen Substanz. Die Clarke'schen Säulen sind immer ergriffen.

indem gewöhnlich alle Zellen derselben gequollen, oft kernlos angetroffen
werden, indem das Centrum derselben von einer grob granulirten
Pigmentmasse oder von einer fein granulirten blassen, wohl schleim-
artigen Substanz ausgefüllt ist, während die Peripherie blos stellenweise
Chromatin enthält (siehe Tafel I).

Aehnlich entartet sind ausserdem verschiedene Zellgruppen der
Vorderhörner, namentlich in medianen und lateralen Antheilen des
Lendenmarkes. Hier erkennt man noch öfters eigenthümliche Wucherung
von verzweigten Neurogliazellen, welche die entarteten Nervenzellen dicht
umgeben und später an deren Stelle eigenthümliche, oft strahlig an-
geordnete Haufen bilden (Fig. 6, g). Verschiedene Forscher betonen ferner
Wucherungsvorgänge mit Obliteration des Centralcanales. Babes fand auch

Fig. 6.

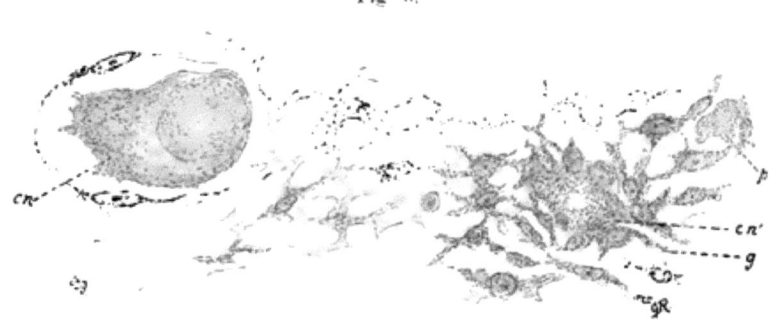

Vorderkern des Lendenmarkes bei Pellagra (Nissl'sche Färbung), ca achromatisch entartete, kernlose Zelle
mit grosser grünlich gefärbter Masse (Pigment), ca' gänzlich entartete Zelle und deren Pigment (p), von
einem Netzwerk von gewucherten Neurogliazellen (g) umgeben.

Verdoppelung desselben, welche Befunde wir bestätigen können, ohne
aber denselben einstweilen wesentliche Bedeutung zuzuerkennen.

Noch eine weitere Veränderung des Rückenmarkes konnte in vielen
Fällen von Pellagra constatirt werden. Es handelt sich namentlich um
Anomalien der Architektur des Organes. Nur selten konnten wir derartige
Formveränderungen der grauen Substanz bei anderen Erkrankungen oder
im normalen Rückenmark beobachten. Namentlich die Zeichnung der
grauen Substanz findet sich bei Pellagra oft auffallend verzerrt. Ab-
gesprengte Inseln grauer Substanz sind in die weisse Substanz gerathen,
Zellgruppen haben ihre Lage verändert, die Clarke'schen Säulen sind
manchmal in die Vorderhörner gerathen.

Diese Veränderungen haben jedenfalls nichts mit einer etwaigen
Verletzung oder Misshandlung des Rückenmarkes zu thun, so dass wir
uns fragen mussten, ob diese offenbar angebornen Anomalien nicht eine

Krankheitsanlage, eine Prädisposition für die pellagröse Erkrankung abgeben konnten, indem wir ja die wesentliche Rolle einer Prädisposition für Pellagra sicher constatiren konnten.

Nachdem Babes in dreien seiner Fälle, Tonnini in sechs Fällen und Tuczek in zwei Fällen derartige Bildungsanomalien bei Pellagra beobachten konnten, glauben wir uns berechtigt, die Aufmerksamkeit auf dieselben zu lenken.

Von bedeutender praktischer Wichtigkeit war es endlich, die Veränderungen des Gehirnes bei Pellagra genauer zu studiren. Die bekannten makroskopischen Veränderungen bestehen in Oedem und Hyperämie, weisen aber nichts Charakteristisches auf und auch die bisherigen histologischen Befunde waren nicht klar.

Fig. 7.

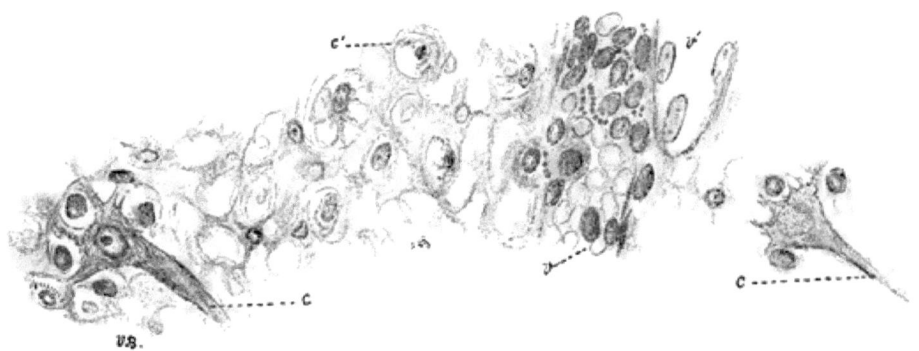

Aufsteigende Centralwindung bei Pellagrakachexie mit hochgradiger psychischer Depression und Parese (Niss l'sche Methode), e kleine Vene mit gewucherten Endothelien und Anhäufung von Rundzellen und bacterienähnlichen Granulationen in Kreisen, e' leeres Gefäss, c Pyramidenzellen, zum Theil stark pigmentirt und kernlos mit basaler Zellwucherung, e' pigmentirte Sternzellen im Innern von Hohlräumen (Neurogliazellen ?).

Wir selbst fanden in einigen Fällen sowohl in der Oblongata als auch in der Hirnrinde stellenweise kleine sklerotische Herde, denen im Rückenmark ähnlich, ferner waren degenerative Veränderungen in manchen langen Bahnen des Rückenmarkes, namentlich in einem Falle in den Pyramidenbahnen zu verzeichnen: die hauptsächlichsten Veränderungen aber mussten in der Hirnrinde gesucht werden und in der That hatte Babes schon vor langer Zeit bestimmte Veränderungen in der psychomotorischen Zone beschrieben, namentlich in der Gegend der grossen Pyramidenzellen.

Zunächst findet sich Hyperämie manchmal mit Endothelwucherung sowie mit Rundzellenanhäufung und Neurogliazellenschwellung um die Gefässe, besonders aber erkennt man Wucherungsvorgänge an der Basis der Pyramidenzellen.

3*

Hier haben sich in der Regel kleine einkernige Rundzellen in den erweiterten pericellulären Räumen angehäuft, indem ausserdem noch längliche, gelb pigmentirte Zellen, wohl endothelialer Natur, auftreten. Die kleinen Nervenzellen erscheinen wenig verändert, oft findet sich eine blasse gequollene Masse oder reichliches Pigment an Stelle des Kernes, welcher oft verdrängt und atrophisch ist, während die chromatophile Substanz vermindert und an die Peripherie gedrängt ist.

Besonders auffallend sind aber die Veränderungen der grossen Pyramidenzellen, namentlich des paracentralen Lappens.

In den untersuchten zwei Fällen waren alle diese Zellen schwer geschädigt, fast durchwegs ohne chromatophile Massen, blos fein granulirt, blasig gequollen, mit Vacuolen, kernlos oder mit atrophischem, formlosem Kern mit erblassten, oft gequollenen Kernkörperchen, ohne oder mit abgebrochenen gequollenen Fortsätzen, mit seitlich verdrängtem Pigmente und von erweitertem pericellulären Raume umgeben. Die äussere Begrenzung des Raumes ist mit einer gelblichen scholligen Masse ausgekleidet. Die kleinen Lymphräume, sowie die pericellulären Räume der kleinen Nervenzellen in der Umgebung der grossen Zellen weisen reichliche Zellwucherung im oben angegebenen Sinne auf.

Die beschriebenen Veränderungen des Centralnervensystems bei Pellagra sind in mancher Beziehung instructiv. Wir sehen zunächst, wie die Schädlichkeit auf verschiedenem Wege und in verschiedener Weise einwirkt, und glauben uns berechtigt, anzunehmen, dass für die auf anderem Wege nachgewiesene Prädisposition als wichtiges Entstehungsmoment der Krankheit auch die pathologische Forschung wichtige Elemente beisteuern könnte. Eben in der grossen Rolle der Prädisposition sehen wir auch eine Erklärung für die mannigfaltige Erscheinungsweise der Pellagra und ihre nervösen Manifestationen, indem diese Prädisposition eben in verschiedenen Bildungsanomalien oder vorhergehenden Erkrankungen, namentlich an Pellagra selbst, Malaria, Syphilis und Alkoholismus der Patienten oder deren Eltern besteht, welche verschiedene schwache Punkte erzeugen, und zu verschiedenen pellagrösen Localisationen führen. In allen Fällen aber wird neben diesen Localisationen auch eine Allgemeinerkrankung entstehen, welche eben jene Gebiete umfassen muss, welche bei einer Allgemeinschwächung des Nervensystems zunächst unzulänglich werden. Es sind dies die am meisten in Anspruch genommenen, die complicirtesten Gebilde und Systeme, gerade jene, welche auch beim Fötus sich zuletzt voll entwickeln, also eben die langen Bahnen und namentlich die psychomotorischen Centren und Bahnen.

Eine derartige Auffassung scheint uns mehr in Einklang mit den Thatsachen zu stehen, als die von P. Marie versuchte Schematisirung der pellagrösen Rückenmarksveränderungen.

Um endlich auf Grund der hier kurz skizzirten Veränderungen auf die Frage des Wesens des Processes zurückzukommen, glauben wir in den Veränderungen des Centralnervensystems die Wirkung eines Giftes zu erkennen, welches sich an das Nervensystem wendet und zunächst weniger in demselben, als durch dasselbe zur Wirkung gelangt, während später die accumulatorische Wirkung desselben in einer langsam und periodisch sich entwickelnden chronischen Irritation und Entartung des Centralnervensystems in Form von disseminirten sklerotischen Herden, von Entartung bestimmter Nervenzellen und langer Bahnen zum Ausdruck kommt.

Lehrreich ist hiebei noch besonders, dass diese Veränderungen, welche in den bekannten maniakalischen und hochgradigen depressiven Gehirn- und Rückenmarkszuständen ihren Ausdruck finden, noch bis zuletzt zur Heilung gelangen können und dass letztere einfach mittelst guter Pflege und Ersatz der ausschliesslichen Maisnahrung durch gemischte Nahrung ziemlich schnell erzielt werden kann.

Dieser Umstand spricht zunächst für die geringe Schwere vieler der bei Pellagra constatirten Veränderungen der Centren und Systeme, andererseits auch gegen die rein parasitäre Natur der Erkrankung und stellt die Pellagra in eine Reihe mit anderen Ernährungskrankheiten, welche durch lange andauernde, wenn auch geringe Schädlichkeiten wirken, die keine tiefgreifenden Veränderungen erzeugen und zu ihrem Zustandekommen eines geschwächten Organismus bedürfen, und bei welchen noch in vorgeschrittenen Stadien der Erkrankung Entziehung der Schädlichkeit und Kräftigung des Organismus zur Heilung führen.

Viscerale Veränderungen.

Das Fettpolster ist oft bei Pellagra atrophisch und namentlich pigmentreicher. Die Musculatur ist etwa in der Hälfte der Fälle ebenfalls atrophirt, manchmal fettig degenerirt, namentlich in einzelnen Muskelgruppen. So fand Lombroso im Pectoralis, in den Muskeln der unteren Extremitäten, wir selbst in den Adductoren der Schenkel degenerirte Herde. Was das Knochengerüst anbetrifft, so ist von den meisten Beobachtern besonders die Brüchigkeit der Rippen betont, während der Schädel schwer und compact zu sein scheint; in mehreren Fällen konnte Babes frühzeitige Verknöcherung der Nähte, ebenso wie Schädelanomalien constatiren. Auch die Extremitätenknochen sind sehr brüchig, indem Bouchard erwähnt, dass bei einem Pellagrösen durch einen Wurf mit einem kleinen Stein die Tibia gebrochen wurde. Bei acuten Fällen namentlich fand Babes embryonales Mark, auch wurden Charcot-Leyden'sche Krystalle im Knochenmark gefunden.

Wir müssen zunächst die so häufige Gingivitis mit Geschwüren und Zerfall des freien Randes betonen, welche Veränderungen sich oft mit hämorrhagischen Infiltrationen des Zahnfleisches, mit oberflächlicher putrider Entzündung und schmutziger Verfärbung compliciren, indem sich an diese Veränderung oft Ekchymosen oder Purpura anschliessen, so dass das Krankheitsbild des Scorbutes entstehen kann. In Bezug der Verdauungsschleimhaut zeigt namentlich die Zunge oft eine Reduction, ein Gröberwerden der Papillen, indem das Epithel oft atrophisch und die Papillen reducirt und kleinzellig infiltrirt gefunden wurden. Der Darm ist oft atrophisch und hyperämisch, mit Geschwüren im Dickdarm, namentlich im Rectum. In mehreren Fällen fand Babes Verdickung, zum Theil amyloide Entartung der Dickdarmmusculatur, sowie eine wahre Darmdiphtherie mit einer weisslich-gelben, landkartenartigen, dicken, fest auflagernden Pseudomembran der Schleimhaut. Die Darmdiphtherie wird auch von Lombroso erwähnt. Gewöhnlich ist eine Art Dysenterie mit eigenthümlicher körniger Nekrobiose der oberflächlichen Schichten, Desquamation des Drüsenepithels, oft Atrophie der Muscularis vorhanden.

Die Mesenterialdrüsen sind namentlich bei Kindern bedeutend geschwellt und oft tuberculös entartet, indem in manchen Fällen ein wahrer Tabes meseraicus mit käsigen und oft eiterig zerfallenen Mesenterialdrüsen vorliegt. In solchen Fällen besteht auch Entwicklungshemmung, wie dies in einem Fall auch Lombroso constatirte.

Die Leber ist oft atrophisch, stark pigmentirt, manchmal cirrhotisch oder aber vergrössert und zerreisslich, stärker gefärbt und gewöhnlich fetthaltig. Das interstitielle Gewebe ist blutreich und enthält sowohl im Innern als ausserhalb der Gefässe reichlich mono- oder polynucleäre Leukocyten.

Die Milz ist gewöhnlich atrophisch, doch fanden wir sie auch in Malariagegenden oft hypertrophisch und stark pigmentirt. Verga betont, dass selbst beim pellagrösen Typhus die Milz verkleinert ist. In unseren zwölf Fällen war achtmal die Milz durch Malaria vergrössert. Wir fanden sie oft hyperämisch, mit reichlichem gelben Pigment, namentlich im Innern der fixen Zellen der Trabekel; zwischen den Blutkörperchen der Lacunen bestehen zahlreiche, farblose, unregelmässige, längliche Körner von etwa 1 μ Durchmesser, welche wohl als Kerndetritus anzusehen sind.

Die Nieren sind gewöhnlich verändert, indem sie manchmal atrophisch, granulirter, oder mässig vergrössert, mit verbreiterter blasser und feuchter zerreisslicher Rinde angetroffen werden. Vassale und Belmondo stellen selbst einen Typus chronischer Nephritis mit Verfettung und Desquamation des Epithels mit zahlreichen Harncylindern bei Pellagra auf. Wir selbst konnten die Fettentartung der Nieren bei Pellagra nur ausnahmsweise constatiren, wohl aber eine eigenthümliche

trübe Schwellung, oft mit pigmentirten Massen im Epithel und im Lumen
der Canälchen, welche oft mit hyalinen Schollen und Cylindern erfüllt
sind. In der Umgebung der Gefässe besteht oft Pigmentanhäufung und
Zellwucherung.

Das Blut und das Circulationssystem. Die pellagröse
Schädlichkeit wirkt offenbar auch auf das Herz, indem dasselbe häufig
erweitert, öfter noch besonders atrophisch, gewöhnlich mürbe und zerreisslich, mit brauner oder gelblich-brauner Verfärbung angetroffen wird.
Auch wenn das Herz erweitert ist, sind die Muskelfasern des Herzens oft
atrophirt und granulirt, die Querstreifen weniger ausgesprochen und viel
gelbes Pigment in der Umgebung des Kernes. Die Aorta ist oft atheromatös oder mit sklerotischen Plaques versehen, welche bei Pellagrösen
im Durchschnitt früher auftreten als bei Gesunden. Da die Pellagrösen
oft an hochgradiger Anämie und Kachexie zu Grunde gehen, ist auch
das Blut im letzten Stadium arm an rothen Blutkörperchen; wir fanden
in demselben oft Poikilocytose, sowie zahlreiche Mikrocyten, während
Lombroso im Allgemeinen eine Verkleinerung der rothen Blutkörperchen
bei Pellagra als charakteristisch betrachtet wissen will. Nicht selten führt
die Pellagra zu einer hämorrhagischen Diathese, indem auch die kleineren
Gefässe atheromatös, fettig oder sklerös entartet sind. In manchen
Fällen bildete sich im Stadium der Kachexie amyloide Entartung der
kleinen Gefässe an den grösseren Bauchorganen aus, in einem Fall auch
im Darme.

Unter den von uns häufig constatirten Complicationen nimmt wohl
die Tuberculose die erste Stelle ein, welche namentlich bei Kindern häufig
ist und besonders die Bauchorgane ergreift, ferner Malaria-Kachexie und
hämorrhagische Diathese. Manchmal konnten wir auch Reste von Syphilis
bei Pellagrösen erkennen.

IV. Symptomatologie.

Man kann im Allgemeinen verschiedene Formen der Pellagra beobachten, häufiger in Italien als in Rumänien, wo die meisten Pellagrösen
ein und demselben Typus angehören. Vielleicht schematisirt auch Lombroso die von ihm angenommenen örtlichen Spielarten. Allerdings spricht
ein populäres Sprichwort von verschiedenen Arten der Pellagra, dieselben
halten aber einer wissenschaftlichen Kritik nicht Stand. Nach Lombroso
sollen die Pellagrösen in Trient selten geisteskrank sein, umso häufiger
an Phthisis und Albuminurie leiden. In Reggio soll Scorbut die häufigste
Complication sein, in Toscana die Conjunctivitis, in Pavia Contractionen und

Mutismus. Eher liesse sich annehmen, dass in gewissen Gegenden Schädelanomalien (Mantua) bei Pellagra häufig sind, oder epileptische Anfälle
(Mailand): in diesen Gegenden ist wohl die Race, die Descendenz der
Pellagrösen entartet, während wir in Reggio vielleicht mit einer
Scorbutepidemie zu thun haben und in Toscana die Conjunctivitis wohl
epidemisch ist. Allerdings sind in einer Gruppe von Fällen die gastrischen Erscheinungen ausgesprochener, was aber ebenfalls mit endemischen
Enteritiden, welche zur Pellagra disponiren, zusammenhängen kann. Eine
andere sonderbare Behauptung Lombroso's ist jene, dass die gut genährten Pellagrösen eine schwerere Form der Pellagra zeigten, als die
mit merklicher Gewichtsabnahme. Wir konnten diese Behauptung für
Rumänien nicht bestätigen.

In Rumänien konnten wir so viel constatiren, dass in manchen
Gegenden Entwicklungsanomalien häufiger sind und die Pellagra die
Entarteten mit Vorliebe ergreift. Ebenso werden in Malariagegenden die
Malarischen ergriffen, sowie nachgewiesen ist, dass dort, wo Spiritus-
fabriken errichtet wurden und in Folge dessen Alkoholmissbrauch herrscht,
die Pellagra ungemein zunimmt und namentlich die Alkoholiker mit Vorliebe ergreift; auch konnten wir constatiren, dass die Krankheit sich bei
Degenerirten, bei Alkoholikern, bei Malarischen in verschiedener Weise
manifestirt. Es ist demnach unzweifelhaft, dass die Pellagra sich in verschiedener Weise darstellen kann, ohne dass wir aber scharfe Grenzen
zwischen den verschiedenen Erscheinungsweisen derselben finden können.
Allerdings gibt es Kranke, bei welchen Excitationserscheinungen vorherrschen, indem schon von Anfang an die gewöhnlich gut genährten
Kranken geistige Erregungszustände, Heisshunger zugleich mit Schlaflosigkeit zeigen können, während andere von Anfang an müde, träge
und fast blöde, schläfrig erscheinen, kaum etwas zu sich nehmen, unbeweglich bleiben, kaum sprechen. Dennoch aber gibt es zahlreiche
Uebergänge und Kranke, welche anfangs Erregungszustände haben,
fallen oft später in tiefe Melancholie und Blödsinn.

Der Zeit nach unterscheidet man gewöhnlich drei Stadien der
Krankheit, namentlich ein erythematöses Stadium, ein solches mit vorwiegenden Erscheinungen von Seiten des Verdauungstractus und ein
drittes mit Vorherrschen von nervösen Symptomen. Diese Eintheilung ist
aber nicht aufrecht zu erhalten, da Verdauungsstörungen und nervöse
Störungen auch im erythematösen Stadium und selbst vor diesem bestehen.

Andere Autoren gruppiren die Erscheinungen in anderer Weise,
indem sie drei Stadien annehmen, in deren erstem die Erytheme, im
zweiten nervöse Störungen, im dritten Kachexie vorherrschen. Auch diese
Eintheilung ist aus den oben angeführten Gründen nicht scharf durch-
führbar. Wir wollen der Uebersichtlichkeit wegen vier Stadien unter-

scheiden, indem wir uns der Unregelmässigkeiten und Uebergänge wohl
bewusst sind, 1. ein prodromales oder besser ein präerythematöses Stadium.
2. ein erythematöses Stadium mit Magen- und Darmstörungen, sowie mit
weniger ausgesprochenen, allgemeinen und peripherischen nervösen Erscheinungen, 3. dann ein Stadium, in welchem die nervösen Störungen,
Manie, besonders Hydromanie, Delirien, Tobsucht. Convulsionen, Contracturen, Paresen die Scene beherrschen, und endlich ein 4. Stadium,
in welchem tiefe Depressionserscheinungen, Melancholie, Blödsinn, Paralysen, Diarrhöe und Kachexie vorherrschen. Aber auch diese Eintheilung ist nicht absolut aufrecht zu erhalten, nachdem schon im ersten
Stadium nicht selten Manie. kolikartige Diarrhöe. Kachexie etc. bestehen
können, während andererseits viele Kranke fünf bis zehn Jahre lang
zeitweilig ergriffen sind, ohne dass der Charakter der Krankheit sich
wesentlich ändert.

Wichtig ist es. zwischen acut verlaufenden und chronischen Fällen,
welche jahrzehntelang andauern können, zu unterscheiden: ebenso zwischen
leichten und zwischen schweren Formen.

   a) Erscheinungen im Beginne der Erkrankung.

Das Krankenbild der Pellagra wurde namentlich auf Grund des
eigenthümlichen Erythems von verschiedenen Forschern, namentlich
Ujatti. Odoardi. Strambio, Frapolli in Italien. von Casal, Roussell,
Cales in Spanien. dann von J. Theodori, J. Felix in Rumänien, von
Roussel, Tardieu etc. in Frankreich festgestellt. Allerdings haben
schon ältere Beobachter. wie Strambio sen., Zanetti. Gerardini und
Casal bemerkt, dass dem Erythem noch andere Erscheinungen vorangehen, indem schon früher, mehrere Wochen, manchmal selbst mehrere
Monate vor dem Auftreten der Hautröthung allgemeine Erscheinungen,
namentlich eine progressive Schwäche, besonders der Füsse und Schenkel,
Magendruck und Appetitlosigkeit beobachtet werden. Ich glaube, in Rumänien
besonders zwei Epochen unterscheiden zu können. in welchen präerythematöse
Erscheinungen auftreten, zunächst die Zeit der Weihnachtsfasten, worauf
dann im Frühjahre das Erythem auftritt. oder aber treten die Erscheinungen ohne Erythem im Herbst oder auch zu Ende des Winters auf,
während das Erythem erst im nächsten Jahre hinzutritt. Es gibt also
Kranke. welche angeben. mehrere Wochen oder selbst einige Monate
vor dem Ausbruche des Erythems erkrankt zu sein und andere. welche
ähnliche Erscheinungen schon vor einem Jahre bemerkten. Ueberhaupt
scheinen die meisten Pellagrösen von Anfang an eine physiologische
Schwäche (Nardi) mit langsamem kleinen Puls zu zeigen. Es ist dies
wohl als ein Frühsymptom der Pellagra zu betrachten. indem Lussana und
Frua, welche die Krankheit in fünf Stadien eintheilen, den initialen

Symptomencomplex unter dem Namen Mal del Patrone bezeichnen.
Allerdings ist diese Bezeichnung für verschiedene hypochondrische, mit
Koliken einhergehender Zustände angewendet worden. Nach Roussel
sind die Appetitlosigkeit, der Ekel und die gastrischen Störungen als
Complicationen zu betrachten, indem als die ersten wirklich pellagrösen Erscheinungen die Trockenheit und das Brennen im Munde, namentlich im
Schlunde, zugleich mit Schlingbeschwerden und ein unangenehmes Wärme-
gefühl im Magen, welches sich zu einer wahren Pyrrhosis entwickelt, zu
betrachten seien. Diese Erscheinungen, sowie der Heisshunger, das Erbrechen, die Cardialgie, die Diarrhöe sollen nach diesem Autor rein nervöser
Natur sein. Ausserdem existiren nach Lussana, Frua und unseren
eigenen Erfahrungen vage, flüchtige Schmerzen in den Extremitäten und
im Rücken, Ohrensausen, functionelle Sehschwäche und allgemeine Mattig-
keit des Morgens, oft Gelenkschmerzen, so dass in Folge dieser Erscheinungen die Betreffenden die Landarbeit nur mit Unlust und schwierig
verrichten, indem jede Ermüdung ihre Leiden steigert und Kopfschmerz,
Brennen, Schwere des Kopfes, Traurigkeit, Schwindel und allgemeine
Schwäche zurücklässt. Oft besteht schon vor dem Erythem eine
eigenthümliche Röthe der Lippen und der Zunge, letztere ist glatt,
zugleich tief gefurcht, etwas geschwellt und zitternd.

Ob es ausserhalb dieser beginnenden Pellagra noch Prodrome
wie bei den Infectionskrankheiten gibt, konnten die Autoren, wie wir
selbst, nicht constatiren. Ebenso wie die directen Sonnenstrahlen und
die Feldarbeit diese Symptome steigern, konnten wir in Rumänien beobachten, dass namentlich die langen und sehr strengen Fasten, welche
der rumänische Bauer gewissenhaft einhält, oft die ersten Erscheinungen
der Krankheit hervorbringen. So constatirt man oft, dass die ersten
neurasthenischen Symptome, grosses Schwächegefühl in den unteren Extremitäten, sowie Kopfschmerz und Schwindel, manchmal auch Diarrhöe
in den grossen Weihnachtsfasten begonnen haben, dann zu Weihnachten
aufhörten, um in den grossen Osterfasten wieder aufzutreten, indem nun
mit Beginn der Feldarbeit auch die Hauteruptionen erscheinen.

In anderen Fällen sind andere Schädlichkeiten, namentlich Malaria,
Ausschweifungen, Ueberanstrengung, Alkoholmissbrauch oder Unfälle die
Gelegenheitsursachen zum Ausbruch der Krankheit.

Es scheint nach Lombroso manchmal ein Antagonismus zwischen
Hautausschlägen und nervösen oder musculären Störungen zu bestehen.
Allerdings fand dieser Forscher diese Erscheinungen namentlich bei den
Versuchsthieren, aber auch bei einigen Pellagrakranken.

Eine weitere interessante Beobachtung ist jene Lombroso's, nach
welcher bei erblicher Pellagra häufig Schädelanomalien, sowie namentlich
Vergrösserungen des Querdurchmessers, Missbildung des Gesichtes, Eory-

gnathie und Prognathie, ebenso Anomalien in der Form des Ohransatzes,
Tiefstand eines Augenbrauenbogens etc. bestehen.

b) Symptome der ausgebildeten Krankheit.

Nachdem die Initialerscheinungen, nach Theodori etwa vier
Wochen, nach unseren Erfahrungen aber in wechselnder Intensität selbst
ein Jahr lang angedauert haben, treten nun im Frühjahre, wenn die im
Winter schlecht genährten Individuen ihre gewöhnlich schmutzigen und
unhygienischen Hütten verlassen und in Folge ihrer Beschäftigung sich
den directen Sonnenstrahlen aussetzen, bei denselben, zunächst gewöhnlich in der Metacarpalgegend, am Handrücken, eine geringe
Schwellung und ein rother Fleck, oder mehr diffuse Röthung, manchmal
auch Blasen oder Bläschen auf, welche mit einer klaren, alkalischen,
sterilen Flüssigkeit gefüllt sind. Zugleich, oder bald darauf werden gewöhnlich auch das Gesicht, der Fussrücken, überhaupt die den Sonnenstrahlen direct ausgesetzten Theile ergriffen. Diese Röthung ist entweder
fleckig oder diffus, röthlich livid, auf Fingerdruck verschwindend, indem
zugleich ein Gefühl von Brennen auftritt. Wenn Blasen bestanden, so
trocknen dieselben ein und bilden mehr oder minder dicke Krusten oder
Geschwüre. Nach einigen Wochen, gewöhnlich nach 10—20 Tagen,
verschwindet die Röthung und die Epidermis beginnt in kleineren oder
grösseren Schüppchen sich abzulösen. Allerdings erstreckt sich das
Erythem oft auch auf die bedeckten Theile des Körpers, so auf die
Arme, die Schenkel, auf die unteren Theile der Brust, manchmal auf
den ganzen Körper, während gewöhnlich dasselbe an der Grenze der
unbedeckten Haut scharf umschrieben ist. Manchmal blasst die Röthe
ab, ohne dass Abschuppung eintritt, während gewöhnlich selbst nach
einem geringen Erythem bedeutende, selbst monatelang dauernde Abschuppung vorhanden sein kann, indem das wenig ausgesprochene und
wenig andauernde Erythem leicht übersehen wird.

Es gibt Fälle, in welchen das Erythem auch an bedeckten Hautstellen beginnt.

Nachdem die Abschuppung beendet ist, bleibt gewöhnlich eine
grünlichbraune, kaffeebraune, selbst chocoladebraune oder schmutzigbraune
trockene, zunächst glatte, atrophische, glänzende Haut zurück, sowie oft
noch oberflächlichere oder tiefere Hautritze, namentlich in der Gegend
der Gelenke. Die Symptome erscheinen gewöhnlich im Beginne des
Frühjahres.

Indem wir mit Neusser annehmen, dass die Haut der Pellagrösen
im Allgemeinen äusseren Einflüssen gegenüber empfindlicher ist,
setzen wir voraus, dass die directen Sonnenstrahlen, sowie auch eine
mehr indirecte Reizung ein Erythem und Desquamation verursachen

können. Dass die Sonne nicht die Pellagra verursacht, sondern blos ein
Symptom derselben, nämlich das Erythem hervorruft, hat schon Strambio
betont, während Frapolli, Landouzy glauben, dass Pellagra ohne
directe Sonneneinwirkung nicht vorkommt, und Bouchard namentlich
die violetten Strahlen beschuldigt. Die meisten Erytheme kommen im
April und im Mai zur Erscheinung, während später andere pellagröse
Symptome vorherrschen und im Winter nur wenig Pellagröse gefunden

Fig. 8.

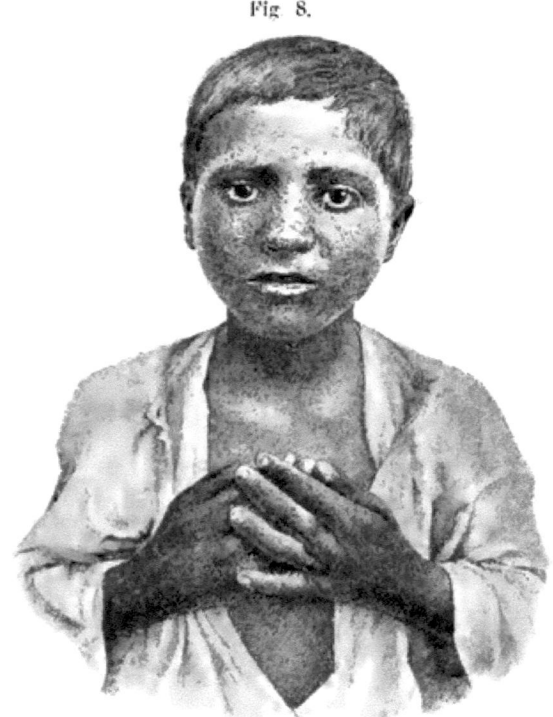

Pellagröser Knabe (nach J. Neagner).

werden: in den Sommermonaten sind etwa vier- bis fünfmal so viel
Pellagrafälle zu beobachten, als in den übrigen Monaten des Jahres.

Indem sich im Frühjahre der folgenden Jahre das Erythem wiederholt, verändert dasselbe einigermassen seinen Charakter; später ist die
Röthe der pigmentirten Haut weniger ausgesprochen; häufiger entsteht
Oedem: die Haut ist weniger elastisch und zu Einrissen geneigt: oft
bleibt eine sehr verdickte, runzelige, sklerotische Haut zurück. Auch entstehen, namentlich im Gesichte, Venenerweiterungen, Ekchymosen, selbst
wahre, umschriebene Telangiektasien. Andererseits entsteht eine reich-

lichere Desquamation, indem die Epidermis der Finger manchmal wie Handschuhfinger abgelöst wird; oft entstehen an der Hand ungleiche, skleröse Verdickungen oder warzige Wucherungen; in anderen Fällen wird die Haut bedeutend verdünnt und ist die Pigmentation von unregelmässigen, achromatischen, oft narbigen Stellen unterbrochen. Bei unserem Material konnten wir die Angaben Lombroso's, dass bei Erscheinen des Erythems andere Symptome zurückgehen, nicht beobachten: im Gegentheil ging der Abfall des Erythems mit einer Besserung des Allgemeinbefindens

Fig. 9.

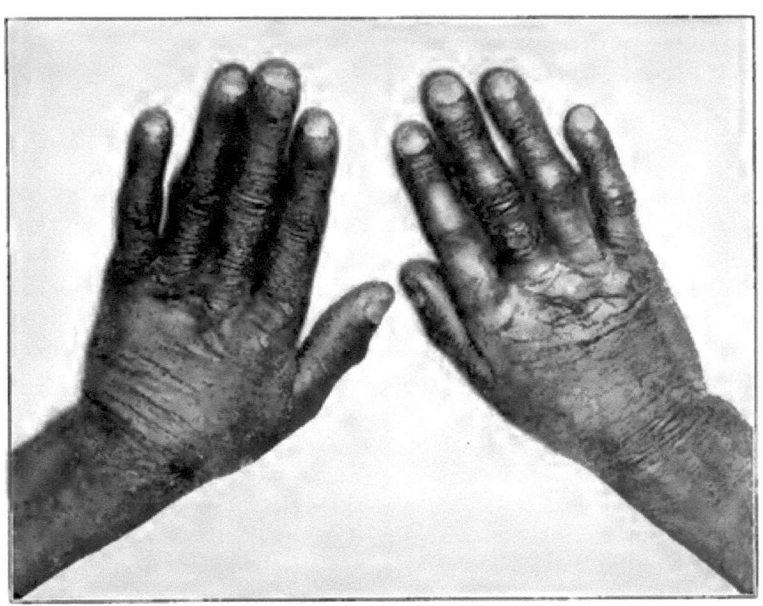

Hände in vorgeschrittenerem Stadium der Pellagra.

einher. Geringe Temperaturschwankungen wurden von Lombroso im Stadium des Erythems beobachtet. Allerdings sind die Temperatursteigerungen in den späteren Stadien viel bedeutender.

Der sogenannte Pellagratyphus ist nach Belmondo und Lombroso kein gewöhnlicher Abdominaltyphus, sondern eine fieberhafte Krankheit sui generis, welche im Verlaufe der Pellagra gewöhnlich mehrere Jahre nach Beginn der Krankheit auftritt, indem sich die Symptome einfach steigern und zugleich von Anfang an eine Temperatur von 39, 41—42° besteht. Derselbe hat einen kürzeren Verlauf als der Abdominaltyphus, keine Roseola, ist gewöhnlich tödtlich und geht mit

allgemeinem Kräfteverlust einher. Namentlich Schlingbeschwerden, unstillbare profuse Diarrhöe, Enteritis, nervöse Erscheinungen, psychische
Störungen, Umnebelung des Bewusstseins, Selbstmordneigung, besonders
Opisthotonus, epileptiforme Anfälle, Steigerung der Reflexe, Convulsionen,
starke Extension der Unterextremitäten beherrschen das Krankheitsbild.
Es scheint, dass auch nephritische und vielleicht auch urämische Zustände
zu diesem Krankheitsbild hinzutreten, indem Harnstoff im Blute,
ammoniakalischer Geruch des Schweisses constatirt wurden. Allerdings
ist der Harn ziemlich reichlich und enthält nur wenig Eiweiss, wohl
aber Cylinder. Der Tod tritt innerhalb ein bis zwei Wochen ein. Bei
den Sectionen finden sich weder Schwellung der Peyer'schen Plaques,
noch Milzvergrösserung, wohl aber eigenthümliche Nierenverfettung. Die
Krankheit endet häufiger tödtlich als der Abdominaltyphus und recidivirt
nicht selten.

c) Affection des Verdauungstractus.

Die ersten Veränderungen von Seiten des Verdauungstractus haben
wir schon bei Besprechung der Initialsymptome erwähnt und wollen
wir hier nur betonen, dass die Erscheinungen im erythematösen Stadium
fortbestehen und sich immer mehr ausprägen, indess allerdings die
Diarrhöen oft in Obstipation übergehen oder blos Obstipation vorhanden
ist. Eigenthümlich sind die Veränderungen an der Mundschleimhaut,
die vom Volke Mal salso genannt werden; dieselbe ist gewöhnlich
etwas geschwellt, glatter und röther als im Normalzustande; die
Lippen sind oft mit Bläschen besetzt, gesprungen, manchmal narbig.
Die Zunge, wenn sie auch in der Regel nicht jene eigenthümlichen,
von Neusser beschriebenen Charaktere zeigt, indem tiefe Einkerbungen
derselben ein schachbrettartiges Aussehen verleihen sollen, ist immerhin
mit Vertiefungen zwischen den vergrösserten Papillen, namentlich des
Zungengrundes zu finden. Der Kranke klagt über Brennen und salzigen
Geschmack im Munde, oft mit Speichelfluss; am häufigsten bestehen
Pyrrhosis, Eructationen, häufig auch Erbrechen, Magendruck und
Schmerzen, überhaupt Verdauungsstörungen, Anorexie oder Bulimie,
sowie heftiger Durst. Im Magensaft fehlt die Salzsäure fast gänzlich.
Besonders die hartnäckigen, blutigen, dysenterieähnlichen Diarrhöen
und Koliken bringen den Kranken stark herunter. Trotzdem ist in diesem
Stadium die Darmschleimhaut oft fast normal und scheinen in solchen
Fällen die Erscheinungen ebenso wie die Hautmanifestationen auf tropho-
neurotischer Basis zu beruhen. In anderen Fällen hingegen besteht eine
wahre Dysenterie oder aber Diphtherie des Dickdarmes mit eigenthümlicher oberflächlicher Wucherung, besonders der Villositäten des Dünn-
darmes. Namentlich die eigenthümlichen Anfälle von Diarrhöe und Er-

brechen machen ganz den Eindruck nervöser spasmodischer Phänomene. Strambio nimmt zwei Arten von Diarrhöe an, eine dysenteriforme und eine serös-wässerige, welche letztere im kachektischen Stadium auftritt.

d) Affection des Nervensystems.

Wieder ist es ein Verdienst Strambio's, zuerst betont zu haben, dass die Pellagra wesentlich auf nervösen Störungen beruht. Roussel theilt die nervösen Erscheinungen in drei Gruppen, je nachdem dieselben die Gehirnthätigkeit, die Sinnesorgane oder die allgemeine Sensibilität und Motilität betreffen. Wir haben gesehen, dass schon im Beginne der Erkrankung Schwere des Kopfes, Kopfschmerzen, Ohrensausen und Schwindel vorherrschen, indem diese Erscheinungen gewöhnlich alle übrigen Symptome begleiten und oft überdauern. Auch die allgemeine Schwäche, namentlich in den Extremitäten, dürfte ein ebenso frühes und zugleich hartnäckiges Symptom darstellen.

Der pellagröse Schwindel ist so charakteristisch, dass Roussel darauf hinweist, dass wenn Landleute aus Pellagragegenden über Schwindel klagen, wir es gewöhnlich mit Pellagra zu thun haben. Derselbe hat gewöhnlich den Charakter eines Inanitionsschwindels oder eines dyspeptischen Schwindels, während ausserdem auch ein wirklicher nervöser Schwindel unterschieden werden kann, indem dann nicht die Gegenstände sich zu drehen scheinen, sondern der Kopf selbst. In dieselbe Kategorie gehört das Gefühl des nach vorne oder nach hinten Fallens, indem zugleich das Sehvermögen für den Augenblick getrübt wird. Ueberhaupt sind Sehstörungen bei Pellagrösen häufig, so Hämeralopie, Diplopie, Amblyopie; die Pupillen sind von sehr träger Lichtreaction. in Fällen mit Erregungszuständen ist die Pupille oft verengt und bei depressiven Zuständen stark erweitert. Schon früh entstehen manchmal Trübungen der Linse. Es sind dies wohl zum grossen Theile Zeichen von Inanition und Schwäche.

Aeussert mannigfaltig sind die eigenthümlichen Sensationen und Schmerzen der Pellagrösen. Zunächst finden sich manchmal Herabsetzung der tactilen und thermischen Sensibilität, sowie Hyperästhesie; auch die Schmerzempfindlichkeit, besonders der unteren Extremitäten, ist oft herabgesetzt, besonders elektrischen Reizen gegenüber. Am quälendsten sind wohl die mannigfachen Parästhesien, namentlich das Brennen nicht nur erythematöser Stellen, sondern zunächst im Schlunde, aber auch an den Schultern, im Epigastrium, und scheint eben dieses Symptom die Kranken zu bewegen, sich im kalten Wasser Linderung zu verschaffen, und später, wenn die psychischen Störungen einen hohen Grad erreicht haben, sich zu ertränken. Dieses eigenthümliche Brennen erscheint in Anfällen, welche in der Regel mit Heisshunger einhergehen. Besonders am Handteller und an der Fusssohle erreicht das Brennen oft einen hohen Grad, manchmal als ob die Kranken glühende Kohlen berührten, und wird hiedurch hochgradige Schlaflosigkeit bedingt. Ausser diesem Brennen besteht manchmal Jucken an denselben oder an anderen Körperstellen; häufig sind auch neuralgische Schmerzen, entweder einseitig oder etwa dem Ischiadicus entlang, dann schmerzhafter Trismus oder Convulsionen vorhanden. Manchmal klagen die Kranken darüber, dass Flammen durch ihren Kopf und durch ihre Extremitäten schlügen.

Die Kopfschmerzen, welche verschiedene Charaktere haben können, gehören zu den frühesten und beständigsten Erscheinungen, ebenso wie die spinalen Schmerzen. Die letzteren wechseln oft ihren Sitz und rufen je nach demselben Schmerzen und Zuckungen, Ameisenlaufen, Eingeschlafensein in den entsprechenden Extremitäten oder Rumpftheilen hervor. Besonders Strambio betont, dass diese Erscheinungen oft allen anderen vorangehen, so dass schon dieselben auf ein primitives Ergriffensein der Nervenachse hinweisen.

Nicht selten besteht auch Brennen beim Harnlassen und Harnverhaltung. Oft ist schon in diesem Stadium, namentlich in Fällen, wo Entwicklungshemmungen vorhanden sind, eine Verminderung der Zeugungsfähigkeit, oder selbst Impotenz vorhanden. Diese Erscheinungen werden später ausgesprochener und sind im letzten Stadium regelmässig vorhanden. Es ist höchst bemerkenswerth, dass alle diese Erscheinungen des frühen Stadiums im Winter, namentlich aber durch geeignete Behandlung gänzlich zurückgehen, so dass es unzweifelhaft ist, dass wir es mit der Wirkung einer toxischen Substanz zu thun haben, welche das gesammte Centralnervensystem ergreift, ohne zunächst tiefgreifende, irreparable Läsionen hervorzurufen, ebenso wie andere Intoxicationen bei Aussetzen der Schädlichkeit gänzlich zurückgehen können.

Im weiteren Verlaufe der Krankheit, gewöhnlich nach mehreren Jahren, nachdem sich alle die Symptome wiederholt und gesteigert haben, treten psychische Erscheinungen in den Vordergrund. Zunächst fühlen die Kranken selbst eine allgemeine körperliche und auch geistige Schwäche. Dem eigentlichen pellagrösen Irrsinn gehen spasmodische, dann convulsive oder tonische Krämpfe voraus, indem sich die allgemeine Schwäche zu einer wahren pellagrösen Paralysis steigert. Die schmerzhaften Krämpfe, namentlich des Fusses, der Hand, des Schenkels, sind manchmal so heftig, dass in Folge dessen Epilepsie, Contractur und Ohnmacht eintreten können. Die sogenannte pellagröse Epilepsie erscheint gewöhnlich in Folge der Steigerung der Spinalschmerzen, indem die Kranken nach hinten gezogen werden und nach hinten umsinken. Wichtig ist der sogenannte pellagröse Tetanus, welcher von Strambio gut beschrieben ist. Die Kranken fühlen plötzlich gewisse Muskelgruppen wie eine gespannte Saite und werden hiedurch in der Richtung derselben fortgerissen. Besonders ist Opisthotonus für diese Form charakteristisch. indem die Erscheinungen aber ganz kurz andauern. Manchmal werden dieselben nach vorne gerissen und stürzen nach vorne. bis ein Gegenstand sie aufhält, oder aber sie fallen zu Boden. Ausserdem besteht choreïformes Zittern, namentlich des Kopfes. Ueberhaupt ist der Gang der Kranken eigenthümlich schleppend. in weniger vorgeschrittenen Stadien convulsiv oder choreïform.

Gewöhnlich ist schon von Beginn der Krankheit eine gewisse Traurigkeit, Unsicherheit. besonders Gedächtnissschwäche zu constatiren. Roussel behauptet. dass in diesem Stadium Delirien nicht vorkommen, ebenso wie dasselbe vom September an nicht mehr zur Beobachtung gelangt. Im zweiten. im dritten Jahre oder später entsteht im Frühjahre das pellagröse Delirium; dasselbe ist gewöhnlich trauriger Natur. indem die Traurigkeit plötzlich einen hohen Grad erreicht. oft mit Mutismus, mit Nahrungsverweigerung, mit plötzlichem Schluchzen und Thränenausbruch verbunden, oder aber entsteht plötzlich ein maniakalisches. mit Wuthausbrüchen oder mit Selbstmordmonomanie einhergehender Zustand. Die vorerst traurigen und unbeweglichen Kranken werden lärmend. haben zeitweilig Lachkrämpfe und führen extravagante Acte aus (Roussel).

Nachdem das Delirium überstanden ist, bleiben die Kranken geschwächt. mit Abneigung gegen jede Arbeit, melancholisch, traurig und bewegungslos zurück, indem sie sehr leicht weinen; ihr Zustand flösst ihnen grosse Besorgniss ein. Das Delirium oder der hochgradige melancholische Anfall tritt nun jährlich etwa zur selben Zeit auf, indem die Intelligenz immer mehr sinkt, um allmälig in einen mässigen Grad von Blödsinn, sowie in das paralytische und kachektische Stadium überzugehen.

Die pellagröse Melancholie zeigt verschiedene Stadien, indem anfangs blos eine Hemmung und Verlangsamung im Denken, sowie Apathie besteht, welche bis zum völligen Stillstand im Denken fortschreiten. Zugleich bestehen Wahnvorstellungen, Versündigungswahn. Verfolgungswahn, religiöse Wahnvorstellungen, hypochondrische Wahnideen. Die Kranken haben einen eigenthümlichen misstrauischen, drohenden, ängstlichen oder abwesenden Gesichtsausdruck. Selten entsteht eine heitere Manie mit beschleunigtem Ablauf der Vorstellungen, Grössenwahn, oder er wechselt zwischen Manie und Melancholie. Auch Zwangsvorstellungen, Zwangsbewegungen. kataleptische Erscheinungen sind nicht selten, ebenso Gesichtsstörungen. Gehörstäuschungen.

Im paralytischen Stadium, wenn die Kranken schwach geworden sind, entsteht eine gewisse Euphorie und ähnelt das Krankheitsbild einer

Dementia paralytica oder kann dasselbe in der That in das letztere Krankheitsbild übergehen. Selbst in vorgeschrittenen Stadien der Geisteskrankheiten kommen Remissionen vor und kann auch hier eine geeignete Behandlung zu gänzlicher Heilung sowohl der psychischen als der motorischen Veränderungen führen.

Die pellagröse Paralyse oder Parese kann als eine Verstärkung jener Schwäche angesehen werden, welche hauptsächlich zur Pellagra disponirt. Dieselbe erscheint zunächst in Form einer Neurasthenie und steigert sich bis zu einer wahren Paralysis oder zur paralytischen Demenz.

Nach Strambio unterscheiden wir die sogenannte Asthenie im Beginne der Erkrankung von jener, welche nach den Krankheitsanfällen zurückbleibt. Die erstere ist wohl als eine directe Folge der Intoxication anzusehen und besteht in einer Herabsetzung der Irritabilität und Tonicität der Muskeln, sowie in einer Schwächung des Intellectes, namentlich in einer Ideenconfusion mit Verlust des Erinnerungsvermögens. Indem die Schwäche besonders in den unteren Extremitäten ausgesprochen ist, steigert sich dieselbe zu einer wahren Paralysis. Auch das Herz und das Gefässsystem nimmt Antheil an dieser Schwäche, indem der Puls klein und langsam ist, während allerdings häufig auch Fieberbewegungen auftreten.

Die Reflexerregbarkeit ist bei Pellagra, wie schon erwähnt, alterirt, indem die Sehnenreflexe in den meisten Fällen bis zu klonischen Zuckungen gesteigert sind; seltener sind sie geschwächt oder fehlen gänzlich. In verschiedenen Gegenden ist die Reflexerregbarkeit verschieden; so können der Patellarreflex oder die Sehnenreflexe der oberen Extremitäten stark gesteigert sein, während die Reflexe der Achillessehne oder der unteren Extremitäten überhaupt vermindert sein können oder umgekehrt. Manchmal schliessen sich an die Steigerung der Sehnenreflexe spastische Erscheinungen an.

Tuczek fand bei 300 Pellagrösen den Patellarreflex erheblich gesteigert; bei 30—40 Kranken dorsalen Klonus und mehrfach gesteigerte Reflexe in den oberen Extremitäten. In acht Fällen fehlte das Kniephänomen, ohne dass eine Spur von Tabes vorhanden gewesen wäre.

Vasomotorische und trophische Störungen. Als solche betrachte ich zunächst das Erythem selbst, die Gefässerweiterung, ebenso auch die auffallende Blässe der Haut, das Kältegefühl, die Gänsehaut, die Oedeme. Auch beobachtet man Myoatrophien am Schultergürtel, an den Handmuskeln, am Thorax, an den Unterschenkeln. Auch die Zungenveränderungen, die Verdickung und das Rissigwerden der Nägel sind als trophische Erscheinungen zu betrachten, vielleicht auch ein Theil der scorbutartigen Erscheinungen, welche aber theilweise wohl infectiöser Natur sind.

Ausgänge der Pellagra. Die Pellagra kann offenbar nicht nur in den ersten Stadien geheilt oder auffallend gebessert werden; allerdings ist die Heilung um so sicherer, je weniger der Process vorgeschritten ist. Es ist aber nicht vorauszusehen, in welcher Weise die Pellagra sich weiter entwickelt, ob dieselbe im gegebenen Momente einen raschen und schweren oder einen langsamen und milderen Verlauf nehmen wird.

In seltenen Fällen sind schon im ersten Jahre Zeichen von tiefem Ergriffensein des Nervensystems vorhanden, indem der Kranke körperlich und geistig rasch verfällt. In anderen Fällen dauert die Krankheit viele Jahre lang, selbst Jahrzehnte hindurch, indem im Frühjahre immer Exacerbationen auftreten, ohne den Krankheitsverlauf wesentlich zu modificiren. Am häufigsten sind allerdings die späteren Exacerbationen immer schwerer und dauerhafter, indem sich nach mehreren Jahren eine ausgesprochene Kachexie entwickelt. Zu gleicher Zeit erreichen die nervösen Symptome gewöhnlich einen hohen Grad, indem Depressionserscheinungen, Paresen und hochgradige Contracturen, tetanische Krämpfe, ausgesprochene spastische Erscheinungen, andererseits Stupor, Mutismus, Demenz, welche oft in wahre paralytische Demenz übergeht, auftreten. Es ist unzweifelhaft, dass zur Kachexie verschiedene Complicationen beitragen, namentlich in unseren Fällen häufig Tuberculose, besonders bei Kindern, welche zu einer gewissen Periode rasche Fortschritte macht und zum Tode führt. Ebenso führen Dysenterie, Darmdiphtherie, Scorbut oder Bronchopneumonie oft zur Kachexie und zum letalen Ausgang.

Roussel unterscheidet zwei Arten von pellagröser Kachexie oder von pellagrösem Tabes, indem entweder die Pellagra als solche und immer weiter fortschreitet (continuirliche Pellagra [Strambio]), oder indem die Pellagra als Intoxicationserscheinung verschwunden ist, und blos die Folgezustände, namentlich die tiefgreifenden Organveränderungen zu Kachexie führen. Offenbar bedeutet in der Regel die Kachexie, dass der Organismus nicht mehr im Stande ist, die toxischen Substanzen zu vernichten, so dass die Intoxicationserscheinungen andauern. Es entstehen zunächst langdauernde Desquamationen, oft mit hämorrhagischen Flecken, welche nicht mit jenen verwechselt werden dürfen, die nach der Desquamation auftreten, sondern es handelt sich um eine wahre hämorrhagische Diathese, indem zugleich auch hämorrhagische Enteritiden entstehen und in manchen Sectionen auch die inneren Organe, sowie die serösen Häute Ekchymosen aufweisen. In diesem Stadium wird die Haut lehmfarbig, rauh, mit Krusten und Sprüngen bedeckt; die Färbung der Hände, namentlich aber auch des Gesichtes ist manchmal chocoladebraun, beinahe schwarz. Eigenthümlich ist diesem Stadium eine unstillbare, reichliche, seröse Diarrhöe, welche gewöhnlich nicht zurückgehalten werden kann, indem die Darmwände dünn und schlaff oder aber starr, oft mit amyloider

4*

Degeneration befunden werden. In solchen Fällen findet sich Amyloid auch in den Nieren und in der Leber. In anderen Fällen aber handelt es sich offenbar um eine chronische Dysenterie, welche bis ans Lebensende andauert. Die Kranken kommen dadurch sehr herunter, indem sie sehr abgemagert sind, doch gibt es Fälle, in welchen die Kranken bis zuletzt einen guten Ernährungszustand zeigen. Besonders die Nervenschwäche erreicht hier einen sehr hohen Grad (somma debolezza [Strambio]), indem selten vollständige Paralyse, wohl aber eine hochgradige Parese eintritt. Charakteristisch ist die Localisation der Paralyse an den unteren Extremitäten, während die oberen Extremitäten wohl schwach sind und zittern, ohne aber die Zeichen einer progressiven Paralyse zu zeigen. Auch die Sensibilität ist vermindert, aber nur sehr selten erloschen. Selbst in diesem Stadium ist manchmal die Intelligenz nicht gänzlich erloschen, indem blos Gedächtnissschwäche, geistige Depression und Melancholie gefunden worden. Oft aber kommen die Kranken geistig sehr herunter, indem die geistigen Facultäten einfach immer schwächer werden, ohne dass Manie und Delirien vorangegangen wären.

Die pellagröse Kachexie ohne Pellagra hat offenbar weniger Charakteristisches, so dass die Kranken in dieser Form mit anderen Kachektischen verwechselt werden können. Diese Kranken zeigen blos die dunklere Färbung der Haut der genannten Hautstellen, oft Diarrhöen, welche aber nichts Charakteristisches darbieten, besonders aber Demenz. Unter dem Einfluss einer guten Ernährung geht gewöhnlich die Diarrhöe auch zurück und es bleibt blos das nervöse Krankheitsbild übrig. Es entstehen gewöhnlich keine neuen Delirien, sondern die Kranken zeigen Demenz, Blödsinn, grosse Schwäche, indem die unteren Extremitäten oft in der That gänzlich gelähmt sind. Es besteht Asthenie, Ausfallen der musculären Contractilität, oft auch der Sensibilität. Die Kranken können allerdings in diesem Stadium mit pseudopellagrösen Irren verwechselt werden.

V. Diagnose und Complicationen.

Zunächst ist es wichtig, die eigentliche Pellagra von jener Pseudopellagra zu trennen, welche sporadisch namentlich unter dem Einflusse des Elends oder in Irrenanstalten beschrieben wird. Wir haben über dieselbe schon früher gesprochen und wollen hier blos nochmals betonen, dass die Pseudopellagra nie das gesammte charakteristische Krankheitsbild der Pellagra darbietet, indem eben die charakteristischen Symptome der Pellagra oft fehlen, und es nicht angeht, diese in ihrem gesammten Symptomencomplex so eigenthümliche Krankheit nach einem oder dem anderen aus dem Zusammenhange herausgerissenen Symptome diagnosticiren zu wollen, wie dies namentlich in Frankreich geschah, wo die verschiedensten Erytheme, welche im Frühjahr auftraten, als sporadische Pellagra oder als Pellagra der Irren bezeichnet wurden, wenn auch in diesen Fällen weder Elend und Maisnahrung, noch Sonneneinflüsse oder nervöse Störungen vorhanden waren.

Getreideintoxicationen. Am ehesten ist eine Verwechselung mit anderen Intoxicationen durch Getreide möglich, indem ja auch die Pellagra als eine Vergiftung durch Getreide betrachtet werden muss. Sowohl bei Pellagra als bei Akrodynie, Ergotismus, Cerealienconvulsionen sind die Erscheinungen von Seite des Nervensystems vorherrschend, und je acuter die Pellagra verläuft, je mehr dieselbe in gewissen Jahren epidemisch auftritt, desto ähnlicher erscheint sie den anderen Getreidevergiftungen, indem auch bei diesen nach einer gewissen Dauer der nervösen Störungen, Erscheinungen von Seiten der Haut auftreten, welche allerdings beim Ergotismus zu eigenthümlichen gangränösen Veränderungen führt. Auch bei letzteren Krankheiten entstehen kachektische, paralytische Erscheinungen, Geisteskrankheiten namentlich Demenz. Die sogenannte Cerealienconvulsion erscheint ebenfalls mit Erythemen, welche aber immer mit einer charakteristischen Schwellung der Hände und Füsse einhergehen. Auch fehlen bei dieser Krankheitsform die eigenthümlichen pellagrösen Veränderungen der Mundschleimhaut. Die Geisteskrankheit, namentlich die so charakteristische Demenz der Pellagrösen, ist bei anderen Getreidevergiftungen viel seltener und sind die peripheren Nervenerscheinungen ausgesprochener, so dass der Ergotismus in Folge des charakteristischen Gefühles des Ameisenlaufens im Volke als Kriebelkrankheit bekannt ist. Ebenso sind tetanische, epileptiforme Convulsionen des Gesichtes, convulsives Stottern vorhanden, welch letztere Erscheinungen bei Pellagra nicht bekannt sind. Bei Akrodynie ist das Erythem gewöhnlich auf die Handfläche und die Fusssohle beschränkt und geht mit bedeutender Schwellung einher, was bei Pellagra ebenfalls nicht beobachtet wird. Auch entsteht hier nach Vorhergehen von Hyperästhesie, Anästhesie der entsprechenden Stellen, was bei Pellagra nicht beobachtet wird. Auch besteht bei Akrodynie immer eine Conjunctivitis mit bedeutender Schwellung. Namentlich in Spanien existirt Akrodynie als Endemie, welche dort als Flema salada bezeichnet wird. Wie wir sehen, bieten diese Erkrankungen gewisse gemeinschaftliche Charaktere, was auch dafür spricht, dass die Pellagra als Getreideintoxication zu betrachten sei.

Alkoholismus. Sowie die vorhergehenden Erkrankungen, so ist auch der Alkoholismus sowie andere Vergiftungen im Vergleich mit der Pellagra besonders von Roussel eingehend studirt. Zunächst fragt es sich, ob jeder Alkohol im Stande ist, schwere andauernde toxische Erscheinungen hervorzubringen, oder ob andere giftige Destillationsproducte, welche in Alkohol übergehen, für dieselben verantwortlich gemacht werden müssen. Besonders verbreitet ist die Meinung, dass der aus verdorbenem Mais erzeugte Alkohol Substanzen, die die Pellagra erzeugen, enthalten könne.

Diese Meinung konnte aber nicht endgiltig bewiesen werden, nachdem die Pellagragifte wohl in Alkohol löslich doch nicht flüchtig sind und kaum durch Destillation in grösserer Menge in den Alkohol übergehen. Allerdings konnte Neusser Destillate des verdorbenen Maises, welche für Aldehyde charakteristisch Reactionen gaben, nachweisen und wenn dieselben erwärmt oder länger stehen gelassen wurden, entwickelte sich aus derselben Ptomaïne, welche Frösche unter Lähmung und Narkose tödten. Die Möglichkeit ist ja nicht ausgeschlossen, dass auch Destillationsproducte des Maises, wie dies Neusser zeigte, giftig sein und zum Zustandekommen der Intoxication beitragen können, indem die Destillationsproducte im Darmcanal unter Umständen zu giftigen Substanzen umgewandelt werden können. Jedenfalls geht es aber nicht an das Aldehyd allein für die Pellagra verantwortlich zu machen oder anzunehmen, dass blos der Darm der lateinischen Race zu einer Spaltung des Aldehyds geeignet und so pellagraerzeugend sei. Es müsste dann Pellagra im Allgemeinen doch in Folge des Genusses verschiedener Alkohole häufig sein, was doch keinesfalls richtig ist. Allerdings erzeugt bekanntlich der Alkohol verschiedene Vergiftungen, besonders das Delirium tremens, das doch mit Pellagra nicht verwechselt werden kann. Dennoch ist es unzweifelhaft, dass der Alkohol den Ausbruch der Pellagra begünstigt, indem der Organismus hiedurch geschwächt wird.

Andere chronische Intoxicationen. Roussel beobachtete auch bei Arbeitern, die mit Quecksilber hantiren, Zittern und Kachexie, welch letztere jener bei Pellagra ähnlich ist, während aber die übrigen Erscheinungen fehlen. Auch bei Arsenikvergiftungen erscheinen Hautausschläge und Schwellung, namentlich der Hände, sowie Paralysen und Schmerzen in den unteren Extremitäten. Bei dieser Vergiftung bestehen gewöhnlich papulöse, pustulöse Eruptionen, sowie die Erscheinungen einer Neuritis, welche mit Pellagra kaum verwechselt werden kann. Auch zeigt die Arsenikgiftung eine eigenthümliche Periodicität. Andere Vergiftungen, so Botulismus, Schwämmevergiftung, Belladonna, Opium etc. können ebenfalls manche pellagraähnliche Symptome zeigen, doch fehlen bei diesen die charakterischen Symptome und die Periodicität der Pellagra.

Besonders müssen wir die Effecte der Inanition von jener der Pellagra sondern. Zunächst kommt in der That öfters Pellagra bei gut genährten Personen vor. Allerdings ist die Inanition, das Elend eine der hauptsächlichsten prädisponirenden Ursachen der Pellagra, welche demnach auch bei Pellagrösen gefunden werden, während aber die bei Hungersnoth in Irland, Indien etc. erscheinenden Veränderungen, welche sorgfältig studirt wurden, absolut keine Charaktere von Pellagra zeigen. In der Inanition bestehen weder jene eigenthümlichen Schwächezustände, welche an eine Infectionskrankheit erinnern: Wärme, Hitze, Pyrrhosis, Ideenconfusion, das eigenthümliche Brennen im Schlunde, an Händen und Füssen, Kopfschmerzen noch die spätere Geistes- und Nerven-erkrankung — überhaupt nichts, was die Pellagra charakterisirt, während die Erscheinungen der Inanition allerdings in Maisgegenden auftreten, wo sie mit Pellagra complicirt einhergehen.

Verschiedene Geisteskrankheiten können ebenfalls nicht als Pellagra aufgefasst werden, wenn bei denselben eben die übrigen charakteristischen Erscheinungen fehlen. Auch darf man zu einer Geisteskrankheit hinzutretende Hautkrankheiten nicht ohne Weiteres als Pellagra bezeichnen, so z. B. Psoriasis, Herpes, Lichen. Allerdings gibt es Beschreibungen von Krankheitscomplexen, welche leicht mit Pellagra verwechselt werden können. So beschreibt Strambio verschiedene Fälle, welche mit choreatischen Erscheinungen begonnen haben, besonders bei Alkoholikern, indem im Frühjahre Hauteruptionen mit Brennen, ganz den pellagrösen ähnlich, erscheinen, ohne dass aber die übrigen pella-grösen Symptome auftreten, also weder Darmerscheinungen noch Geistes-krankheiten, so dass es sich in diesen Fällen nicht um wirkliche Pellagra, sondern bloss um Pseudopellagra handeln kann.

In Rumänien, sowie auch in anderen Ländern, mehr im flachen Lande als im Gebirge verbreitet (obwohl auch in manchen Gebirgs-gegenden Pellagraherde zu finden sind), finden sich mit Kropf-Cretinismus complicirte Fälle von Pellagra vor, ebenso wie ja auch in anderen Ländern vererbte oder congenitale Entwicklungshemmungen offenbar zu Pellagra disponiren. Weshalb die Pellagra in gebirgiger Gegend seltener ist, ist wohl nicht ganz klar: wahrscheinlich hängt dies unter Anderem auch damit zusammen, dass in Rumänien die Bergbevölkerung wohlhabender ist als im Flachlande und sich mehr mit Milchproducten, Käse u. s. w. nährt. Felix hat in der That nachgewiesen, dass die Pellagra sich im Gebirge nur dort vermehrt, wo Mais angebaut und genossen wird, indem derselbe im Gebirge fast nie zur völligen Reife gelangt. Zugleich kann oft nachgewiesen werden, dass hier der Alkoholmissbrauch sowie die Syphilis im geraden Verhältnisse zur Pellagra zunimmt.

Das Krankheitsbild der Pellagra wird besonders durch Alkoholis-mus wesentlich verändert, sowie auch bei vorher bestandener Geistes-krankheit die Reihenfolge der Symptome sich wesentlich ändern wird. Die Pellagra verläuft bei Alkoholikern oft rascher: dieselbe verursacht rasch einen bedeutenden Kräfteabfall und nervöse Erscheinungen, indem hier besonders Delirium tremens oft schon von Anfang an beobachtet werden kann. Nach Lombroso sollen die mit Alkoholismus combinirten Fälle weniger schwer verlaufen. Dies ist vielleicht in Städten der Fall; die Landbewohner aber leiden schwer an dieser Complication, wenigstens nach unseren Erfahrungen. Doch darf man nicht gewisse Formen von Alkoholismus mit Pellagra verwechseln, indem, wie wir gesehen haben auch bei Alkoholismus manchmal im Frühjahre periodisch auftretende Erytheme vorkommen können, und auch der Tremor, Neuritis, sowie die alkoholische Manie und das Delirium tremens, allenfalls mit pellagrösen Manifestationen verwechselt werden können. Bei der Unterscheidung dieser beiden Krankheiten werden wir nach Lombroso besonders in Betracht ziehen, dass bei Pellagra aphasische Störungen, sowie ferner optische und tactile Hallucinationen fehlen, Atherom der Arterien selten ist, ebenso Grössen- und depressives Delirium. Ebenso haben Alkoholiker ein einge-schränktes Gesichtsfeld und oft Herzhypertrophie. Besonders bei pella-grösen Individuen, welche an Syphilis gelitten haben, tritt häufig eine wahre paralytische Demenz auf. In Rumänien beobachtet man Fälle, wo Syphilitisch-Pellagröse oft den Typus der malignen, rasch fortschreitenden Syphilis darbieten, indem wahrscheinlich das tiefe Ergriffensein des Nerven-systems, namentlich der trophischen Nerven, sowie die Widerstandslosigkeit des Organismus hiefür verantwortlich gemacht werden müssen.

Sehr häufig sind in Rumänien Complicationen der Pellagra mit Malaria, namentlich in sumpfigen Gegenden. Besonders Kalindero weist auf den innigen Zusammenhang mit malarischer Infection hin, nach-dem die beiden Krankheiten zu gleicher Zeit zu- und abnehmen. Die Malaria bereitet offenbar den Boden für die Pellagra. Die Heilung der Malaria führt oft auch zur Heilung der Pellagra. Sobald sich aber die Kranken in ihre frühere Heimat begeben und sich den Schädlichkeiten aussetzen, d. h. mit Malaria inficiren und den pellagrogenen Schädigungen zugänglich sind, treten beide Krankheiten mit erneuerter Heftigkeit auf.

Die Complication mit Malaria charakterisirt sich besonders durch allgemeine Abmagerung, wozu sich Hydromanie und Mutismus gesellen.

Eine weitere häufige Complication der Pellagra ist die Tuberculose, indem nach unseren Erfahrungen etwa die Hälfte der Pellagrösen tuberculös werden. Namentlich fanden wir die Complication dort, wo in Spitälern die Pellagrösen mit den Tuberculösen zusammen liegen; die Tuberculose entwickelt sich dann oft sehr schnell und glaube ich, dass manchmal der sogenannte Pellagratyphus durch eine rasch verlaufende Tuberculose bedingt sein kann. Besonders häufig sind in Rumänien Complicationen mit Kropf und Cretinismus, indem hier die Psychosen mehr den Charakter eines Stupors mit Heisshunger haben. Auch gesunden diese Kranken seltener.

Häufig bestehen bei Pellagra Anomalien in der Geschlechtssphäre, namentlich Uterusleiden, indem wahrscheinlich auch die durch letztere Krankheit heruntergekommenen Kranken einen günstigen Boden für die Entwicklung der Pellagra abgeben.

Es ist interessant, den Einfluss der Erblichkeit in der Entwicklung der Pellagra zu verfolgen, wobei im Allgemeinen constatirt werden kann, dass viele Pellagröse pellagröse Ascendenten, Eltern oder Grosseltern haben, und dass die Form der Krankheit oft jener gleicht, an welcher Eltern und Grosseltern gelitten haben. Auch berichtet Lombroso über Fälle, in welchen bald nach der Geburt der erblich Belasteten einzelne Erscheinungen der Pellagra auftraten, indem namentlich die psychischen Erscheinungen hier in den Vordergrund treten. So berichtet Lombroso über einen zwölfjährigen, in der Entwicklung stark zurückgebliebenen Knaben, der mit skapho-cephalitischen Schädel und beständiger Diarrhöe, Neigung zu beissen, den Kopf gegen die Mauer zu schlagen und mit einer derartigen Steigerung der Sensibilität und der Reflexe behaftet war, dass er beim leisesten Geräusch umfiel. Vater und Mutter sind gesund, seine Brüder leiden auch an Pellagra, ebenso litt sein Grossvater daran, indem auch er an Sucht zu beissen, bei leisem Geräusch hinzufallen und mit dem Kopf gegen die Mauer zu schlagen gelitten hat.

Lombroso unterscheidet zwei Formen der hereditären Pellagra: eine etwas schwerere und eine sehr milde Form. Es ist dies insofern interessant, als es sich hier um sogenannte abortive Formen handelt, welche Roussel nicht als Pellagra anerkennen will. Bei solchen Fällen fand Lombroso schlechte Schädelbildung, ausserorordentliche Brachiecephalie oder Dolichocephalie, fliehende Stirne, schlecht angesetzte Ohren, Asymmetrie des Gesichtes, Anomalien der Genitalien: manche derselben zeigen nach Lombroso eine wahre Pellagra ohne Pellagra, indem blos einzelne Symptome bestehen, so Brennen an den Füssen, Schmerzen im Rücken, Pyrrhosis, Leukorrhoe, Amenorrhoe, Schwindel etc., während Desquamationen und Delirien fehlen. Allerdings können wir diese Auffassung nicht unbedingt billigen. Wir selbst haben Aehnliches nicht beobachtet und ist es schwer, derartige vage Symptome auf eine Krankheit zu beziehen, welche eben nur in ihrem gesammten Symptomencomplex charakteristisch ist. Nur dort, wo Elend, Vererbung, Nahrung mit verdorbenem Mais constatirt wird, könnten wir annehmen, dass die Schädlichkeiten blos manchmal einige der Pellagrasymptome auslösen können, während wir Fälle mit derartigen einzelnen Symptomen, dort, wo Pellagra nicht vorkommt und Mais nicht genossen wird, keinesfalls als Pellagra anerkennen würden.

VI. Behandlung.

1. Präventive Behandlung.

Ersetzung des Maises durch andere Nahrungsmittel. Den Meinungen der verschiedenen Pellagraforscher über die Ursache der Krankheit entsprechend, werden verschiedene Mittel zur Vorbeugung derselben vorgeschlagen. Die Vertreter der zeïstischen Theorie haben, indem sie von dem Gedanken ausgingen, dass die Ursache der Pellagra einerseits in der chemischen Zusammensetzung des Maises selbst gelegen sei, andererseits aber in der ausschliesslichen Maisnahrung, die entschieden stickstoffarm sei, eine ihrer Meinung nach sehr einfache Massregel vorgeschlagen, nämlich den Mais ganz oder wenigstens theilweise in der Ernährung des Landvolkes durch andere Nahrungsmittel zu ersetzen. Es ist kein Zweifel vorhanden, dass an Stelle des Maises der Weizen oder Roggen zu setzen wäre, da alle anderen Getreidearten einen geringeren Nährwerth haben als der Mais. Es ist auch unzweifelhaft, dass die Pellagra verschwinden würde, sobald das Volk sich entschlösse, der Maisnahrung zu entsagen. Dies hiesse aber das Kind mit dem Bade ausschütten, indem erstens der Ausschluss der Maisnahrung nicht eine conditio sine qua non in der Bekämpfung der Pellagra ist; zweitens indem dieser Ausschluss mit solch grossen ökonomischen und finanziellen Schwierigkeiten verbunden wäre, dass hiedurch die Möglichkeit der genügenden Ernährung der Landbevölkerung aufs Spiel gesetzt würde, indem wir auch nicht glauben, dass es überhaupt möglich ist, diese Forderung zu verwirklichen. Wir müssen demnach auf solche Mittel dringen, die nicht nur theoretisch nützlich erscheinen, sondern auch die Möglichkeit bieten, wirklich ausgeführt werden zu können.

Wäre der Mais wirklich an und für sich pellagraerregend, so müsste die Krankheit viel mehr verbreitet sein, als es in Wirklichkeit der Fall ist. In Rumänien z. B. haben wir etwa fünf Millionen Bauern, deren Hauptnahrung der Mais ist, und trotzdem haben wir nach der Statistik vom Jahre 1898 etwa 20.000 Pellagröse. In Italien wird der Mais im Norden und Süden genossen, trotzdem aber ist in Sicilien die Krankheit unbekannt, während in der Lombardei die Opfer sehr zahlreich sind. In Burgund wird viel Mais genossen, trotzdem ist der burgundische Bauer der Pellagra nicht tributpflichtig, wie es bei den Bauern aus den Landes der Fall ist. Die Mexikaner geniessen vielleicht ebensoviel Mais wie die Rumänen und die Italiener, trotzdem aber ist die Krankheit bei ihnen fast unbekannt. Der Mais ist in allen Gegenden der Erde ziemlich derderselbe, doch die Bedingungen, unter denen er gebaut, geerntet, aufbewahrt und zubereitet wird, sind verschieden. Allerdings wird behauptet, dass in Rumänien nur der weisse oder gelbe Mais Pellagra verursache, während der rothe Mais unschädlich sei. In der That gibt es gegen Verderbniss resistentere Maisvarietäten, deren Einführung und Verbreitung vielleicht im Stande wäre, die Ausbreitung der Pellagra zu beschränken, doch liegen hierüber keine genügenden wissenschaftlichen Untersuchungen vor. In Rumänien ist der Bauer in Folge seines contractlichen Verhältnisses zum Gutsbesitzer oder Gutspächter sowie in Folge der Nichtbeachtung der Gesetze, die das Loos des Erdarbeiters erleichtern sollen, nicht im Stande, den Mais zu gehöriger Zeit zu säen und zu ernten. Hiezu kommt noch der Umstand, dass der rumänische Bauer den Mais nach der Ernte nicht sorgfältig reinigt, in nicht ventilirten Getreidekammern aufbewahrt, woselbst derselbe, in Folge der fehlerhaften Construction derselben, gegen die Schädlichkeiten des Herbstes und des Winters nur schwach oder gar nicht geschützt ist, oder aber wird der Mais am Dachboden oder in der Vorkammer aufgeschüttet, wo er der Sonnenstrahlen beraubt und der Feuchtigkeit und Verschimmelung ausgesetzt ist. Zu diesen Verhältnissen gesellen sich nun in manchen Jahren klimatische Einflüsse: so ein regnerischer, kalter, früher Herbst, der es verhindert, dass der selbst rechtzeitig gesäte Mais ordentlich reife. So ist es verständlich, dass eine unter solchen Umständen gebaute und geerntete, an Fettsubstanzen und Kohlehydraten reiche Getreideart in Folge der Fermentation Toxine producirt, die sowohl von Lombroso wie von uns selbst extrahirt wurden und bei Thieren Symptome erregen, die, wenn sie auch nicht das gesammte klinische Bild der Pellagra aufweisen, doch eine Analogie derselben aufweisen. In Italien sind wohl dieselben Verhältnisse Schuld daran, dass der Mais pellagraerzeugend wird. Ganz anders stehen die Verhältnisse in Süditalien, wo das milde Klima sowohl im Sommer wie im Winter es dem fleissigen und dem faulen, dem reichen und dem armen Landbewohner gestattet, den Mais rechtzeitig zu bauen und ihn dann gut getrocknet aufzubewahren. Dasselbe ist in Burgund der Fall, wo der Mais in Oefen getrocknet wird, in Mexiko, wo der Mais, bevor er genossen wird, einem speciellen Verfahren mit Kalk oder mit Asche, die reich an Pottasche ist, unterworfen wird, wodurch verhindert wird, dass die Keime, die eine Zersetzung des Kornes sowie die Toxinbildung veranlassen, zur Entwicklung gelangen; in jenen Gegenden erzeugt der Mais nicht Pellagra, ebenso wenig in Irland, wo derselbe sorgfältig gelüftet wird. Lombroso empfiehlt namentlich den Devaux'schen Ventilationsapparat, mittels welchen der Mais sich gut conserviren lässt. In diesem Apparat, der übrigens in Irland stark verbreitet ist, wird durch Luftausschöpfung der Mais ordentlich getrocknet. Um die geeigneten prophylaktischen Massregeln gegen die Pellagra feststellen zu können, ist

es wichtig, die Argumente der Zeïsten zu untersuchen. Sie behaupten
nämlich in ihren Enquêten Pellagröse gefunden zu haben, die sich wohl
mit Mais, aber niemals mit verdorbenem Mais genährt haben, andererseits behaupten sie, was übrigens aller Welt bekannt ist, dass, wenn
der Pellagröse aus seinen Verhältnissen herausgegriffen wird und ausser
der arzneilichen, kräftigenden Behandlung, Bädern etc., einem gründlichen
Nahrungswechsel unterworfen wird, wobei namentlich der Mais durch
Weizen ersetzt wird, der Pellagröse geheilt wird. Dies ist ihrer Ansicht
nach ein unbestreitbarer Beweis, dass der Mais stets pellagraerzeugend
sei. Die Zeïsten sind von dieser ihrer Behauptung umsomehr eingenommen,
als dieselbe unter den Laien Anhänger findet.

Wenn man aber genauer zusieht, überzeugt man sich leicht, dass
diese Begründung haltlos ist. In der That, welchen Werth können wir
den Aussagen von ungebildeten Leuten beimessen, deren Intellect in
Folge der Krankheit abgestumpft ist und deren Geschmack in Folge der
Gewöhnung so wenig anspruchsvoll ist, dass sie sich mit Nahrungsmitteln
begnügen oder dieselben selbst mit Befriedigung verzehren, die ein
Mensch mit raffinirtem Geschmack keinesfalls geniessen würde? Namentlich jene Aerzte, die eine Anzahl Pellagröser zu sehen Gelegenheit hatten,
erfahren bald, wenn sie sich vorsehen, in dieser Hinsicht nicht getäuscht
zu werden, dass viele Kranke, die behaupten, nie verdorbenen Mais
genossen zu haben, in Wirklichkeit lange Zeit, vielleicht immer verdorbenen Mais verzehrt haben. Warum sollten wir aber auf die zweifel-
hafte Aussage von, sagen wir: einigen hundert Kranken ein so grosses
Gewicht legen und nicht auf die absolut sichere Feststellung, dass
Millionen Menschen, die sich mit gesundem Mais nähren, keine
Pellagra haben? Zur Erklärung dieser Thatsache ziehen die Zeïsten
die individuelle Prädisposition heran. Wir leugnen nicht, dass die
Prädisposition in der Entstehung der Krankheiten eine bedeutende Rolle
spielt, ja wir selbst haben ihre Bedeutung in der Aetiologie der
Pellagra genügend gewürdigt: nur können wir es uns nicht erklären,
warum so viele zur Pellagra prädisponirte Italiener im Norden Italiens
vorkommen und keine in Sicilien, warum die Rumänen und nicht die
Mexikaner prädisponirt sind, warum die Einwohner der Landes und nicht
die Burgunder? Ausserhalb der Prädisposition muss denn doch nun eine
Ursache vorhanden sein, die die Krankheit hervorbringt; diese Ursache
ist aber bei denjenigen Leuten nicht vorhanden, die sich mit gutem
Mais nähren. Zum Theil müssen wir allerdings annehmen, was namentlich
aus den Untersuchungen Pellizari's hervorgeht, dass auch anscheinend
gesunder Mais oft zahlreiche Bacterien und Toxine beherbergt.

Was nun die Wirkung des verdorbenen Maises anbetrifft, so suchen
die Zeïsten sich dieser Frage derart zu entledigen, dass sie behaupten,

der Mensch könne verdorbenen Mais überhaupt nicht geniessen, indem das Aussehen, der Geruch und der Geschmack, die der Mais in Folge der Fermentation bekommt, hinreichen, denselben nicht nur dem Menschen, sondern selbst dem Thiere ungeniessbar zu machen. Allerdings wird der Mais, wenn er sehr verdorben ist, von jedem Lebewesen zurückgewiesen; aber bis derselbe diesen Grad von Verderbniss erreicht, muss er doch verschiedene Stufen der Zersetzung durchmachen. In diesem Zustande wird aber der Mais von einem grossen Theile der armen Bevölkerung auf dem Lande zur Nahrung verwendet. Wir hatten Gelegenheit, rumänische Bauern zu sehen, die ein Maisbrot assen, das zweifellos von vielen Thieren zurückgewiesen worden wäre. Ausser unserer eigenen Aussage citiren wir noch die Aussage C. Popescu's, der längere Zeit auf dem Lande practicirte und sich folgendermassen äussert: »Ein Pellagröser kaufte vom Gutspächter im Laufe eines Winters, da er selbst keinen Mais hatte, verdorbenen Mais: der Mais war derart verdorben, dass während des Mahlens sich Niemand in der Mühle aufhalten konnte, so unausstehlich war der verbreitete Geruch. Das Maiskorn war beinahe schwarz. Im nächsten Frühling zeigte der betreffende Bauer pellagröses Erythem und leichte Diarrhöe«.

Ebensowenig Gewicht ist dem zweiten Argumente der Zeïsten zuzuerkennen, dass eine Aenderung der Lebensweise eine Heilung der Pellagra mit sich bringe. Dieselbe Beobachtung ist besonders in Krankenhäusern und in Asylen gemacht worden und ist es eigenthümlich, dass von allen Aenderungen der Lebensverhältnisse nur der Ersatz des Maisbrotes oder sonstiger Maisnahrung die Aufmerksamkeit der Zeïsten geweckt hat, welche nicht bedenken, dass auch anderen Momenten, so der reichlicheren und inhaltsreicheren Nahrung, dem Ausschlusse des verdorbenen Maises, der Ruhe, den Bädern, der arzneilichen Behandlung etc. eine Rolle in der Heilung der Pellagra zukommt. Nach den Zeïsten müsse man sich nur darauf beschränken, auf den Ersatz des Maises durch Weizen hinzuwirken. Wenn man derartig urtheilte, könnte man auch etwa zu folgendem Schlusse gelangen: Da es in der Behandlung der Nephritis durchaus angezeigt ist, die Fleischnahrung zu untersagen und an deren Stelle die Milchdiät zu setzen, um so die Heilung oder die Besserung der Krankheit zu erzielen, so ist daraus zu folgern, dass die Fleischnahrung Nephritis hervorruft. In der That besitzt der Ausschluss des Maises aus der Nahrung der Pellagrösen lange nicht die Wichtigkeit des Fleischverbotes bei Nephritiskranken. Es ist richtig, dass die Pellagraforscher nicht in ausgedehntem Masse versucht haben, die Lebensweise des Pellagrösen, vom Mais abgesehen, zu ändern und so festzustellen, ob nicht trotzdem die übliche Heilung erzielt werden könnte. Aber aus

dem Mangel eines experimentellen Resultates ist man nicht berechtigt
irgend einen Schluss a priori zu ziehen. Obwohl unsere Erfahrungen in
dieser Hinsicht nicht allzu zahlreich sind. können wir doch folgende
Beobachtung anführen: Im Sommer 1899 wählte man im Pellagra-
asyle zu Roman drei Pellagrose, zwei mit deutlich ausgesprochenen
nervösen Erscheinungen des ersten Stadiums und mit Erythem. und einen
mit pellagrösen Darmstörungen: sie wurden, wie üblich, behandelt, mit
dem Unterschiede, dass ihnen statt Weizenbrot Maisbrot gereicht wurde.
das aus dem Mehle guten Maises bereitet wurde. Dem dritten Patienten
musste sehr bald das Maisbrot entzogen und ihm ausschliesslich
Milchdiät gereicht werden. da bedeutende Darmstörungen sich einstellten.
Die beiden anderen Patienten, die während der ganzen Behandlungs-
dauer Maisbrod assen, konnten vollständig geheilt entlassen werden. wie
es uns von dem damaligen Asylarzte. Herrn Dr. J. Baroncea mitgetheilt wurde. Wir können demnach nicht den Mais als solchen be-
schuldigen. die Pellagra zu verursachen und dürfen demgemäss auch
nicht verlangen. dass er von den Landbewohnern nicht mehr genossen werde.

Die Behauptung. dass der Mais pellagraerzeugend wäre, da er nicht
stickstoffhaltig genug sei, um die Verluste des Organismus zu ersetzen.
ist nicht aufrecht zu erhalten, wie dies aus den schon erwähnten ver-
gleichenden. quantitativen Analysen zu entnehmen ist. die über verschiedene Getreidearten angestellt wurden.

Diese Werthe haben ihre Wichtigkeit. wenn es sich um Thiere
handelt, die das ganze Maiskorn verzehren; für den Menschen interessirt
uns hauptsächlich der Nährwerth des Mehles der Getreidearten, die in
Folge des Mahlens erheblich geändert werden.

König und Rubner haben gezeigt, dass der Mais nicht nur ein
zureichendes Nahrungsmittel ist. sondern dass derselbe, wenn gut ver-
mahlen, noch den Vortheil vor den anderen Getreidearten bietet, dass
sein Stickstoff im Verdauungscanal leichter und vollkommener resorbirt
wird, selbst als der des Weizens. Während 85% des Maisstickstoffes im
Darme resorbirt werden. werden aus dem Weizen in Form des Weissbrotes
nur 74% und in Form des Schwarzbrotes nur 58% resorbirt. Nur die
nicht stickstoffhaltigen Theile (Kohlehydrate) werden im Verhältniss
von 98·5% für den Weizen und 97% für den Mais resorbirt. Allein
nicht Mangels an Kohlehydraten, sondern an Stickstoff ist der Mais
von den Zeisten beschuldigt worden.

Ebensowenig aufrecht zu erhalten ist die Annahme einer zur
ausschliesslichen Maisnahrung als Ursache der Pellagra. In Italien ist
aus den zahlreichen Enquéten Lombroso's ersichtlich. dass, wenn auch
bei den italienischen Bauern der Mais die Basis seiner Nahrung bildet.

sie doch stets mit pflanzlichen und theilweise mit thierischen Nahrungsmitteln gemischt wird.

Wir wollen nicht behaupten, dass die Pellagrösen im Grossen und
Ganzen gut genährte Menschen sind, allein wir weisen die Ansicht Der-
jenigen zurück, die da behaupten, die Pellagra wäre eine Krankheit, die
nur auf Rechnung der unzureichenden Nahrung zu schreiben ist. Zwar
haben die früheren Forschungen bislang keine endgiltige Lösung der
Frage über das Wesen der Pellagra geliefert, allein so viel ist aus den
mit den neuesten Hilfsmitteln unternommenen Untersuchungen ersichtlich,
dass die Pellagra nicht eine blosse Verkettung zufälliger Symptome,
sondern eine eigentliche Krankheit, eine entité morbide ist, die mit
den sogenannten Krankheiten des Elendes nicht zu thun hat. Die Pellagra bietet alle Erscheinungen einer chronischen Intoxicationskrankheit,
und auch unsere früher erwähnten Versuche haben dies unzweifelhaft
erwiesen. Alle Pellagraforscher haben Gelegenheit gehabt, die Pellagra
auch bei gut situirten Leuten zu beobachten, bei denen von unzureichender
Nahrung nicht die Rede sein konnte. Wir selbst hatten Gelegenheit,
rumänische Geistliche zu sehen, die von der Pellagra ergriffen waren —
und es ist zur Genüge bekannt, dass dieselben sich recht gut nähren,
indem die Landbewohner die religiösen Verrichtungen des Geistlichen
mit Naturalien (Hühnern, Eiern, Milch, Käse etc.) vergelten. Es kann auch
die ausschliessliche Maisnahrung nicht für das Entstehen der Pellagra
verantwortlich gemacht werden, weil wohl kein Mensch auf Erden sich
ausschliesslich von Mais nährt.

An eine Beseitigung des Maisconsums ist besonders vom ökonomischen Standpunkte nicht zu denken. So ergibt sich folgende Kosten-
berechnung aus einer Zusammenstellung Lombroso's über den Preis
der eiweisshaltigen Substanzen in verschiedenen Lebensmitteln:

im Mais kosten dieselben . 1·08 Francs
in Gerste, Hafer, Korn . 1·90 ,
im Weizenbrote . . 2·21 ,
im Reis . . 3·80 ,
in Kartoffeln . . 2·77
in Milch . . 7·31 ,
im Schweinefleisch . . . . . 8·87 ,

Wenn wir also das Weizenbrot berücksichtigen, das von den Zeisten
am meisten als Ersatz des Maisbrotes zur Bekämpfung der Pellagra empfohlen wird, so müsste der Bauer für seine Nahrung doppelt so viel
verwenden, als er jetzt für die Maisnahrung ausgibt. Wenn der Bauer
heute, wo ihm eine so billige Nahrung zur Verfügung steht, nach den
Aussagen der rumänischen und italienischen Hygieniker in Folge seiner
Armuth sich schlecht nährt, ist es nicht recht ersichtlich, auf welche

Weise er dazu gebracht werden könnte, für die Weizenbrotnahrung das
Doppelte auszugeben?

Ebenso würde es schwer gelingen, die Landbevölkerung dahin zu
bringen, dem so leicht erhältlichen, leicht zu bereitenden und so schmack-
haften Maisbrote zu entsagen, um dasselbe durch ein mehr oder weniger
geschmackloses Brod zu ersetzen? Es ist eben unserer Ueberzeugung nach
nicht nöthig, den Mais aus der Nahrung der Landbevölkerung aus-
zuschliessen. Im Gegentheil, wir sind ganz der Ansicht Lombroso's,
dass der gute Mais ein ausgezeichnetes Nahrungsmittel ist, bequem zu
bereiten und für den Armen sehr angenehm, indem es ihm für möglichst
geringen Preis eine möglichst grosse Menge Nährsubstanzen liefert, ein
Nahrungsmittel, das den unteren Bevölkerungsschichten nicht entzogen
werden kann, die an dessen Genuss gewöhnt sind. Umgekehrt würden
wir den Genuss des Maises für alle jene Gegenden anempfehlen, deren
Boden nicht sehr ertragsfähig ist. Von diesem Gesichtspunkte aus ist das
Beispiel Irlands recht demonstrativ, das von Lombroso angeführt wird.
Die arme Bevölkerung Irlands litt, so lange ihre hauptsächliche Nahrung
aus Kartoffeln bestand, zu wiederholten Malen an den Folgen der ver-
heerenden Epidemien des Hungertyphus. Seitdem der Mais eingeführt
worden ist, verfügen die Leute über eine ausreichende Nahrung — die
Pellagra aber ist dort unbekannt.

Staatliche Präventivmassregeln. Alle Präventivmassregeln in
der Bekämpfung der Pellagra müssen also in erster Reihe auf eine möglichst gute Maisernte gerichtet sein, um so den Genuss verdorbenen
Maises zu verhindern; in zweiter Reihe muss auf eine allgemeine Besserung der hygienischen Lage der Landbewohner gedrungen werden.
Um dies zu erreichen, wären folgende Mittel zu empfehlen:

Ein Gesetz, betreffend die genaue Reglementirung der Arbeit des
Landvolkes. Es müsste in diesem Gesetz festgestellt werden, dass ein
Theil der Woche dazu bestimmt ist, dem Bauern oder einigen von
seinen Familienangehörigen Gelegenheit zu geben, den eigenen Boden
zu bearbeiten; an diesen Tagen soll derselbe nicht für den Gutsbesitzer
oder den Gutspächter arbeiten dürfen. Heute ist es leider, in Rumänien
wenigstens, ganz anders: wenn der Mais des Gutsherrn bereits hervor-
gesprossen ist, dann erst kann der Bauer daran denken, seinen eigenen
Mais zu säen, also etwa zwei Monate zu spät, so dass derselbe nicht
mehr während der heissen Jahreszeit ordentlich reift und nicht getrocknet
werden kann. Im Allgemeinen kann behauptet werden, dass der Mais
zu spät gebaut wird, da derselbe erst nach dem Weizen an die Reihe
kommt. Zwar ist in Rumänien ein Gesetz vorhanden, das sogenannte
Gesetz des Bodenbau-Uebereinkommens, das den Arbeiter gegen den
Missbrauch seitens des Gutsherrn schützen soll; allein dasselbe wird nur

selten angewendet, ausnahmsweise wohl dort, wo es sich darum handelt, einen missliebigen Grossgrundbesitzer zu bedrängen.

Der Staat sollte ausserdem dafür Sorge tragen, dass die Bauern belehrt werden, den Maisbau rationeller zu betreiben, als dies heute der Fall ist. Der Lehrer und der Geistliche des Dorfes wären die geeignetsten Personen, um dieses Werk der Aufklärung zu vollbringen. Dieselben sollen während ihrer Fachausbildung gründliche Kenntnisse über Bodencultur erwerben, nicht nur den Mais betreffend, die sie dann der Bevölkerung mittheilen sollen. Namentlich in Rumänien würde eine solche Massregel unberechenbaren Nutzen bringen. In Rumänien ist es unter der Landbevölkerung Sitte, dem Gemüse nur geringe Aufmerksamkeit zu schenken; der Bedarf dieser wichtigen Nahrungsmittel wird mit der nicht immer guten, aber stets theuer bezahlten Waare der Bulgaren und Serben gedeckt. Von dem Geistlichen und dem Lehrer unterstützt, könnte der rumänische Bauer zum Gemüsebau angehalten werden, indem jedes Bauernhaus von einem geräumigen Hof umgeben ist, woselbst Gemüse in ausgedehntem Masse gebaut werden könnte.

Ferner müsste der Staat von Fachmännern feststellen lassen, welche Spielarten des Maises in den verschiedenen Gegenden gedeihen und der Bevölkerung anzuempfehlen, respective darauf zu dringen, dass nur die betreffende geeignete Maissorte gebaut werde. Endlich wäre zu untersuchen, ob die in Amerika gebräuchliche Sterilisirung des Maises, sowie Auslösung des Keimes behufs Gewinnung des Maisöles nicht geeignet wäre, ein haltbares, nicht pellagrogenes Maismehl zu gewinnen.

Von den Zeïsten sind die ländlichen Brotbäckereien und die Volksküchen besonders eindringlich als Mittel zur Bekämpfung der Pellagra gerühmt worden.

Auch wir sind der Meinung, dass ein Mensch, der sich gut nährt, namentlich ein solcher, der überhaupt keinen Mais geniesst, nicht an Pellagra erkrankt, und dass ein Pellagröser, der aufhört, Mais zu geniessen, von seiner Krankheit zu genesen pflegt. Wir wollen demnach diesen Einrichtungen nicht die Fähigkeit absprechen, die Pellagra zu bekämpfen, sondern deren Ausführbarkeit bezweifeln, namentlich in Ländern, wie Rumänien, wo der Gemeinsinn wenig entwickelt ist und wo die Pellagra sehr verbreitet ist. Neagoe, der im Auftrage der rumänischen Regierung diese Einrichtungen in Italien besucht hat, gibt an, dass allein die Installation einer derartigen Anstalt 2000 bis 8000 Francs kosten müsse. In Rumänien kann weder der Staat, noch die Gemeinde eine derartige Ausgabe übernehmen. Auch wäre es vergeblich, dies von der privaten Initiative zu erhoffen, denn, wenn sich auch einmal ein Menschenfreund oder eine Vereinigung unternehmender und patriotischer Männer hiezu fände, könnte dies in keinem Falle in allen 3000 Gemeinden Rumäniens

der Fall sein. Dieselbe Schwierigkeit dürfte wohl auch in Italien bestehen.
Hiebei muss noch berücksichtigt werden, dass im günstigsten Falle derartige
Institutionen das Brot wenigstens zum Mehlkostenpreis verkaufen könnten —
wir aber haben bereits oben gesehen, dass selbst dieses fast doppelt so viel
kosten würde, wie der Maisbrei. Dr. A. Vasili u empfiehlt allerdings ein Brot
aus blos geweichtem und dann zerknetetem Weizen, doch auch dieses kostet
fast doppelt so viel als Maisbrod. Trotz dieser Schwierigkeiten müsste der
Staat doch die Initiative zur Errichtung billiger und rationeller Volksküchen übernehmen, welche in der That im Stande sind, die Pellagra
als Volkskrankheit wirksam zu bekämpfen.

Die Oefen, in denen der Mais getrocknet wird, die in Italien vor
der Einführung der ländlichen Brotöfen und Volksküchen so gute Resultate geliefert haben, sind namentlich für jene Gegenden geeignet,
wo der Herbst regnerisch ist: in diesen Ortschaften kommt es oft vor,
dass der übrigens reife Mais auf dem Felde eingeregnet wird. Es ist
also auf das Ausdrücklichste zu verlangen, dass in solchen Gegenden der
Mais, bevor er in die Getreidemagazine gesammelt wird — die übrigens
immer gut gebaut und gut ventilirt sein müssten — der systematischen
Trocknung in den genannten Oefen unterzogen werde.

Nachdem es heute schwer, ja unmöglich ist, von dem schon ohne-
hin übermässig belasteten Staatsbudget irgend welche grössere Summen
für hygienische Zwecke zu beanspruchen, müssen die Hygieniker sich
auf die moralische Unterstützung der administrativen Behörden beschränken. Wir müssen also darauf dringen, dass der Staat den
Handel mit verdorbenem Mais auf das Strengste verbiete. Es ist
dies eine Frage, die auf das Ernsteste erwogen zu werden ver-
dient. In Italien und Rumänien ist es nicht selten, dass Gutsherren und
besonders Pächter verdorbenen Mais, den sie weder verkaufen, noch zur
Saat verwenden können, den Bauern überlassen, sei es im Laufe des
Winters, um sie für die Sommerarbeit zu verpflichten, sei es im Sommer
selbst während der Arbeit, indem es in Rumänien Sitte ist, dem Erd-
arbeiter, unabhängig vom Arbeitslohn, die während der Arbeitszeit
nöthigen Lebensmittel zu verabreichen. Unter solchen Umständen ist es
begreiflich, dass häufig den Arbeitern seitens des Arbeitsgebers verdorbener Mais zur Nahrung gereicht wird. So hatten wir Gelegenheit,
im Bezirke Tutova, wo Pellagrafälle sehr verbreitet sind, bei der Mahl-
zeit der Bauern zugegen zu sein, wo die vom Gutsherrn gelieferten
Nahrungsmittel verzehrt wurden; die Unglücklichen assen einen Maisbrei,
der nicht mehr gelb, sondern graubraun, sauer und herb, beinahe
ätzend war. Zur Charakteristik dieser Verhältnisse führen wir folgende Beispiele aus der Monographie Popescu's an, die sprechend
genug sind:

»In einer Familie ist der Mann seit vier Jahren pellagrös: es sind zwar keine Hirnerscheinungen vorhanden, allein der Patient befindet sich in starker Depression. Die Frau leidet seit langer Zeit an Pellagra, ohne Hirnerscheinungen. Beide assen in Folge der Maisernte während eines Herbstes und des ganzen Winters verdorbenen Mais, den sie von dem Gutsherrn gekauft hatten.«

»Ein alter Pelagröser, ohne Frau und Kinder, arm und dem Alkohol ergeben, kaufte beim Gutspächter im Winter 1894/95 verdorbenen Mais. Im darauffolgenden Frühling erscheinen ein pellagröses Erythem, Leib- und Knochenschmerzen.«

»Ein Pellagröser, der seit vier Jahren krank ist, zeigt Blässe, allgemeine Schwäche, Schmerzen in den Beinen. Eines Tages stellt sich Irrsinn ein. Er ist nicht arbeitsfähig, so dass die Frau und eine erwachsene Tochter auch für ihn arbeiten müssen. Vor fünf Jahren ass er verdorbenen Mais, der ihm vom Gutspächter verkauft wurde.«

Es muss verlangt werden, dass Diejenigen bestraft werden, die den Bauern verdorbenen Mais verkaufen oder als Nahrung reichen.

Es ist vor Allem Pflicht des Staates, in diesem Sinne zu wirken und derartige Vergehen unmöglich zu machen. Andererseits aber wird es nöthig sein, derartige Vergehen nicht mit Geldstrafen zu sühnen, sondern mit Gefängniss, da eine Geldstrafe von den gut situirten Gutsbesitzern und Pächtern sehr leicht getragen werden könnte. Zuwiderhandelnde Pächter sollen das Recht verlieren, Güter zu pachten und zu bearbeiten. Es ist eigentlich unverständlich, warum ein Beamter, der irgend eine Summe Geldes unterschlagen hat, das Recht verlieren soll, fernerhin ein Amt zu bekleiden, während es dem Gutspächter, der direct die Gesundheit und das Leben der Bürger untergräbt, weiterhin gestattet sein soll, sich zum Schaden der nützlichsten Bevölkerungsschichte zu bereichern.

Asyle für die Pellagrösen oder Pellagroserien.

Diese Anstalten, deren Ursprung in dem berühmten Pellagraspitale zu Legnano zu finden ist, gewannen in der neuesten Zeit eine grössere Ausdehnung und liefern in Italien recht gute Resultate in der Bekämpfung der Pellagra. Das Princip dieser Anstalten besteht darin, die Pellagrösen in Asylen mit ausgedehntem landwirthschaftlichem Besitze zu concentriren, so dass die Kranken ausser der Behandlung und der angepassten Lebensweise auch Gelegenheit haben, den Boden systematisch zu bearbeiten. Allein die finanziellen Schwierigkeiten gestatten es nicht, diese Pellagroserien in dem Masse zu errichten, wie es die Ausdehnung der Krankheit erfordern würde. Nur darauf hin ist es zurückzuführen, dass in Rumänien z. B. nur eine einzige dergleichen Anstalt vorhanden ist, die alljährlich nur von wenigen Pellagrösen benützt werden kann. Für die Rettung der vorhandenen Kranken ist es aber eine unerlässliche Forderung, dieselben ungesäumt in Behandlung zu nehmen. Von diesem Gesichtspunkte aus wollen wir ein Mittel in Vorschlag bringen, das, unserer Ansicht nach, die finanziellen Erwägungen nur wenig berührt.

In den Ländern, in welchen der Staat ausgedehnte Domänen besitzt, wie z. B. in Rumänien, würden wir die Errichtung von Sommercolonien für Pellagröse befürworten, die daraus bestehen würden, dass in jedem Bezirke ein Staatsgut auserwählt werde, wo mit Beginn der Frühjahrs-Arbeitssaison alle Pellagrösen des Bezirkes unterzubringen wären, die in bestimmten Fällen selbst von ihren Angehörigen begleitet werden könnten. Die Unterbringung könnte mit geringen Kosten in Baraken geschehen. Von den noch arbeitsfähigen Pellagrösen unterstützt, die unter Leitung eines erfahrenen Fachmannes, sowie des Verwaltungspersonales zu stellen wären, soll das staatliche Gut auf eigene Rechnung des Staates verwaltet werden. Die zur Feldarbeit verwendeten Pellagrösen sollen wie die übrigen Arbeiter bezahlt werden. Während der Ruhetage sollen den Pellagrösen volksthümliche Vorträge über den Maisbau, über die Aufbewahrung und Zubereitung des Maises, über das Wesen und die Gefahr der Krankheit, die Wichtigkeit der Colonisirung der Pellagrösen und über die Bekämpfung der Krankheit gehalten werden. In diesen Vorträgen soll ausserdem über die Massregeln verhandelt werden, die die Pellagrösen ergreifen sollen, wenn sie wieder den häuslichen Herd aufgesucht haben, um hiedurch Recidive der Krankheit zu vermeiden, sowie verschiedene, das tägliche Leben betreffende Fragen, z. B. über Viehzucht: für die Frauen volksthümliche Belehrungen über die Pflege kleiner Kinder, über die Kochkunst, häusliches Gewerbe etc. Bei dieser Gelegenheit sollen den Pellagrösen auch Belehrungen und Beispiele gegeben werden, um dieselben von der Nützlichkeit der Vereinigungen zum Zwecke der Bekämpfung der Krankheit zu überzeugen, sowie in ihnen den Trieb für Unternehmungen und Sparsamkeit zu wecken. Einer gewissenhaften und ehrlichen Verwaltung wird es zweifellos gelingen, für den Staat hiedurch irgend welchen Gewinn zu erzielen. Uebrigens wird eine grössere Anzahl von Staatsgütern in Rumänien auf Rechnung des Staates vom Domänenministerium verwaltet, so dass durch eine solche Massregel keine allzu grosse Störung in den üblichen Mechanismus gebracht würde. Ausserdem wäre diese Art der Verwaltung natürlich nur zeitweise, bis zur Eindämmung der Krankheit, zu üben.

Es ist wohl nicht nöthig, hinzuzufügen, dass in diesen Colonien die Pellagrösen aus dem Ertrage ihrer Arbeit eine gute, substantielle Kost bekommen sollen, aus der guter Mais in der Regel nicht ausgeschlossen werden soll. Gleichzeitig sollen die Kranken die

von dem Colonienarzte verordnete medicamentöse Behandlung durchmachen.

Es wäre wünschenswerth, dass derartige Massregeln im ganzen
Lande und im grösstmöglichen Massstabe ergriffen werden, und zwar
möglichst bald, da die Pellagra sich immer mehr verbreitet; denn nur
so könnte Wesentliches erreicht werden, und nur so könnte ohne grossen
Zeitverlust festgestellt werden, ob diese Massregel auch wirklich nutz-
bringend ist.

Von diesen Gütern würden im Herbst 20.000—30.000 Pellagröse
geheilt oder doch auf dem Wege der Heilung mit einigen Ersparnissen
und mit nützlichen Lebensregeln in die heimatlichen Dörfer zurück-
kehren.

In jenen Ländern, in denen der Staat keine eigenen Domänen hat,
müsste der Staat allerdings zu diesem Zwecke Güter pachten. Dort aber,
wo das Princip der Colonisirung Pellagröser sich nicht in dieser Weise
verwirklichen liesse — was aber unwahrscheinlich ist — werden die
Regierungen sich wohl entschliessen müssen, ein Opfer zu bringen, und
zwar für einen bestimmten Zeitabschnitt, ein bis zwei Monate im Frühjahre ärztliche Ambulanzen zu organisiren, Klöster oder Kasernen zur
Aufnahme von Pellagrösen einzurichten, besonders aber eine entsprechende
Anzahl Soldaten zu beurlauben, um an deren Stelle in den Kasernen,
die während ein bis zwei Monaten zu Pellagra-Asylen umgewandelt werden
sollen, die betreffenden Kranken zu verpflegen. Auch hier müssten die
Pellagrösen zugleich über den Bau und die Zubereitung des Maises belehrt werden.

Unabhängig von den Massregeln, die in Zukunft ergriffen werden
sollen, um neueren Erkrankungen vorzubeugen, sind in allen Fällen die
Regierungen verpflichtet, irgend etwas für die Tausende von Pellagrösen
zu thun, die, wenn sie in der eigenen Häuslichkeit bleiben, nicht geheilt
werden könnten. Andererseits aber könnten die Regierungen unmöglich
jene Zahl von Asylen und Spitälern errichten, die alle vorhandenen
Pellagrösen aufzunehmen im Stande wären. Von diesem Gesichtspunkte
glauben wir, dass unsere Vorschläge zu beherzigen wären.

In der Bekämpfung der Pellagra muss noch auf eine Bedingung
gedrungen werden, in deren Ermangelung alle sonstigen Massregeln
fruchtlos bleiben werden. Es muss nämlich darauf gedrungen werden,
dass jede Bauernfamilie so viel culturfähigen Boden bekomme, um aus
dessen Ertrag für den Lebensunterhalt der Familie, für Staats- und
Gemeinde-Abgaben sowie sonstige Ausgaben aufkommen zu können.
In Rumänien z. B. ist ein Gesetz, betreffend den Verkauf der Staatsgüter,
vorhanden, worin vorgesehen ist, dass der Verkauf nur an Bauern statt-
zufinden habe; trotzdem aber kommt es oft vor, dass die Güter e n b l o c

an andere Personen überlassen werden, während zahlreiche Bauern in
Rumänien nicht den geringsten Besitz aufweisen können. Es ist also
wünschenswerth, dass in jenen Pellagraländern, in welchen ein solches
Gesetz nicht vorhanden ist, Massregeln ergriffen werden, um den
besitzlosen Bauern und jener neuen Generation, die in Folge der
Erbschaftvertheilung besitzlos geblieben sein sollte, aufzuhelfen.

Auch müsste der Staat gegen die unglückseligen Verhältnisse an-
kämpfen, in Folge deren der Bauer keinen Weidegrund besitzt und als
Entgelt für die Weide in unerhörter Weise ausgebeutet wird, so dass er
nicht dazu kommt, seinen Mais rechtzeitig zu säen, zu pflegen und
zu ernten.

Um aber auch jenen Ereignissen vorzubeugen, die nicht in der Hand
des Menschen gelegen sind und die im gegebenen Falle den Bauern
dem Elende preisgeben würden, so dass er gezwungen wäre, verdorbenen
Mais zu geniessen, müsste der Staat die Ernte der Bauern sowohl wie
deren Arbeitsthiere versichern.

Endlich soll der Staat dafür sorgen, dass neben der luxuriösen Ver-
schönerung der Städte auch eine Besserung der hygienischen Zustände
und der Schulen auf dem Lande stattfinde, indem in letzteren besonders
auf Hygiene und Bodenbau das Hauptgewicht zu legen wäre.

Wenn der Staat, überzeugt von der Wichtigkeit dieser Massregeln
und fest entschlossen, auf deren Verwirklichung zu dringen, energisch
eingreifen wird, ist es unzweifelhaft, dass die Pellagra der nächsten
Generation der Landbevölkerung Europas unbekannt sein wird.

2. Specielle Behandlung.

In älteren Zeiten wurden in den ersten Stadien Blutentziehungen
(Aderlässe oder Blutegel) viel verwendet, obwohl schon Frappoli und
Fanzago die Gefahr dieser Behandlung betonten, während Casal
und Strambio mässige Blutentziehungen befürworteten. Ausserdem empfahl man isländisches Moos, dann Bouillon von Vipern und Eidechsen.
Aeusserlich wurden Kataplasmen, verschiedene Salben, Purgantia und
Emetica gegeben. Nachdem Strambio in Legnano die Leitung des
Pellagraspitals übernommen hatte, versuchte er daselbst systematisch
die bisher angewendeten Mittel und kam zum Schlusse, dass der Pellagröse durch medicamentöse Mittel nicht geheilt werden kann. Casal
war der Erste, welcher die hygienische und diätetische Therapie, namentlich
die Milchdiät, in die Behandlung der Pellagra einführte. Ueberhaupt
erklärte er, dass die besten Resultate durch eine reichliche, wechselvolle
und fettreiche Nahrung und mässigen Weingenuss erzielt werden. Fan-

zago empfiehlt eine ähnliche Behandlung, indem er anfangs, namentlich
bei Magenbrennen, ein Purgativ oder Emeticum verabreicht. Allerdings
empfiehlt er auch verschiedene Bäder, Fomentationen gegen die Hautmanifestationen, sowie tonische und narkotische Mittel gegen die nervösen
Erscheinungen. Cales betonte zuerst in der Behandlung der Pellagra
die Nothwendigkeit allgemeiner, prophylaktischer Massregeln. Roussilhe
empfahl die Verwendung tonischer Mittel, namentlich Eisen, besonders
Ferrum carbonicum. Lussana erzielte mit Antiphlogose und guter
Ernährung, besonders aber mittelst einer sogenannten restaurirenden
Methode bemerkenswerthe Resultate, etwa 74% sichere Heilungsfälle und
kaum 4% Todesfälle. Roussel empfiehlt, ebenso wie die meisten der
genannten Autoren, hauptsächlich Bäder und Milchdiät. Allerdings soll
nach Roussel der Nahrungswechsel allmälig vor sich gehen und lange
Zeit andauern. Die sogenannte Cura balnearia besteht nicht blos
aus warmen Bädern, indem manche Autoren Schwefelbäder ver-
ordneten, während Andere Salzbäder vorziehen. Zu gleicher Zeit werden
unbedingt eine reichlichere, substantielle Diät, Ruhe, Schutz vor Sonnenstrahlen empfohlen. Auch Trinkcuren wurden angewendet, sowohl von
Salinen, als auch von Schwefelwässern. Allerdings war man sich bald
klar, dass die Bäder wenig zur Heilung beitragen, mit Ausnahme vielleicht der Salzbäder, die auch von Bouchard und Lombroso warm
empfohlen wurden.

Eine Zeit lang wurde die Milchdiät allen anderen vorgezogen, indem
Bouchard betonte, dass namentlich die Kuhhirten in Pellagragegenden
nie an Pellagra erkranken. Es wurde lange Zeit discutirt, ob ein Ortswechsel in der Behandlung der Pellagra genügend ist und konnte festgestellt werden, dass er besonders dann gute Resultate liefert, wenn er
mit einer entsprechenden Diät verbunden wird. Während dieser Behandlung muss natürlich die Nahrung mit verdorbenem Maise sorgfältig
verhütet werden, während gesunder Mais, gut zubereitet, die Heilung
in der Regel wohl nicht verzögert. Trotzdem ist es rathsam, überhaupt
den Genuss von Maispräparaten während der Behandlung nicht zuzulassen,
nachdem der Pellagröse selbst gegen sehr geringe Dosen von Maisgiften
äusserst empfindlich ist. Nach Lombroso soll sowohl Ortswechsel
sowie gute Nahrung den Process nur zeitweise bessern, indem nach
Wochen oder Monaten selbst im Spital die Krankheit weiter fortschreitet.
Auch im Uebrigen gut genährte Pellagröse zeigen bei Spitalsbehandlung
wenig Neigung zur Besserung. Kalte Bäder und Hydrotherapie werden
offenbar bei jenen Kranken, welche an unausstehlichem Brennen leiden,
für den Moment Erleichterung schaffen, ohne aber zur Heilung zu
führen. Während wir selbst und Galli mit Eisenpräparaten recht gute
Resultate erzielten, spricht sich Lombroso gegen dieselben aus, indem

er glaubt, im Arsenik ein wahres Antidot gegen das Pellagragift gefunden zu haben.

Auch theilt Lombroso die guten Resultate mit, die er bei Entwicklungshemmungen und bei kleinen Kindern mittelst einfacher systematischer Waschung mit Kochsalzlösung erzielt hat, indem nur ein Fall von ultradolichocephalem Schädel widerstand. Dieser Autor empfiehlt auch das Plumbum aceticum, welches bei sehr alten Leuten, die an Tremor, Gelenkschmerzen, Parese etc. litten, gute Resultate geliefert haben soll, und zwar werden einige Centigramm in 300 g Wasser gegeben. Nur für Pellagratyphus weiss Lombroso kein Mittel. Wir würden hier Purgantien, Darmantiseptica, Salol, Benzonaphthol etc. versuchen. Besonders enthusiastisch spricht sich derselbe für die arsenige Säure aus, indem Pellagröse, welche mit den vorerwähnten Mitteln nicht gebessert wurden, durch Fowler'sche Lösung in steigenden Dosen, 5 bis 30 Tropfen pro die, auffallend gebessert oder selbst geheilt wurden. Die Heilungen sollen schon nach mehreren Tagen, manchmal offenbar erst nach Monaten eintreten. Allerdings kam es auch öfters vor, dass das Arsenik schlecht vertragen wurde und Appetitlosigkeit, Schwere im Magen, Brennen Kopfschmerzen, Schauer etc. hervorrief. Im Ganzen kamen die Besserungen und Heilungen auch in vorgeschrittenen Fällen vor, so dass es wirklich scheint, dass das Arsenik zur Heilung vieler Pellagröser beiträgt. Hereditäre Pellagra, ältere Individuen und kachektische, stupide Kranke, namentlich Fälle von Complicationen mit Phthisis, Albuminurien, Pneumonien scheinen dieser Behandlung zu widerstehen. Interessant ist es, dass Lombroso auch bei der Landbevölkerung, welche unter den schlechtesten krankmachenden Bedingungen weiterlebte, mittelst Arsenik auffallend gute Resultate erzielt haben will. Er gab täglich 0·002 mg Arsenik und schon nach Wochen oder Monaten waren die Erscheinungen der Pellagra verschwunden. Zwar gab es hiebei Vergiftungsfälle, in welchen die stumpfsinnigen Kranken viel grössere Dosen nahmen, und überhaupt ist es nicht rathsam, Arsenik ohne fortwährende ärztliche Controle zu geben. Im Ganzen spricht Lombroso von 41 Heilungen und 13 Todesfällen. Auch Marenghi konnte in der Landpraxis mittelst täglich 1 mg arseniger Säure in der Regel vollständige Heilung erzielen.

Bei schwerem Vertigo der Pellagrösen hat sich Arsenik als unwirksam erwiesen, und wendete Lombroso Coculus orientalis aus der homöopathischen Pharmakopoe an und fand, dass in einem Falle sich nach 25 Tagen Heilung und Gewichtszunahme von 8 kg einstellte.

Gegen die Diarrhöe verwendet Lombroso namentlich Kalomel, während Andere sich bei Mag. Bismuthi, Opium, Tannin besser befanden. Bei Dysenterie wurden abwechselnd Ricinus, Kalomel, Decoct

Colombo, adstringirende Klystiere und tanninhaltige Enteroklysmen mit gutem Erfolge verwendet.

Gegen spinale Erscheinungen gebraucht de Orchi namentlich Strychnin und Ergotin, sowie Vesicantien. Auch Maldarescu in Bukarest empfiehlt den Gebrauch von Strychnin bei Pellagra, indem er von der Ansicht ausgeht, dass das Strychnin eine tetanisirende Wirkung ausübt, während bei Pellagra depressive Symptome vorherrschen. Maldarescu verschreibt den Kranken zunächst ein Abführmittel, dann Bäder, Einreibungen des Körpers mit Lanolin-Vaselin, ausserdem folgende Pillen:

> Rp. Strychnini 0·05,
> Extracti gentian. q. s.,
> ut f. l. a. pilul. Nr. L.
> D. S. Zwei Pillen täglich.

Anfangs werden zwei, dann bis acht bis zehn Pillen in steigenden Dosen genommen. Wenn der Kranke sehr heruntergekommen ist, so werden ihm ausserdem noch subcutane Injectionen von Natrium cacodylicum verabreicht. Bei Fieberzuständen gibt Maldarescu je 0·5 Chininum sulfuricum. Auch durch diese Behandlung sollen in wenigen Wochen auffallende Besserungen, selbst Heilungen erzielt worden sein. Talasescu veröffentlicht günstige Resultate, welche er mittelst Injection von grösseren Mengen physiologischer Kochsalzlösung erzielt haben will, namentlich bei beginnenden Geistesstörungen; wir selbst haben in solchen Fällen, überhaupt bei depressiven Zuständen Injection normaler Nervensubstanz versucht und konnten rasche Besserung beobachten; doch bin ich mir nicht ganz klar geworden, ob diese Resultate, sowie jene mit verschiedenen anderen Mitteln erzielten Heilungen zum grossen Theile nicht der guten Nahrung und der Internirung zu verdanken sind.

Obwohl Lombroso gegen die Verwendung von Eisensalzen ist, werden dieselben von vielen Seiten empfohlen. Die von Lombroso geläugnete Anämie bei Pellagra existirt unseren Erfahrungen zufolge offenbar, besonders in Malariagegenden, indem auch unsere Blutuntersuchungen eine bedeutende Abnahme der rothen Blutkörperchen nachwiesen. In solchen Fällen sind unbedingt Eisenpräparate zu empfehlen, namentlich in der Form des Eisen-Arseniks, wie es z. B. Galli empfiehlt; von seiner Lösung werden täglich 5—20 Tropfen gegeben.

Nach unserer Meinung sind die verschiedenen Fälle von Pellagra individuell zu behandeln, und wird man sich an die verschiedenen Symptome halten. Unbedingt ist aber der Kranke aus seiner krankmachenden Umgebung zu entfernen und an gemischte Kost, namentlich an Fleischkost, zu gewöhnen, indem zugleich das Erythem mit verschiedenen Salben, welche Linderung verschaffen, behandelt werde. Gegen die

Diarrhöe werden die gewöhnlichen Adstringentien, namentlich Klysmen, bei Dysenterie zunächst Kalomel gute Dienste leisten. Bäder unterstützen offenbar die Behandlung, nachdem namentlich tägliche laue Salzbäder gut vertragen werden. Arsenikpräparate und namentlich Eisenarsen werden in vielen Fällen die Kranken schnell kräftigen. Bei nicht anämischen Kranken verwenden wir blos arsenige Säure in Form der Fowler'schen Lösung oder auch in Pillen. Auf diese Weise werden wir hauptsächlich die Kranken im ersten Stadium fast sicher heilen und auch später bedeutende Besserung erzielen, aber nur unter der Bedingung, dass die Geheilten sich nicht wieder den früheren Schädlichkeiten aussetzen, was aber sehr schwer zu erreichen ist. Deshalb ist eine der wichtigsten Indicationen die Sorge dafür, dass die geheilten Kranken in die Lage gebracht werden, hygienischer zu leben, um nicht von Neuem der Pellagra zum Opfer zu fallen. Wenn man bedenkt, dass in Rumänien z. B. alljährlich 2000 Pellagrakranke in Spitalsbehandlung sind, während 20.000—40.000 in ihrer schädlichen Umgebung weiter vegetiren, müssen wir gestehen, dass wir in der Spitalsbehandlung durchaus kein wirksames Mittel in der Bekämpfung und Verhütung der Pellagra als Volkskrankheit sehen und ist es kaum anzunehmen, dass es dem Staate gelingen werde, die 40.000 Pellagrösen und die Pellagracandidaten in derartig bessere Verhältnisse zu bringen, dass dieselben dauernd geheilt werden können. Es ist eben ganz ungenügend, dass der Staat blos jene Kranken, welche das Spital verlassen haben, unter seine Obhut nehme, und die übrigen Pellagrösen ihrem Schicksal überlässt. Man hat schon früher bei uns versucht und kommt wieder darauf zurück, in Jahren, in welchen die Pellagra besonders stark ausbricht, Ambulanzen zu creiren, welche zunächst die Pellagrakranken ausfindig machen, sie in improvisirte Spitäler aufnehmen, gut ernähren und behandeln, worauf sie dann, mit präcisen populären Rathschlägen bedacht, nach Hause entlassen werden. Allerdings wäre es nothwendig, die Massregel doch mit einer gewissen, wenn auch geringen Unterstützung der Kranken zu verbinden, und auch die Ortsbehörden anzuweisen, die Lebensweise derselben einigermassen zu controliren. Wir haben ausserdem noch empfohlen, die Pellagrakranken, während der Frühjahrsmonate namentlich, in Klöstern, Asylen, Spitälern und Kasernen zu interniren, und sie an eine hygienische Lebensweise zu gewöhnen.

Allerdings sind die erwähnten Medicamente palliative Mittel, welche allein kaum im Stande sein werden, Wesentliches zu leisten. Es wäre gut, wenn wir wirklich specifische Mittel besässen, um dieselben auf dem Lande zu verbreiten. Arsenikhaltige Mittel scheinen mir hiefür wenig geeignet, nachdem die Pellagrösen geistesschwache Individuen sind, welche mit den Arsenikpräparaten Missbrauch treiben würden.

Allenfalls könnte man die Dorfbehörden anweisen, die Arsenikpräparate unter Controle der Kreisärzte zu vertheilen.

Wir haben versucht, specifische, wirklich unschädliche Mittel zu finden, welche sich direct an das Pellagragift wenden, und wie wir oben gesehen, haben wir thatsächlich eine wahre antitoxische Substanz im Blute geheilter Pellagröser finden können, indem blos das Blutserum ehemaliger Pellagröser, nicht aber einfaches Blutserum gesunder Menschen und Thiere oder Diphtherieheilserum im Stande ist, gewisse Toxine des verdorbenen Maises, nicht aber andere Toxine zu neutralisiren, also für Thiere unschädlich zu machen. Auch konnten wir feststellen, dass Thiere durch systematische Injection dieser Toxine ein hochwerthiges Serum zu erzeugen vermögen.

Wenn es gelingen wird, grosse Mengen derartigen Serums darzustellen, werden wir ebenso im Stande sein, die Pellagrösen zu heilen, wie es gelingt, mit Maistoxin vergiftete Thiere mittelst dieses Serums zu heilen. In der That konnten wir Kaninchen, welche in Folge der Intoxication mit Maistoxin pellagraähnliche Symptome aufwiesen, mittelst wiederholter Injectionen von hochwerthigem Serum retten, während bei nicht behandelten Kaninchen die Kachexie fortschritt.

Wir haben uns ferner überzeugt, dass das antipellagröse Serum nicht gegen andere verschieden organische Vergiftungen, nicht gegen Alkaloid-, Strychninvergiftung, gegen die Tinctur verdorbenen Roggens oder Weizens, ebenso nicht gegen Ergotinvergiftung wirksam ist. Sobald unsere mit Extracten aus verdorbenem Mais aus Pellagragegenden vorbehandelten Pferde ein hochgradiges Serum liefern werden, werden wir nicht anstehen, dasselbe in grossem Massstabe Pellagrösen zu injiciren, und hoffen wir hiedurch eine wirklich specifische, auch auf dem Lande leicht ausführbare Methode der Heilung der Pellagra gefunden zu haben.

Wir müssen uns aber klar machen, dass kein specifisches Heilmittel im Stande ist, die Krankheit auszurotten, indem dies nur staatliche Vorbeugungsmittel, eine Hebung des ökonomischen und Bildungszustandes des Landmannes, sowie reichliche Mittel zur zeitweisen Internirung und besseren Ernährung aller Kranken vermögen.

Bibliographie der Pellagra.

Adriani. La pellagra nella provincia dell'Umbria. Perrugio 1880.

Agostini Cesare, Ueber den Chemismus der Verdauung bei den pellagrosen Geisteskranken. Prager medicinische Wochenschrift. XXIII.

Albert. De la forme du délire chez les aliénés pellagreux. Annal. médico-psych. 1858.

Alborghetti. La pellagra nella provincia di Bergamo. Bergamo 1881.

Alpago-Novello. Osservazione antropologio-cliniche dei pellagrosi. Riv. Veneta di Sc. med. 1894.

— Archivio di psichiatria. 1891. Riv. mens. di scienze med. 1891.

Antoniu, Traité de la pellagre. Bucarest 1887.

Arnould Jules. Les alcaloïdes du maïs gâté. Bull. médical du Nord. 1881.

Anzony. Folie pellagreuse. Arch. clin. des mal. ment. 1861 et 1862.

Babes V., Ceratări despre pellagra. Bulet. Soc. de Médec. Bucuresti 1888, pag. 202—226.

— Lesiunile sistemului nervos in pellagra. Annalele Acad. Rom. II. XXII, Bucuresti 1900.

— Tratamentul pellagrei. Annalele Acad. Rom. II, XXIII, Bucuresti 1900.

— Sur la pellagre en Roumanie. Acad. de Médec. Juillet 1900.

— Patogenia pelagrei. România Medicala. VIII, Nr. 14, pag. 265.

— et E. Manicatide. Sur certaines substances specifiques produites par l'organisme des pellagreux. Académie de Sciences, Juillet 1900.

— und V. Sion, Ueber Veränderungen im Nervensystem bei Pellagra. Verhandlungen der Deutschen Pathologischen Gesellschaft. 2. Tagung. München 1899. Berlin 1900. pag. 310—319. — România Medicala VII. 1899, pag. 441. — La Roumanie médicale. 1899, pag. 129.

Babinski, Sur un cas de pseudo-pellagre. Gazette médicale de Paris. 1884.

Badaloni, La pellagra nei Bolognese. Bologna 1899.

Baillarger. De la paralysie pellagreuse. Mém. de l'Acad. de méd. Paris 1848.

— De la paralysie gén. chez les pellagreux. Ann. médico-psych. 1849.

Balardini L., Contributo all'etiologia della pellagra. Gazz. medica Lombardia. 1873.

— Sulla causa della pellagra. Milano 1872.

— Progressi della questione della pellagra dopo l'anno 1852 in Italia e Francia e conclusioni sulla etiologia, sulla profilassi e sulla cura di tale malattia. Annali universali di medicina. 1871.

— Sullo stato della questione della pellagra in Italia. Annali universali di medicina d'Omodei. 1860.

— Della pellagra, del grano turco, quale causa precipua di quelle malattia e dei mezzi per arrestarla. Milano 1845.

— Ueber den Genuss des türkischen Weizens als Ursache der Pellagra. Allgemeine medicinische Centralzeitung. 1845.

— La pellagra nella provincia Brescia. Brescia 1879.

— Igiene dell'agricultore italiano in relazione specialmente alla pellagra. Milano 1862.

Balhadère. De la pellagre. Paris 1859.

Batalla, Fréquence de la pellagre en Gallicie. Union médicale. 1859.

Bellini L., Contributo sull' etiologia della pellagre. Gazz. medica Lombardia. 1873.

Belmondo, Le alterazioni anatomiche del midollo spinale nella pellagra. Reggio-Emilia 1890.

— Le alterazioni anatomiche del midollo spinale nella pellagra e loro rapporto coi fatti clinichi. Riv. speriment. XV e XVI.

Benvenisti, Richerche necroscopische sulla pellagra. Gazzetta medica ital. prov. venete. 1860.

Berger, Pellagra. (Wiener Klinik.) Wien 1890.

Bericht der Provincialcommission in Mantua. Allgemeine medicinische Central-zeitung. 1878.

Besse, De la pellagra. Montpellier 1863.

Besta, La pellagra in Valtellina. Sondrio 1881.

Billod, Traité de la pellagre, d'après les observations recueillies en Italie, en France et principalement dans les asiles d'aliénés. Paris 1864. 2e édition. Paris 1870.

— Réponse au rapport d'Hillairet. Union méd. 1865.

— Pellagre consécutive à l'aliénation mentale. Résultat d'une enquète suivie avec le plus grand soins dans 57 asiles. Acad. des sciences. 1863.

— Note sur le pellagre et le typhus pellagreux, lue à l'Acad. des sc. Gaz. hebdom. de méd. 1862.

— Marche de l'endémie pellagreuse à l'asile de Sainte-Gemmes, pendent l'année 1861. Gaz. des hôpit. 1862. Ann. médico-psych. 1862.

— De la pellagre en Italie et plus spécialement dans les établissement d'aliénés. 1860.

— D'une endémie de pellagre observée dans les asiles d'Ille-et-Vilaine et de Maine-et-Loire. Bull. de l'Acad. de méd. 1855. Ann. médico-psych. 1855.

— D'une variété de pellagre propre aux aliénés, à propos d'une endémie ob-servée à l'asile du département de Mainé-et-Loire. Arch. gen. de méd. 1858.

— D'une variété de pellagre propre aux aliénés, ou pellagre consécutive à l'aliénation mentale. Ann. méd.-psychol. 1859.

— D'une cachexie speciale et propre aux aliénés. Arch. de méd. 1860.

— Résultat d'une enquète suivie avec le plus grand serie dans 57 asiles, sur les cas de pellagre consécutive à l'aliénation mentale observés chez les aliénés de ces établissement. C. R. LVII.

— Pellagre des aliénés. Union méd. 1863.

— Trois aliénés pellagreux. Gaz. hebdom. 1857.

— Ramollissement général ou partiel de la substance blanche de la moelle épinière chez les aliénés pellagreux. Compte rend. de l'Academie des sciences. XLVII.

Bodio, Sui contratti agrarii e sulle condizioni materiali di osta dei contadini d'Italia. 1879.

Bohata, Sanitätsbericht von Görz, Gradisca und Istrien. Triest 1891.

Bombarda, La pellagre en Portugal. Revue portugais de méd. et chirurg. 1896.

Bonato, La pellagre dans la province de Mantove. L'union méd. 1878.

Bonfigli, Le questioni sulla pellagra. Appendice alle lettere polemiche. Racco-glitore medico. Seria IV, vol. XIV, 1881.

La pellagra. 1880.

— Sulla pellagra. Lettere polemiche al Dr. Lombroso. Raccoglitore medico. Seria IV, vol. XI.

Bonnan Th., De la pellagre dans les Landes. Paris 1878.

Bonnet, Aliénation et pellagre. Arch. clin. de mal. ment. 1861.

Bouchard. Recherches nouvelles sur la pellagre. Paris 1862.

— Observation de pellagre. C. R. Soc. de Biol. et. Gaz. méd. de Paris. 1864.

— Étude sur la sclérose. Congrès méd.-clin. de Lyon. 1864.

Boutet, Essai sur la pellagre. Montpellier 1854.

Brierre de Boismont, De la pellagre et de la folie pellagreuse. Paris 1834.

— Nouvelles recherches sur la pellagre dans ses rapports avec les symptômes nerveux et d'aliénation mentale. Annales médico-psychologiques. 1866.

Brigidi et Bonti, Sopra un caso di pellagra sporadica. Lo sperimentale. 1879.

Brocard et Aubertin, Un cas de pellagre sporadique. Gaz. hebd. de chir. et de méd. 1896.

Brugnatelli, Di un alcaloide che si trova nella meliga guasta. Palermo 1876.

Bucherie de, De la pellagre et de l'efficacité des bains sulfureux dans son traitement. Strasbourg 1858.

Calderini, Pathologie und Therapie der Pellagra. Allgemeine medicinische Centralzeitung. 1846.

— und Cipriani, Pellagra in Italien. Allgemeine medicinische Centralzeitung. 1847.

Calmarza, Replica sobre la pellagra. Siglo medico. 1871.

— Estudios sobre la pellagra. Memoria premiada por la real Academia de medicina de Madrid. 1867.

— Sobre el mismo tema. Siglo medico. 1861.

— Más sobre la pellagra. Siglo medico. 1860.

— Descripcion de la pellagra. Siglo medico. 1859.

Cambieri, Casi di pellagra curati in Villanterio. 1871.

Campo del, Carta sobre la pellagra. Siglo medico. 1861, Nr. 272.

— Respuesta al Dr. Costallat. Siglo medico. 1861.

— Carta sobre la pellagra. Bolet. de med. cirurg. y farm. 1852.

— Observaciones al señor Valle sobre sus contestaciones à la Acad. de med. de Paris. Boletin. de med. cirurg. y farm. 1848.

— Monografia sobre la pellagra. Madrid 1847.

Careno, Tentamen de morbo pellagra. Vindobona observ. 1794.

Carraroli, Di alcune ricerche sul grano turco guasto. La Riforma medica. 1892.

— La forme cliniche della pellagra. La Riforma medica. 1893.

Casal Gaspar, Historia natural y medica del principado de Asturias. Madrid 1735.

Casali, Cura della pellagra col metodo Lombroso. Milano 1868.

Cavagnis, La pellagra a Desio (Provincio di Milano). Milano 1883.

Cazaban, Recherches sur la pellagre dans l'arrondissement de Saint-Sever (Landes). Thèse. Paris 1848.

Ceni. Influence du sang des pellagreux sur le développement embryonnaire. Rivista sperim. di freniatria e med. leg. 1898.

Cerri, Osservazioni intorno el saggio del Marzari. Milano 1811.

— Giuseppe, Trattato della pellagra, malattia che domina fra le popolazione di campagna del regno d'Italia. Milano 1807.

Ciotto e Lussano, Sull'azione del maiz e del frumento guaste in raporto alla pellagra. Gazzetta medica italiana. Milano 1880.

Collin, Leon, Traité des maladies épidemiques. Paris 1879.

Combes, Folie pellagreuse. Arch. clin. des mal. ment. 1861 et 1862.

Como si cura la pellagra nella provincia di Milano. Giorn. dell. Reg. soc. it. d'igiene. 1899.

Comizio Agrario di Bergamo sugli alimenti delle classi povere. 1881.

Condu du, De la pellagre dans le Béarn. Paris 1858.

Corradi, Dell'igiene publica in Italia e degli studi degli italiani in questi ultimi tempi. Milano 1868.

Corradi, Note sur l'étiologie et l'histoire de la pellagre. Union médicale. 1868.

Cortez Rob., Beiträge zur Lehre von den Fäulnissgiften. Inaugural-Dissertation. Göttingen 1878.

Costallat, Étiologie et prophylaxie de la pellagre. Annal. d'hygiéne. 1860.

Cremaschi e Tibaldi, Cura di alcuni pellagrosi in Contado. Milano 1871.

Cristina, Ein Fall von mit Tuberculose complicirter Pellagra, geheilt durch arsenige Säure. Gazz. med. ital. lombard. 1871.

Dagoret, Traité des maladies mentales. Paris 1862.

Dagoret, Nouveau Traité. Paris 1876. Article: »Folie pellagreuse«.

Daugreilh, La pellagre. Paris 1861.

Dejean, Quelques mots sur l'etiologie de la pellagre. Paris 1868.

— De quelques pseudo-pellagres Paris 1871.

Déjérine, Sur les alterations de nerfs cutanés dans la pellagra. Comptes rendus. T. XCIII.

Demaria, Relazione dei lavori della commissione Piemontese nominata dal settimo congresso . . . per continuare gli studi sulla pellagra. Torino 1847.

Depaul, Magne, Hardy, Roussel, Étiologie de la pellagre. Bull. de l'acad. de médecine. 1876.

Dornig. Ueber einen sporadischen Fall von Pellagra. Monatshefte für praktische Dermatologie. V.

Dotti e Manzini, Dell'arsenico nella cura della pellagra. Brescia 1871.

Druhen Ainé, De la pellagre en Franche-Comté. Besançon 1868.

Düring v., »Pellagra« in Eulenburg's Realencyklopädie. 1898.

Fabre Paul, De la pellagre à l'asile d'aliénés de Sainte-Gemmes. Thèse de Montpellier. 1868.

Fanzago, Delle cause della pellagra. Memorie della academia di Padova. 1807.

— Parallelli fra la pellagra ed altre malattie che più le assomigliano. Padova 1792.

— Memoria sulla pellagra diviso in dono parte. Padova 1815.

— Instruzione catechistica sulla pellagra. Venezia 1816.

— Memoria della academia de scienze, lettere et arti di Padova. 1789.

— Paralleli fra la pellagra ed altre malattie che più le assomigliano. Padova 1792.

— Instruzione catechistica sulla pellagra. I. Venezia.

— Memorio sopra la pellagra del territorio Padovano. Padova 1789.

Fauvelle, Léon, Sur la pellagre. Semaine médicale. 1885.

Faye, Sur la pellagre en Italie. Comptes rendus de l'acad. de sciences. 1880.

Feijod P., Carta à Casal. Madrid 1740.

Felix J., Monitorul medical al Romanei. Bucureşti 1862.

— Sur la prophylaxie de la pellagre. Génève 1882.

— Sur la pellagre. Congrès internat. d'hygiene de Turin. 1883.

Frapolli Francesco, Animadversiones in morbum vulgo pelagram. Mediolani 1771.

Fougères, De l'erythème pellagreux à l'asile de Limoges. Arch. clin. des mal. ment. 1862.

Frisco, Altérations du système nerveux dans l'empoisonnement par le maïs avarié. Instituto d'igiene della R. università di Palermo. 1896.

Galli, Beitrag zur Behandlung der Pellagra. Münchener medicinische Wochenschrift. 1899. Verhandlungen des Moskauer internationalen medicinischen Congresses.

Gasdarini, Pellagra e industrialismo. Gazz. med. Lombarda. 1893.

Gaucher et Barbe, Un cas nouveau de pellagre alcoolique. Annal. de Dermatologie. 1894.

— Deux cas de pellagre alcoolique. Annal. de Dermatologie. 1894.

— Erythème pellagreux d'origine alcoolique. Gaz. méd. de Paris. 1894.

Geber, Pellagra in Eulenburg's Realencyklopädie. 2. Aufl. Wien 1888.

Gemma A. M., Sull'etiologia della pellagra. Gazz. med. ital. Lombard. 1875.

— Contributo all'etiologia della pellagra. Gazzetta medica Lombardia. 1873.

— Nosografia e terapia della pellagra. Annali univers. di medic.

— Sull'etiologia della pellagra. Gazz. medic. Lombard. 1874.

— Delle dermopatie pellagrose. Annali univers. di medicina. 1871.

— Sull'arsenica nella cura della pellagra. Annali univers. di medicina. 1871.

— La pellagra dei lattanti e dei bambini. Gazzeta medica Lombardia. 1871.

Gerhardt. Ueber Pseudopellagra. Sitzung der Charité-Aerzte 1. Juli 1887.

Ginalli. Sulla necessità di un manicomio milanese. 1856.

Gintrac, »Pellagre« in: Jaccoud, Nouveau dict. de méd. et de chir. prat. Paris 1878.

-- Pellagre dans la Gironde. Bordeaux 1863.

— Fragments de médecine clinique. Bordeaux 1841.

— Traité de pathologie interne. Paris 1859.

— »Pellagre«. Nouveau dictionnaire de chirurgie et de médecine pratique. Paris 1881.

Giroloni G.. Sulla pellagra nella provincie di Urbino et Pesaro. 1853.

Gnedea, Contestacion al Dr. Costallat en la cuestion sobre la pellagra. Siglo medico. 1871.

Gonzales Fausto, Pellagra en la provincia de Cuenca. Siglo medico. 1863.

-- Ultima contestacion sobre el diagnostico de la pellagra. Siglo medico. 1863.

Gosio, Beitrag zur Aetiologie der Pellagra. Riforma medica. 1893.

Groc, Sobre la pellagra en España. Siglo medico. 1871.

Gubler, Fua. du maïs connue, hygiène alimentaire. Bull. de l'acad. de méd. 1878.

Gubler A., Rapport sur le memoire de M. Frua (de Padove). Du maïs, ses propriétés hygiéniques et thérapeutiques. Bull. de l'acad. de médecine. 1876.

Gucci, La pellagra nella provincia di Firenze e in particular modo le folia pellagrosa nel manicomio di Bonifazio. Lo sperimentale. 1888.

Hameau, Pellagre des Landes. Bull. de l'acad. de méd. II, 1832; X, 1845.

Hardy, Leçons sur la pellagra. Gaz. des hôpit. 1863.

— Main de pellagreux. Bull. de l'acad. de méd. 1881.

— Pellagre sporadique développée à Paris. Gaz. des hôpit. 1863.

Henriquez, Contestacion á la escitacion dirijida al professorado medico español, communicando que la pellagra con el nombre de mal del monte existir en los pueblos situados cerca de lor rios Duero y Formes, en Castilla la Vieja. Boletin de medic. cirurg. y farm. 1847.

Hieronimis de, Sulla anatomia patologica e sull'etiologia della pellagra. Napoli 1885.

Hirsch A., Handbuch der historisch-geographischen Pathologie. Zweite Bearbeitung. Zwei Abtheilungen. Stuttgart 1883.

Hurst, Études sur la pellagre. Rec. de mém. de méd. milit. Paris 1862.

Husemann Th., Ueber einige Producte des gefaulten Maises. Archiv für experimentelle Pathologie und Pharmakologie. 1878.

Joire A., La pellagre dans un asile du Nord de la France. Gazette des hôpitaux. 1863.

Jolly, Pellagre en France. C. R. de l'acad. de méd. de Paris. 1845.

Klein, Ueber Pellagra. Memorabilien 1872.

Labus L., La pellagra investigata sopra quasi duecente cadaveri di pellagrosi. Milano 1847.

Lalesque, Mémoire sur la pellagre landaise, sa nature, les moyens de la prévenir et ceux de la guérir quand elle est développée. Bordeaux 1847.

Landouzy, De la pellagre sporadique. Paris 1860. Gaz. des hôp. et Union méd. 1860, 1862 et 1863.

Landouzy H., Leçons cliniques sur la pellagre. Gaz. des hôpitaux et Union médicale. 1860—1863.

-- Quatrième leçon sur la pellagre. Gazette des hôpitaux. 1863.

— Pellagre sporadique. Bullet. de l'academ. nation de médecine. XVII.

Landouzy, Pellagre aiguë, manie aiguë pellagreuse; pellagre chez les aliénés. Bullet. de l'acad. de méd. XXVIII.

Lario, De la pellagra en la provincia de Aragon. Siglo medico. 1863.

Laurens, Étiologie et traitement de la pellagre. Paris 1866.

Layet A., Hygiène des paysans. Paris 1882.

Lebret, Traitement de la pellagre par les eaux sulfureuses. Soc. d'hydrolog. 1863.

Ledhuy, Étude sur la pellagre. Montpellier 1859.

Legrand du Saulle, Le délire des pellagreux envisagé au point de vue médico-légal. Gaz. des hôp. et annal. méd.-psych. 1803.

Leonardi G., Sulla pellagra che regna nell' agra Savignanese. Il Raccoglitore medico. 1873.

— Sulla cura della pellagra in Savignano. Forli 1872.

— Arsenik gegen Pellagra. L'Ipocratico. 1872.

Leriche, De la pellagre connue dans quelques localités sous le nom de mal de Saint-Meu. Gaz. des hôpit. 1861.

Leudet, Note sur la pellagre sporadique à Rouen. Acad. de Sc. 1864.

— Recherches pour servir à l'histoire de la pellagre sporadique et de la pseudo-pellagre des alcoolisés. Gaz. méd. de Paris. 1867.

Lojo y Batalla, Consideraciones sobre la pellagra que ha observado en la provincia de Galicia. Siglo medico. 1859.

Lombroso, La pellagra in Italia. 1880.

— Sulle condizione economico-igieniche dei contadini dell'alta e media Italia. Milano 1879.

— La pellagra e la pretesa insufficienza alimentare in Italia. 1880.

— Die Lehre von der Pellagra. Aetiologische, klinische und prophylaktische Untersuchungen. Deutsch von D. H. Kurella. Berlin 1898.

— Degli ultimi studi sulla pallagra. Archivio di psichiatria. Torino 1881.

— La pellagra in Italia in raporto alla pretesa insufficienza alimentare. Lettera polemica all Dott. Bonfigli. Torino 1880.

— Sulla relazione della commissione provinciale (Sachi). Roma 1880.

-- Dei preparati maidici nella cura di alcune malattie della pelle. Milano 1880.

— La pellagra nella provincia del Friuli. Torino 1880.

Lombroso, La pellagra nell'Umbria e Friuli e la monografia del Profess. Adriani. Bologna 1880.

— La pellagra en Sissa. Torino 1879.

— La pellagra ed il maiz in Italia. Lettura di igiene popolare. **Torino 1879**.

— La pellagra nella provincia di Mantova. Roma 1878.

- Sulla statistica della pellagra in Italia. Roma 1878.

— Studi clinici ed esperimentali sulla natura, causa e terapia della pellagra. Bologna 1872.

— Anatomia patologica della pellagra. 1870.

— Veleni del maiz. Bologna 1876.

— Studi clinici sulla pellagra. 1871.

- Dialoghi popolari sulla pellagra. Pavia 1870. Torino 1871—1876.

— Algometria elettrica nell'uomo sano ed alienato. Annali di med. univers. Milano 1867.

— Sulla terapia e sull'anatomia patologica della pellagra. Rendiconti del R. instituto Lombardo. Ser. V, Vol. II. 1870.

— Sulla profilassi e sui simptomi della pellagra. Rendiconti del R. instituto. Lombardo. Ser. II, Vol. II. 1869.

— Künstliche Hervorbringung der Pellagra. Archiv für Psychiatrie. 1890.

— Sal mais amorbuto (sorboli) con penicillo. Rendiconti del R. instituto Lombardo. Ser. II, Vol. II, 1869.

— e Dupré, Indagini chimiche e fisiologiche sul maïs guasto. Milano 1873.

Lubitte et Pain, De la pellagre dans les hospice d'aliénés. C. R. LVII.

Luca Th., Consideraţiuni asupra pellagrei la copii. (Diss.) Bucureşti 1888.

Lussana F., Sull'azione della cosi detta sostanza tossica del maiz guasto e del cosi detto olio rosso ed ossidatto. Gaz. med. ital. Lombarda. 1875.

— Degli studi sulla pellagra in Italia e fuori d'Italia. Annali universali di medicina. Milano 1859.

-- Studi practici sulla pellagra. 1854.

— Sulla pellagra. Ann. univ. di medic. Vol. CLXIX.

— et Frua, Sulla pellagra. Milano 1854.

Luzzati, Questo sulla pellagra. Gaz. med. ital. venet. 1860.

Manicatide Elena, Contribuţiuni la studiul etiologiei pelagrei. (Diss.). Bucureşti 1900.

Maragliano, Studi statistici sulla diffusione della pellagra in Italia e special-mente nella provincia di Modena. Giorn. della soc. d'igiene. 1879.

Marcé, Délire partiel, hallucinations, état chronique tendant à la démence, eruption pellagreuse, tuberculisation pulmonaire, mort, ramollissement de la moelle épinière au niveaux de la région lombaire. Gaz. des hôpit. 1863.

Marchand Léon, Documents pour servir à l'étude de la pellagre des Landes. Bordeaux 1847.

Marchi, Richerche anatomo-patologiche e batteriologiche sul tifo pellagroso. Rivista sperimentale. 1888.

Marenghi, Lettera del Dott. Lombroso sulla cura della pellagra in Campagna. Milano 1871.

Marie, De l'origine exogène ou endogène des lésions du cordon posterieur etu-diées comparativement dans le tabes et dans la pellagre. Semaine médicale. 1894, pag. 17 et 28. — Gazette des hôpit. 1894. — Bullet. de la soc. méd. des hôpit. 1894.

Marti Luis, Contestacion dada al Señor Roël, con abundantes datos afirmativos, sobre la existencia de la pellagra, recogidos en mucho pueblos de varias provincias. Siglo medico. 1863.

Martin Alb., De la pellagre. Paris 1873.

Martinelli, Une épidemie de pellagre aux environs de Modène (Italie) en 1874. L'Union méd. 1878.

Martinez José, Dos palabras sobre la lepra pellagra de Occidente. Siglo medico. 1878.

— Observaciones sobre la pellagra. Bolet. de med. 1853.

Martinez, Contestacion à la carta sobre la pellagra del Señor Campo. Boletin de med. 1852.

— Novas observaciones de la pellagra en la provincia di Cuenca. Siglo medico. 1864.

— Cuestion sobre el diagnostico de la pellagra. 1863.

— Observaciones sobre la pellagra en la provincia di Cuenca. Siglo medico. 1863.

— José, Sobre la pellagra. España medica. 1863.

Marty, Reflexiones sobre la pellagra. Siglo medico. 1859.

— La pellagre sporadique. Paris 1877.

Marzari Gianbatista, Saggio medico-politico sulla pellagra e scorbuto. Venezia 1810.

— Della pellagre e della maniera di estirparla. Venezia 1815.

Mayer, Casuistische Mittheilungen über pellagröse Geistesstörungen. Vierteljahrsschrift für gerichtliche Medicin. 1899.

Mendez Alvaro, El maiz y la pellagra. Siglo medico. 1878.

— Articulo sobre la pellagra que ha observado en 1835 y 1836 con el nombre de flema salada en Villamayor de Santiago, provincia di Cuenca. Boletin de medicina, cirurgia y farmacia. Madrid 1847.

Miceli, Circolare alle publiche rappresentanze sui provvedimenti intesi a diminuire la cause della pellagra. Gazzeta ufficiale. 1881.

Miconi G., Sulla etiologia de la pellagra. Gazz. medic. Lombard. 1874.

Milani G., Caso di pellagra. Gazz. med. Lombard. 1874.

Ministerio d'agricoltura d'Italia. La pellagra in Italia. Roma 1880.

Mircali, Altérations spinales et etiologie de la pellagre. Gaz. degli ospedali. 1893.

Mollière, Note sur un cas de pellagre sporadique. Lyon méd. 1887.

Monselise, Ricerche chimico toxicologiche fatte su alcuni campioni di maiz, per le studio della pellagra. Mantova 1881.

Monrilot, De la pellagre. Paris 1865.

Morelli, La pellagra nei suoi rapporti medici e sociali. Firenze 1855.

Montard-Martin, Observation de pellagre sporadique recuillie à l'hôpital Beaujon. Gaz. des hôpit. 1864.

Munassei, Rapporto fatto alla conferenza medica di Roma della commissione incarita di verificare la existenza della pellagra in Palestina. 1861.

Neagoe J., Studiu asupra pelagrei. Bucureşti 1900.

Neusser, Klinisch-hämatologische Mittheilungen. Wiener medicinisches Doctoren-Collegium. 1891.

— Die Pellagra in Oesterreich und Rumänien. Wien 1887.

— Untersuchung über die Pellagra. Wiener medicinische Wochenschrift. 1887.

— Ueber Pellagra in Oesterreich und Rumänien. Münchener medicinische Wochenschrift. 1887.

6*

Odoardi Jacopo. Di una specie particolare di scorbuto. Venezia 1776.

Orehi de, Sulla pellagra e sulle recenti proposte per combaterla. Rivista di Beneficenza publica. 1881.

Ottolenghi e Bordoni-Uffreduzzi. Sul cosi detto bacterium maïdis e sull'azione toxica della polenta da esso alterata. Giornale della R. acad. di medicina. Torino 1890.

Paget, De la pellagre. Strasbourg 1868.

Pain. Lettres à Landouzy sur la pellagre des asiles d'aliénés. Union méd. 1863.

Paltauf und Heider. Der Bacillus maidis (Cuboni) und seine Beziehung zur Pellagra. Wiener medicinische Jahrbücher. 1889.

Pari, Essenza della pellagra degli agricoltori, nuovi studi teorico-pratici estesi. Udine 1864.

Paul Constantin, Vue étiologique sur la pellagre. Union méd. 1861.

Petro Martin de, La pellagra estudiada en el hospital general de Madrid. Siglo medico. 1868.

Pellagra, La, in Italia. Roma 1889. Annali di agriculture. Nr. 18.

Pelizzi, Sull'eziologia della pellagra in rapporto alle sostanze tossiche predotte dei microorganismi del maiz guasto. Annali di freniatria. 1893, 94.

— Archivio di psichiatria, scienze penali ed antropologia criminale. 1894—1896. Italienischer Psychiatercongress. 1896.

— Un caso di pellagra su syringomyelia. Rivista sperim. 1892.

— und Tirelli, Aetiologie der Pellagra in Beziehung zu dem Gifte des verdorbenen Maises. Centralblatt für Bacteriologie. 1894.

Pellogio, Materia reagente qual alcaloide trovata nel maiz guasto. Milano 1876.

Perrote y Munoz. Contestation à la ultima palabra de Dr. Costallat. Siglo medico. 1862.

— Estudias sobre la pellagra en Castillia la Vieja. Siglo medico. 1859 si 1861.

Philipowicz, Beobachtungen über das Vorkommen der Pellagra in der Bukowina. Wiener medicinische Blätter. 1888.

Pianetta. Riv. di patol. nervosa e mentale. 1897.

Pons Sanz, Pellagra in Badajoz. The Lancet. 1887.

Pretenderis Typaldos C., Essai sur la pellagre observée a Corfou. Athènes 1866; Bulletin de l'academie de médecine de Paris. 1867.

Probitzer G. v., Der Congress zur Bekämpfung der Pellagra in Padua. Das österreichische Sanitätswesen. 1899. S. 256.

Poussié Emile. Etude sur la pellagre. Thèse de Paris. 1881. Nr. 58.

Rampoldi, Pellagra und Augenkrankheiten. Centralblatt für praktische Augenheilkunde. 1885.

Raymond P., Les altérations cutanées de la pellagre. Annales de Dermatologie et de Syphiligr. X, 1889.

Reynand, Ueber die Erytheme in Folge von Einwirkung natürlichen und künstlichen Lichtes. Annal. de Dermat. et de Syph. 1892.

Raggi et Alpago-Novello, I reflessi tendinei nei pellagrosi. Rivista clinica. 1883.

Raine. De la pellagre au point de vue de sa curabilite. Montpellier 1859.

Rampoldi, La pellagra ed i mal d'occhi. Pavia 1885.

Relazione sull'audamento dell'asilo di pellagrosi della provincia di Milano etc. Gaz Lombarda. 1891.

Relazione della comm. Piemontese sulla pellagra. Ann. univ. di med. d'Omodei. Milano 1848.

Rieux, De la pellagre observée à Corfou. Gaz. méd. de Lyon. 1868.

Riva G., La pellagra (Revue des travaux recents). Giornale della società Italiana d'igiene. 1881.

— Contributo al studio delle malattie accidentali. 1880.

Roël Faustino, Etiologia della pellagra. Oviedo 1880.

— Estudias sobre la pellagra. Siglo medico. 1863.

— La pellagra en España. La cronica medica. 1864.

Róna, Einige Bemerkungen zur Pellagrafrage in Ungarn. Orvosi hetilap. 1889.

Roncoroni, Il senso, l'audatura ed il ricambio nei pellagrosi. 1891. Archivio di psichiatria. 1890.

Roszczkowski, Die im Sorok'schen Kreise des bessarabischen Districtes beobachteten Fälle von lombardischem Aussatze (Pellagra). Gazeta Lekarska. 1888.

Rosen v., Pellagra in Russland. St. Petersburger medicinische Wochenschrift. 1894.

Rossi J., Nuove osservazioni sopra la pellagra desunte delle cause, delle origini e delle sede. Soresina 1873.

Rossi, Altérations des cellules nerveuses dans la pellagre. Annali di freniatria e scienze affini. 1898.

Rota, Cenni pratici sulla pellagra. Gaz. med. ital. prov. Venet. 1861.

Rotureau, Traitement de la pellagre par le eaux de Bormio. Bull. de l'acad. de méd. 1863.

Roussel Th., Traité de la pellagre et des pseudo-pellagres. Paris 1866.

— »Pellagre« in: Valleix et Lorain, Guide du méd. pratique. Paris 1866.

— Etiologie de la pellagre. Bull. de l'acad. de méd. 1878.

— Hardy, Lancereaux, Guéneau de Mussy, Pellagre et pseudopellagre. Bull. de l'acad. de méd.

Roussel Théophile, De la pellagre, de son origine, de ses progrès, de son existence en France, de ses causes et de son traitement curatif et préservatif. Paris 1845.

— De la pellagre et des pseudo-pellagres. Archives gén. 1866.

Sachi Achille, La pellagra nella provincia di Mantova. Relazione de la commisione provinciale. Firenze 1878.

Sandwirth, Pellagra in Aegypten. The British med. journal. 1898.

Santero y Moreno, La pellagra en las clinicas de la facultad. Siglo medico. 1863.

Schilling, Manassei, Lombroso, de Pietra Saula, Sur la pellagre. Congrès de Gènes. 1880. Revue d'hygiene. 1880.

Schreiber S. H., Ueber Pellagra in Rumänien. Vierteljahrsschrift für Dermatologie. 4. Heft. 1875.

Schreiber, Sull'azione dell'olio di maiz guasto. Relazione della commisione del regia instituto Lombardo. Milano 1875.

Selmi A., Delle alterazioni ale quali soggiare il grano turco (zea mais) et specialmente di quella che ingenera la pellagra. Reale acad. dei Lincei. 1877.

Sepppili, Richerche sul sangue dei pellagrosi. Internat. nat. Congress. London 1881.

— Rivista sperimentale di freniatria. 1882.

— et Riva, Contributo alla studio delle malattie accidentali dei parzi. Milano 1879.

Siredey, Observation de pseudo-pellagre chez une femme à la periode cachetique de l'alcoolisme et n'ayant jamais fait usage de mais. L'Union méd. 1873.

Sormani, Pellagrosarii o locande sanitarie? Giornale della r. società it. d'ig. 1899.

— Statistica e geografia della pellagra in Italia. Giornale della r. società d'igiene. 1896.

Soncin Barbo, Degli studi della pellagra in Italia ricordi. Gaz. med. italoveneto. 1858.

Spatuzzi Achille, La profilassi delle endemie e delle epidemie in raporto alla igiena agricola ed industriale in Italia. Atti di la prima reunione d'igienisti italiana a Milano. Milano 1881.

Strambio Gaetano, De pellagra observationes. Mediolani. 3 vol. 1786—1789.

— Due dissertazione sulla pellagra. Milano 1794.

— Giovanni, Riposta alla lettera del Sig. Dott. Sette. Milano 1826.

— Gaetano jun., La pellagra i pellagrologi e le amministrazioni publiche. Milano 1890.

Sutzu A., Alienatul. Bucureşti 1884.

Sutzu A. A., Contribuţiuni asupra tratamentului medical al pellagrei (Diss.). Bucureşti 1900.

Takács, Pellagra. Orvosi hetilap. 1889.

Tamburini, Le trasfusione del sangue nella pellagra. Lo sperimentali. 1874.

Tebaldi, La pellagra nella provincia di Padova. Giornale de la società italiane d'igiene. 1881.

Teilleux, D'une variété de pellagre propre aux aliénés. Ann. méd.-psych. 1860.

Tizzoni Guido, Sperienze cliniche e fisiologiche coll' olio el tinctura di maiz guasto. Rivista clinica di Bologna. 1876.

Tonnini, I disturbi spinali nei pazzi pellagrosi. Riv. sperim. di freniatria. 1883/84.

Theodori Jul., De Pellagra. (Dissertation.) Berlin 1858.

Tirelli, Die Mikroorganismen des verdorbenen Maises. Centralblatt für Bacteriologie. 1894.

Torres, Articulos sobre la pellagra. España medica. 1863.

Torresini, Sopra la pellagra dubie desideri. Vicenza 1837.

Tuczek, Ueber nervöse Störungen bei der Pellagra. Deutsche medicinische Wochenschrift. 1888.

— Klinische und anatomische Studien über Pellagra. Berlin 1893.

Vales, Die Pellagra in Yucatan. Berlin 1896.

Valera y Jimenes, La pellagra en quintanar del rey. Siglo medico. 1877.

Valle, Contestación à las pregúntas del programa de la academia de medicina de Paris sobre la pellagre. Bolet. de med. cirurg. y farm. 1848.

Valleix et Lorain, Guide du médecin praticien. Paris 1866. Art.: »Pellagre«, rédigé par Th. Roussel.

Varnav C. N. a. Rudimentum physiographiae Moldaviae. Budapesta 1836.

Vassalle-Freraci, Interno all' etiologia e patologia della pellagra espeeto dal Dott. Morelli. 1859.

Vassale e Belmondo, Rivista sperim. di freniatria. XVI.

— Le lesioni renali in rapporto colle alenazioni mentali. Riv. sperim. di freniatria. 1890.

Venturi, Contribuzione al studio del tifo pellagroso. 1880.

Verga, Della pellagra e della paralysie generale degli alienati. Gaz. med. Lombardo. 1849. Gaz. med. ital. Lombarda. 1853. Gaz. med. ital. Veneta. 1860.

— Dei caratteri anatomici del tifo pellagroso. Lettere al Dott. Billod. 1862.

— Riv. di patol. nervosa e mentale. 1898.

— Della pellagra e della paralysie generale degli alienati. Gazz. med. Lombarda. 1849.

— La paralysie générale progressive dans la classe agricole et surtout chez les pellagreux. Riforma medica. 1898.

— Rendiconte della benificienta del l'ospidale maggiore di Milano. Gaz. med. Lombarda. 1867.

Vignoli, Sulla pellagre. Gazz. medic. ital. feder. 1850.

Villargoitia, Monografia en que se describen la pellagra y mal de la rosa. In »La verdad«. Madrid 1848.

— Descripcion é identificacion del mal de la rosa y pellagra. Bolet. de med. cirurg. y farm. 1848.

Winternitz, Ueber die Pellagra. Wiener medicinische Jahrbücher. XVIII.

— Eine klinische Studie über l'ellagra. Vierteljahrschrift für Dermatologie. 2. und 3. Heft. 1876.

Vio Bonato, La pellagre dans la province de Mantove. Union médicale. 1878.

Zlatarovic v., Etwas über Pellagra. Jahrbuch für Physiologie und Neurologie. 1900.

Zambelli, Sulla pellagra e sui mezzi di prevenirla. Udine 1856.

— Considerazione sopra alcuni fatti e pareri esposti dal Dott. Pari nella sua opera sulla essenza della pellagra. Udine 1864.

TAFEL I.

Fig. 1.

Skleröse und pigmentirte Haut des Handrückens bei Pellagrakachexie. Hämatox. Eosin. Vergr. etwa 800. c Stratum Corneum. e Stratum granulosum, m Malpighi'sche Schichte. p Pigment der untersten Zellschichte. v vacuolärer Zustand derselben. C Cutis. M in dieselbe eingebettete bläulich gefärbte Massen aus verdickten und entarteten elastischen Fasern bestehend.

Fig. 2.

Verdickte Hornschichten bei Pellagra. Handrücken. Färbung wie oben. Vergr. 400. a—c verschieden. blau, roth oder violett gefärbte Antheile der Hornschichte. g Malpighi'sche Schicht. F Ausführungsgang einer Schweissdrüse.

Fig. 3.

Pellagrakachexie aus dem Vorderkern der Cervicalschwellungs. Centrale Chromatolyse (c') und Kernschwund (c).

Fig. 4.

Aus den Clarke'schen Säulen aus demselben Fall. Centrale Chromatolyse und Pigment.

Fig. 5.

Aus dem Paracentrallappen bei Pellagra. Paralyse und Kachexie, c kleine Ganglienzelle wenig verändert. von zahlreichen Basalzellen und Sternzellen umgeben. C' grosse Pyramidenzelle mit Chromatolyse. Kernverlagerung und Pigment. Der Pericellularraum von einer granulirten blassen Masse ausgekleidet. c'' Zelle mit Kernschwund und noch mehr ausgeprägte Veränderungen. c''' zum Theil erhaltene chromatische Elemente. c'''' eine kleine, von Zellhaufen umgebene Nervenzelle. v Gefäss. v' mit pigmentirter Endothelzelle.

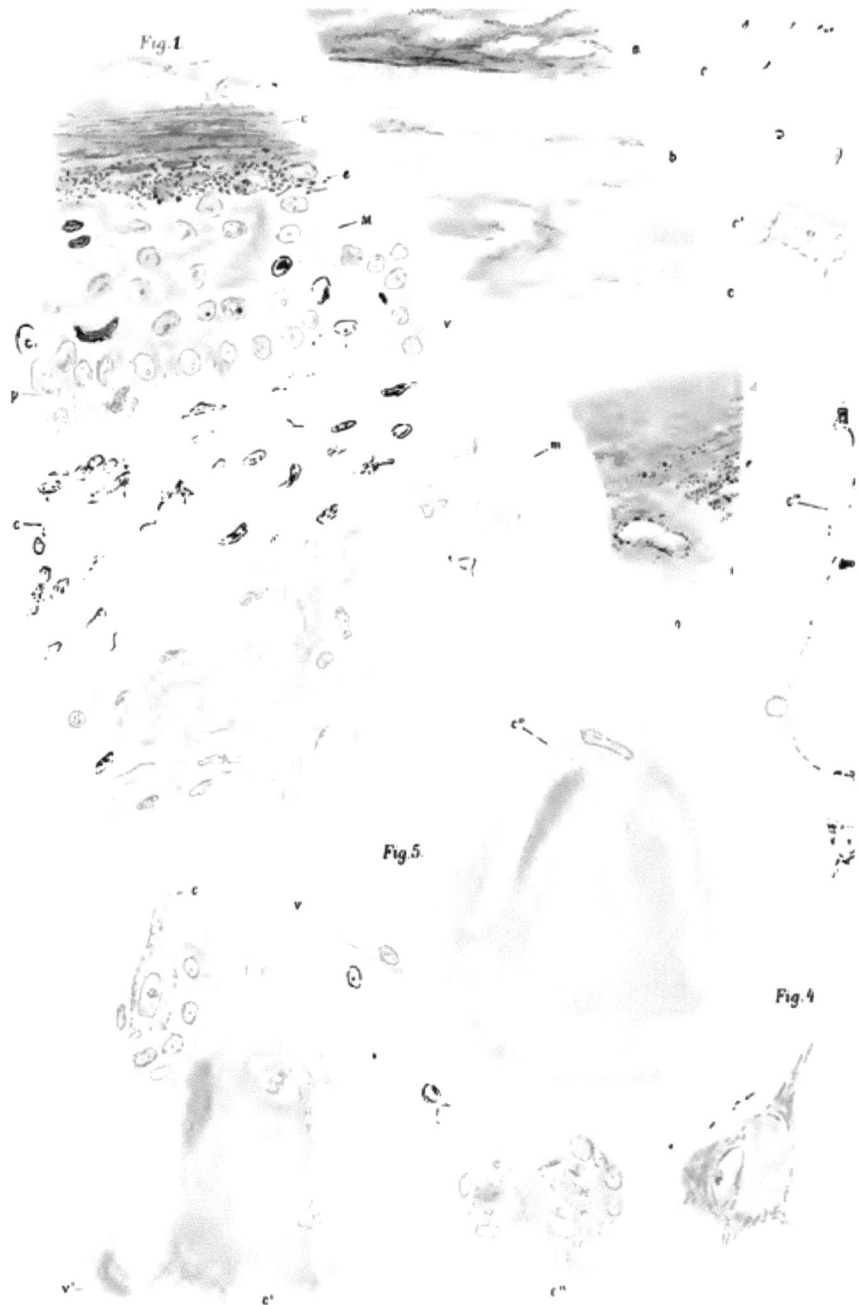

Fig.1

Fig.5.

Fig.4

V. Rabes del.   Lith u Kunstdr... ... Th. Bannwarel

Verlag v. Alfred Holder, k.u.k. Hof- u. Universitäts-Buchhändler in Wien.

TAFEL II.

Pellagra.

Der 35 jährige Patient erkrankt mit Brennen in den oberen, dann in den unteren Extremitäten. Gleichzeitig hatten sich Ameisenlaufen, Schmerzen in den Extremitäten und allgemeine Schwäche eingestellt. Nach 8 tägiger Dauer des Erythems, wobei die Hände geschwollen waren, trat Desquamation ein. Zur selben Zeit bemerkte Patient eine pemphigusähnliche Eruption in der Gegend des rechten Tibiotarsalgelenkes. In Folge Schwächung der Gesichtsmuskel ist ein vollständiger Augenschluss nicht möglich. Die Epidermis der Nase ist roth, sklerös, glänzend, die Haut in der Gegend der Jochbogen zeigt Abschuppung in Form einzelner kleiner Schüppchen. An den Armen ist eine bräunlich-grüne Pigmentirung bis zum Ellenbogengelenk vorhanden; besonders an der Dorsalseite ist die Haut verdickt, desquamirend, und hat sie hier ihre Elasticität eingebüsst. An den Händen ist die Haut marmorirt, braunroth, glänzend, gerunzelt. Es lässt sich eine Atrophie der gesammten Musculatur feststellen.